中国科技之魂 　中宣部主题出版重点出版物

赤子油情 侯祥麟

中国编辑学会 ◎ 组编

王一端　崔玉波　闫建文　等 ◎ 著

石油工业出版社

北京

图书在版编目（CIP）数据

赤子油情：侯祥麟 / 中国编辑学会组编；王一端等著. -- 北京：石油工业出版社，2024.12. -- （中国科技之魂）. -- ISBN 978-7-5183-6534-0

Ⅰ. K826.16

中国国家版本馆 CIP 数据核字第 2024VV1348 号

内 容 提 要

　　侯祥麟是世界著名石油化工科学家，我国著名石油石化领域战略科学家、炼油技术奠基人和石油化工技术开拓者之一，中国科学院院士，中国工程院院士。本书主要分为"赤心油缘""炼塔擎天""战略擘画"三篇，讲述了侯祥麟求学成长、投身革命、结缘石油，再到以科技强国为己任，攻克石油炼化重重技术难关的艰辛过程。从航空煤油的研制到"两弹一星"的升空，从"五朵金花"的盛开到领衔制订我国石油战略发展规划……他以甘为平凡的人格做出了非凡的伟绩，为我国能源安全和科技自立自强奉献一生。作为中国石油工业的科技之魂，侯祥麟已经成为新时代广大科技工作者和青少年学习传承科学家精神的丰碑。

"中国科技之魂"丛书 ZHONGGUO KEJI ZHI HUN CONGSHU
赤子油情：侯祥麟 CHIZIYOUQING HOU XIANGLIN

◆ 组　　编　中国编辑学会
　著　　　　王一端　崔玉波　闫建文等
　责任编辑　李　中　王长会　朱琳君等
◆ 石油工业出版社出版发行　　北京安定门外安华里2区1号楼
　邮编 100011　　电子邮件 1013838280@qq.com
　网址 https://www.petropub.com
　北京中石油彩色印刷有限责任公司
◆ 开本：720×960　1/16
　印张：18　　　　　　　　2024年12月第1版
　字数：248千字　　　　　2025年7月北京第3次印刷

定价：98.00 元

"中国科技之魂"丛书编委会

主　　任：

　　郝振省　张伯礼

副 主 任：

　　乔还田　杜　贤　郭德征　张立科

成　　员：

院　　士（以姓氏笔画为序）

　　丁奎岭　王　辰　王　浩　仝小林　孙　聪　严新平
　　李大东　李大潜　李廷栋　杨元喜　杨玉良　肖绪文
　　张守攻　陆　军　陈维江　罗　琦　侯建国　倪光南
　　徐卫林　高雄厚　蒋兴伟

其他成员（以姓氏笔画为序）

　　王永奉　孔会云　龙　杰　刘天金　孙盛鹏　李秀明
　　宋吉文　陈华栋　陈志敏　周伟斌　赵　猛　郝　刚
　　胡华强　胡艳红　莫沈茗　徐　静　高晓辉　雷　平

"中国科技之魂"丛书出版工作委员会

主　任：
　　杜　贤　张立科

副主任：
　　王　威　李　际　成丽丽　刘俊来

成　员：
　　赵　一　张浩然　林舒媛　郭　家　王丽丽　顾慧毅

丛书序言一

弘扬科技之魂　共筑强国之梦

站在新的历史起点，回望过去，在中国共产党的坚强领导下，一代代科技工作者以国家民族的前途命运为己任，投身科学救国、科研报国、科教兴国、科技强国的伟大事业。他们为国家富强前赴后继、接续奋斗，取得了无数举世瞩目的成就，实现了中国科技实力一次次的历史性跨越。这一过程中，孕育形成了内涵丰富、历久弥新的科学家精神，成为中国共产党人精神谱系的重要组成部分，长久涵养后人。

习近平总书记指出："科学成就离不开精神支撑。科学家精神是科技工作者在长期科学实践中积累的宝贵精神财富。"科学家的观点和思考可能只适用于某个特定的时期，但他们所代表的科学家精神却能超越个体的差异、超越时间的限制，成为一种普遍的文化遗产和精神财富，不断被传承和发扬。近代以来，那些我们所怀念的来自不同领域的伟大的中国科学家，都在自己所处的那个年代提出和倡导过某个促进科技进步、社会发展的思想、理念、观点，虽内容各异，但核心理念一脉相承——实现民族复兴的坚定信念，正如历史的洪流，滚滚向前。

当前，世界之变、时代之变、历史之变正加速演进，全球科技创新进入前所未有的活跃期。面对新一轮科技革命和产业变革，我们比以往任何时刻都更深切地感受到"科技兴则民族兴，科技强则国家强"的要义，实现中华民族伟大复兴之大局呼唤科学家精神，应对世界百年未有之大变局需要科学家精神。

在深入学习党的二十大报告提出的"培育创新文化，弘扬科学家精神，涵养优良学风，营造创新氛围"的号召后，中国编辑学会深感弘扬新时代科学家精神的责任重大、使命光荣。2023年1月，中国编辑学会组织人民邮电出版社、人民卫生出版社、科学出版社等多家科技出版强社，共同策划了一套以中国科学家精神为主题的理想信念科普读物及精品传记力作——"中国科技之魂"丛书，旨在与当前中国科技发展的现状和挑战相结合，更好地反映科学家的精神信仰和社会价值，尤其突出科学家在时代洪流中的具体实践，形成当前新时代背景下可传承、发扬、鼓舞人心的精神力量。

"中国科技之魂"丛书共19分册，以习近平新时代中国特色社会主义思想和党的二十大精神为指导，以对"中国科学家精神""中国共产党人精神谱系"等"新时代、新精神、新思想"的"新解读"为定位，选取19位政治立场正确、党和人民高度认可、在各自领域做出杰出贡献的泰斗级中国科学家，描绘他们热爱党和人民、热爱科技事业、热爱生活的鲜活形象，详述他们可贵的精神品质、突出的科技贡献、创新的思维方式、丰富的生平故事、独特的人格魅力，大力弘扬以"爱国、创新、求实、奉献、协同、育人"为内涵的中国科学家精神，展现以伟大建党精神为源头的中国共产党人精神谱系，尤其突出新时代新思想背景下，传承中国科技之魂对赓续创新奋斗的精神血脉、凝聚民族复兴的磅礴力量的战略意义，启迪中国科技工作者自觉践行、大力弘扬精神之魂，投身科技创新，建设科技强国，让大众深刻理解科学家精神的时代价值和历史意义，激发全社会的科学兴趣和创新热情。

中国编辑学会高度重视"中国科技之魂"丛书的出版工作，集多家科技出版强社的合力精心打造，成立了审读顾问委员会，对丛书架构、目录、样章等多次进行详细指导、审校；成立了编委会，统筹安排出版工作，把握整体进度；成立了出版工作委员会，开展丛书出版过程中的组织与协调工作；

充分调动了相关部委和单位的力量，组织了强大的写作团队，各分册均由科学家、科学史资深研究者、党史党建专家、宣传思想工作专家等组成写作班子；力推融合出版，融文、图、音频、视频、动画等于一体，最大限度地提升读者的阅读体验，确保"中国科技之魂"丛书在内容上权威、专业、生动，在形式上创新、多元、互动。

"中国科技之魂"丛书是对中国科学家精神的汇聚，向世界展示了中国科学家的卓越智慧与崇高追求，如繁星璀璨，照亮人类文明的灿烂星河，指引后人不断奋进。出版"中国科技之魂"丛书是对时代的献礼，对历史的致敬，更是对未来的期许，让科学家精神在新时代绽放出新的光芒，这是科技出版人对时代、对历史、对未来的深切责任与庄严承诺。我们坚信，"中国科技之魂"丛书将成为传承科学家精神、弘扬科学文化、激发创新活力的重要载体。让我们携手前行，为实现中华民族伟大复兴的中国梦贡献科技出版人的智慧和力量，在新时代的征程上，共同书写中国科技事业的辉煌篇章，铸就人类文明的新辉煌！

中国编辑学会会长
"中国科技之魂"丛书编委会主任
2024 年 12 月

丛书序言二

传科技之魂　燃复兴之光

　　科技兴则民族兴，科技强则国家强。党的十八大以来，以习近平同志为核心的党中央深入推动实施创新驱动发展战略和人才强国战略，提出加快建设创新型国家的战略任务，确立2035年建成科技强国的奋斗目标。党的二十届三中全会提出，教育、科技、人才是中国式现代化的基础性、战略性支撑。要优化重大科技创新组织机制，加强国家战略科技力量建设，统筹强化关键核心技术攻关。在中国共产党的正确领导下，一代代科技工作者以国家民族的前途命运为己任，投身科学救国、科研报国、科教兴国、科技强国的伟大事业。他们宛如璀璨星辰，照亮了强国建设和中华民族伟大复兴之路。习近平总书记号召我们要传承老一辈科学家以身许国、心系人民的光荣传统，把论文写在祖国的大地上。

　　正是在这种背景下，中国编辑学会组织多家出版单位编写了"中国科技之魂"丛书，精心选取19位在工业、农业、卫生、国防、基础学科等领域做出杰出贡献的泰斗级科学家。这些科学家政治立场坚定，深受党和人民敬重，在各自领域的贡献卓著。丛书描绘了他们热爱党和人民、热爱科技事业、热爱生活的鲜活形象，详述了他们丰富的生平故事、可贵的精神品质、独特的人格魅力、创新的思维方式、突出的科技贡献。他们的一生，是对科学真理不懈追求的一生，是对国家和人民无限忠诚的一生；他们的事迹，不仅是个人的荣耀，更是时代的缩影。他们的精神启迪着广大科技工作者自觉践行和大力弘扬求疑问真、严谨求实的科学家之魂，展示了中国特色社会主义道路的科技自信和文化自信，体现了"科技为民"的初心和使命，同时也让大众深刻理解科学家精神的历史意义和时代价值。他们不仅激励着我们这一代科技工作者，更影响着未来无数的科研人员，以实现为党和国家"立心"，为科技强国"立力"，为民族复兴"立基"，为人民健康"立命"，为青少年"立志"。

科技是人类进步的阶梯，是打开未来大门的钥匙。在当前这个科技迅猛发展的时代，我们比以往任何时候都更加需要科学家精神的指引。一代人有一代人的奋斗，一个时代有一个时代的担当。"中国科技之魂"丛书的出版是对历史的致敬，对时代的献礼，更是对未来的期许，让科学家精神在新时代绽放出新的光芒。它提醒我们，无论科技如何进步，科学家的责任感和使命感永远不能减退。我们坚信，"中国科技之魂"丛书将成为传承科学家精神、弘扬科学文化、激发创新活力的重要载体，为实现中华民族伟大复兴的中国梦贡献智慧和力量。

希望广大读者能从这套丛书中感受到科学家们的伟大精神，汲取奋进力量，积极投身科技创新与民族复兴的伟大事业。今有感书将付梓，谨呈敬意，是为序。

张伯礼

中国工程院院士、国医大师
中国中医科学院名誉院长
天津中医药大学名誉校长
"中国科技之魂"丛书编委会主任
2024年冬于天津静海团泊湖畔

前　言

"繁霜尽是心头血，洒向千峰秋叶丹"。华夏大地，英才荟萃；科技之光，灿若星河！习近平总书记在两院院士大会上讲话指出，长期以来，一代又一代科学家怀着深厚的爱国主义情怀，凭借深厚的学术造诣、宽广的科学视角，为祖国和人民作出了彪炳史册的重大贡献！

仰望星空，辽阔深邃！"侯祥麟星"，熠熠生辉！石油赤子侯祥麟，柱石一方，工师于国。他是革命者，是科学家，是我们身边的科技楷模。他的一生，与中华民族荣辱与共，与祖国科技发展同频共振。虽诞生于山河破碎的时代，他却怀揣对祖国未来的美好向往；成长于风雨如磐的暗夜，他却树立起坚定的共产主义信仰；求学于条件优越的异国他乡，他却在祖国最需要的时候毅然回归，开启科技报国的崭新人生！

大师风范，功勋卓著！如兰若松，其香自远！侯祥麟一生赤心报国，矢志创造，不懈奋斗！从艰难实现航空煤油国产化，到"两弹一星"特种油品研制成功；从20世纪60年代炼油行业"五朵金花"的迎风怒放，到80年代"新四朵金花"的娇娆盛开，一项项重大科技突破填补了我国石油石化领域的空白，解决了石油石化产业发展中的许多重大问题。他参与编制国家《1956—1967年科学技术发展远景规划纲要》，倡议组建中国工程院，亲自组织成立中国石油学会，落实"一亿吨原油包干"政策，提出《关于合理利用一亿吨原油的若干建议》，在 91 岁高龄主持"中国可持续发展油气资源战略研究"的国家重大战略课题。他把自己的赤胆忠心和超凡智慧，毫无保留地贡献给了祖国的石油石化事业，彰显了战略科学家的大家风范。他的卓越功绩和杰出贡献，永远镌刻在新中国石油石化工业发展的丰碑上。

科学泰斗，山高水长！科技之魂，光芒万丈！为了弘扬"爱国、创新、求实、奉献、协同、育人"的科学家精神，加快科技强国建设，实现高水平科技自立自强，中国编辑学会统一组织编写出版"中国科技之魂"丛书。本书是该套丛书分册之一，旨在通过"赤心油缘""炼塔擎天""战略擘画"三部分内容，展现侯祥麟信仰如铁、大公无私、勇于创新、能源报国的崇高品格和奉献精神。

聚才汇智，众手成典！石油工业出版社组织行业内知名专家组成编写团队。编写工作得到了社会各界人士的大力支持。特别感谢戴厚良、马永生、汪燮卿、李大东、曹湘洪、赵文智、徐春明、高雄厚等院士和广大专家学者的鼎力支持；感谢侯祥麟家属侯莹、侯珉、肖扬的悉心指导；感谢中国科学院、中国工程院、中国石油、中国石化、中国海油、中国石油学会、中国化工学会等单位提供的大量帮助；感谢所有照片、视频的拍摄者和提供者。全书由张海云、雷平总体策划，由王一端、章卫兵、崔玉波、闫建文、李中等提出总体编写思路、框架设计和主体内容，并负责全书编写。

百年人生，辉煌不断；淡泊明志，宁静致远！侯祥麟是德高望重的能源巨擘、战略大师！为他书写传记、树碑立传难免让编写团队诚惶诚恐。加之岁月久远，资料有限，虽然矻矻以求，难免存在疏漏和瑕疵，敬请广大读者批评指正！

本书编写组

2024 年 12 月

侯祥麟
1912—2008

一个真正的科学家的快乐，
是创新和奉献。

目 录

序　幕	人民大会堂里一场特殊报告会	001～010
第一篇	赤心油缘	010～080
第一章	国耻磨砺少年郎	010
	雪耻游行倍激昂	010
	公园"国耻"永难忘	014
	化学研究定志向	016
	《生活》周刊伴身旁	019
第二章	国难当头呼救亡	022
	南京请愿义气扬	022
	捐献钢盔情义长	026
	雪耻不辞求学苦	028
	孜孜求索向光明	033

第三章	入党宣誓初心铸	037
	科研初试显锋芒	037
	马列主义明方向	040
	上海沦陷走他乡	043
	文抗会里解民殃	047
	宣誓入党定信仰	049

第四章	血色石油抗战忙	051
	学兵队里身份藏	051
	身份暴露奔炼厂	054
	重庆云南炼油苦	056
	受党指派渡重洋	060

第五章	赤心留学在异邦	064
	为国读书头悬梁	064
	学生领袖传思想	066
	留美科协铺归路	069
	归去来兮助国强	074

第二篇	炼塔擎天	081～164
第一章	炼化实业报国家	082
	任教清华迎国庆	082
	双重身份搞教研	085
	献策工业制甲苯	087

  慧眼建言建茂名 090
  助造东北合成油 095

第二章 战机充盈"中国血" 099
  倡立石油科学院 099
  军用油品攻坚仗 103
  探索试验纠歧路 106
  航空燃料破围墙 109
  两剂燃料济世强 111

第三章 "两弹一星"神助攻 115
  "两弹一星"决策出 115
  全力攻克新材料 118
  全氟碳油汇众智 121
  特需油品再攻关 126

第四章 "五朵金花"绽炼塔 129
  花开五朵出香山 129
  小型实验开先河 132
  激活"闲棋"铂重整 135
  "金花"朵朵次第开 139
  光彩熠熠耀尘寰 143

第五章 精忠报国赤子情 145
  "十大会战"细甄别 145

　　　　位高不改赤子心　　　　　　　　　　　　148
　　　　顾问无薪有作为　　　　　　　　　　　　151
　　　　催化裂解出国门　　　　　　　　　　　　154
　　　　重大装备促国产　　　　　　　　　　　　157
　　　　大公无私报国心　　　　　　　　　　　　160

第三篇　　战略擘画　　　　　　　　　　　　165～238

第一章　　大国科技当高参　　　　　　　　　　166
　　　　科技强国先绸缪　　　　　　　　　　　　166
　　　　任务带动学科走　　　　　　　　　　　　168
　　　　石油院士献鸿猷　　　　　　　　　　　　171
　　　　规划完成亮神州　　　　　　　　　　　　174
　　　　落实规划站排头　　　　　　　　　　　　176

第二章　　石油学会忙筹建　　　　　　　　　　178
　　　　组建学会大事成　　　　　　　　　　　　178
　　　　办会理念旗帜明　　　　　　　　　　　　181
　　　　为油发展践言行　　　　　　　　　　　　183
　　　　行深致远学会情　　　　　　　　　　　　186

第三章　　发起成立工程院　　　　　　　　　　190
　　　　入选技术科学部　　　　　　　　　　　　190
　　　　政协委员鼓与呼　　　　　　　　　　　　192
　　　　鸿儒上书党中央　　　　　　　　　　　　194
　　　　精研学术铸贤炉　　　　　　　　　　　　199

第四章　写好亿吨大文章　　202
产量破亿不容易　　202
用好亿吨落实地　　206
体制改革求效益　　210

第五章　"石油奥运"争举办　　214
融入世界大家庭　　214
"一中"原则不动摇　　216
道阻且长向远方　　219
"石油奥运"耀华夏　　223

第六章　老骥千里谱新篇　　228
总理来访深谋虑　　228
挂帅出征绘蓝图　　231
众星汇聚献智慧　　232
汇报中央呈宏图　　235

尾　声　天上一颗耀眼的小行星　　239～244

侯祥麟大事年表　　245～263

参考文献　　264～266

后　记　　267～268

序幕
人民大会堂里一场特殊报告会

我是一个平凡的人,所做的事也都是很平凡的。
我所作所为,只是一个共产党员应该尽的责任。

2005年9月16日上午9时，北京，人民大会堂三楼小礼堂。

这里，灯光璀璨，座无虚席。来自中央国家机关和首都各界的听众静静地等待着这次报告会的主人公出场。当国务院总理温家宝搀扶着一位白发苍苍、精神矍铄的老人步入会场时，全场响起热烈的掌声。

"侯祥麟同志先进事迹报告会"现场

这里，一场特殊的报告会——侯祥麟同志先进事迹报告会，在庄严隆重的气氛中开始。

这是一场英模人物报告会。

人民大会堂是全国人民代表大会召开的地方，是党、国家和各人民团体举行政治活动的重要场所。在这里，举办过无数次各种类型、各种规模的政治活动和会议。这次会议之所以"特殊"，主要有四个"令人瞩目"之处。

这次报告会宣传表彰的主人公地位之高、年龄之大，令人瞩目。主人公侯祥麟是中国科学院和中国工程院两院院士，是中华人民共和国原石油工业部副部长，时年已经 93 岁。树立地位如此之高、年龄如此之大的典型，这在我国石油石化系统乃至全国都是罕见的。

英模人物报告会的规格之高，令人瞩目。联合举办这次报告会的部门和单位有：中央纪委、中央组织部、中央宣传部、中央先进性教育活动领导小组、中国科学院、中国工程院、中国石油天然气集团公司、中国石油化工集团公司。中共中央政治局常委、国务院总理温家宝，中共中央书记处书记、中央纪委副书记何勇，国务委员陈至立，全国政协副主席、中国工程院院长徐匡迪等党和国家领导人，出席会议并接见报告团全体成员。中央宣传部副部长、中央文明办主任胡振民主持报告会。从参会人员情况看，这次会议不但规格高，而且范围广。到会者除各主办单位的主要领导外，还有国有资产监督管理委员会、教育部、国防科学技术委员会、科技部、国土资源部、中国科学技术协会、国家自然科学基金委员会的主要领导，以及首都各界代表。

温家宝以普通听众身份听报告，令人瞩目。总理搀扶侯祥麟入场，让大家瞬间意识到，这是一场意义非凡的报告会。在中华人民共和国的历史上，有无数功勋卓著的英模走上舞台，为各界群众作报告。但是，大国总理搀扶主人公入场，不坐主席台，而是作为普通听众坐在台下从头至尾听会，这是仅有的一次。[1]

院士宣讲院士，宣讲人层次之高，令人瞩目。报告会上，85 岁的两院院士、中国工程院原副院长、侯祥麟的老战友师昌绪[2]，首先以《我所认识的侯祥麟》为题，作了开场报告。中国工程院院士、中国石化石油化工科学研究院原院长李大东[3]，中国石油勘探开发研究院副院长

---

[1] 据参加侯祥麟同志先进事迹报告会筹备和组织工作的原中国石油天然气集团公司副总经济师、思想政治工作部主任关晓红回忆整理。

[2] 师昌绪（1920—2014），河北徐水人。中国著名材料科学家、战略科学家，中国科学院、中国工程院资深院士，国家最高科学技术奖获得者。

[3] 李大东（1938—　），北京人。石油炼制催化剂及工艺专家，中国工程院院士，中国清洁燃料生产技术开拓者之一。

赵文智[1]，以及侯祥麟原秘书张继光等，分别通过自己的所见所闻和亲身感受，从不同角度深情地展示了侯祥麟报效祖国、矢志不渝、鞠躬尽瘁、无怨无悔的理想追求，锐意进取、自主创新、不畏艰苦、勇攀高峰的科学人生，志存高远、淡泊名利、无私奉献、忠于人民的崇高品格。[2]

师昌绪院士在"侯祥麟同志先进事迹报告会"上作报告

一个个报告，传播着正能量，催人奋进。令人瞩目的参会人员，令人瞩目的场面，令人瞩目的报告，在大家心目中树立起了一座令人瞩目的丰碑——侯祥麟。

但侯祥麟对这次会议组织、宣传表彰持有不同看法。这也可以看出侯祥麟的思想境界。

一直自认平凡的侯祥麟并不赞成举办这次报告会。2005年7月1日，

---

1 赵文智（1958— ），河北昌黎人。石油地质与油气勘探专家，2013年当选中国工程院院士，主要从事中国陆上含油气盆地油气成藏理论技术研究与勘探实践工作。
2 《科技界的榜样——侯祥麟》，中国石化出版社，石油工业出版社，2005年，第11页。

中国科学院、中国工程院、中国石油天然气集团公司和中国石油化工集团公司四家单位党组联合发出通知，号召全国科技界和石油石化系统的全体科技工作者学习侯祥麟同志的先进事迹。当得知要举办宣传自己先进事迹报告会时，侯祥麟打电话给中国工程院领导，诚恳地说："我只是一个平凡的人，只做了自己应该做的事，还是不要宣传了。"当得知这是四家单位党组的决定后，他觉得讲一讲自己的人生经历，对后人或许有一些启示。于是就亲自写了一篇简短的发言，讲述了他在科研上没有实现的心愿，并提醒大家宣传要实事求是。报告会本应是宣传成绩的场合，但侯祥麟却在讲述自己"不成功的事情"，足见其人生境界的宽广。

侯祥麟一直是一个不求索取的人。报告会召开前，温家宝在休息厅与侯祥麟进行了一次意味深长的对话。温家宝告诉侯老，电视上播放关于侯老先进事迹的节目，他都看了，每一次都备受教育。在这种特殊的场合，侯祥麟却谦虚地回答："我没有什么特殊之处。别人在介绍自己时，都讲得有声有色，而我所做的都是一般人能做得到的。我很惭愧。"温家宝肯定地说，难就难在一贯坚持为国家、为人民的理想和信念，一贯坚持献身科学，用自己掌握的科学技术为人民服务。侯祥麟自豪而满足地告诉温家宝："这倒是做到了，但是我没有别的想法。"一句"我没有别的想法"，实实在在地传达出侯祥麟投身革命、科技报国、无私奉献而不求回报的高尚情操。

侯祥麟是一个政治信仰从未动摇的人。在休息厅，温家宝搀扶着侯老和报告团全体成员合影留念后，又搀扶着他走向会场。一路上两个人还在聊第一次见面的情景。在报告会上，温家宝坐在台下聚精会神地听侯祥麟语气平静地回首自己的一生："我和祖国一起走过20世纪几乎全部的历程。作为一个中国人，我为今天的祖国感到骄傲；作为一个有着60多年党龄的中国共产党党员，我的政治信仰从未动摇；作为一个新中国的科学家，我对科学技术的力量从不怀疑。我为自己所从事的科学技术工作感到欣慰。"[1]这是一位

---

1 据参加侯祥麟同志先进事迹报告会的侯祥麟原秘书张继光回忆整理。

世纪老人对自己科技人生、报国情怀最好的诠释。温家宝和大家听后，热烈地鼓掌。

侯祥麟的形象在人们心目中越来越清晰、越来越高大——世界著名的石油化工科学家和我国著名的石油石化领域战略科学家，我国炼油技术的奠基人和石油化工技术的开拓者之一。

报告会结束时，侯祥麟走上主席台和大家见面。他表示："我是一个平凡的人，所做的事也都是很平凡的。我所作所为，只是一个共产党员应该尽的责任……"侯祥麟的发言与自我评价把这场特殊的报告会推向高潮。人们纷纷把崇敬的目光投向这位尽职尽责、为国工作、已近期颐的老共产党员。报告厅里，掌声如潮，久久回响。温家宝再一次带头起立，长时间热烈鼓掌，对侯祥麟的崇高品德和奉献精神表达敬意。

这是一次对侯祥麟的科技人生给予准确和高度评价的报告会。侯祥麟有哪些宝贵的精神、品质和人格需要整个科学界和能源界的人们来继承和发扬呢？人们要学习侯祥麟什么呢？报告会上的几位发言人已经给出了最好的回答。师昌绪认为，侯祥麟高瞻远瞩，胸怀全局，是一位战略科学家；他对基础研究的重要性有着深刻的理解；对青年科学家的培养十分重视。师昌绪从三个方面评价了侯祥麟：做人严于律己，真诚待人；做事认真负责，忠于职守；做学问实事求是，勇于创新。李大东评价说，侯祥麟是"那种被称为'民族脊梁'的人民科学家的典型代表"。赵文智在发言中说，侯祥麟是一位"以国家利益为己任的科学家，他始终想着社会的发展和民族的未来"。

媒体给予侯祥麟的中肯评价传播至全社会。《人民日报》评价"侯祥麟一生的奋斗史，就是一部科技工作者可歌可泣的报国史"；中央人民广播电台评论他是"一位成就瞩目的大师级科学家，一位功勋卓著的共和国石油事业开拓者，一位国家和政府深为倚重的领军将才"；《光明日报》认为他的政治信仰激励了他一生的奋斗意志，"侯祥麟忠于这个信仰，实践这个信仰，

侯祥麟在报告会上发言

青年科技工作者向侯祥麟献上鲜花

坚守这个信仰，在一事一情上，从一点一滴中，通过自己的努力，向人们展示了这个信仰的伟大和这种信仰的力量"。

中共中国工程院党组、中共中国科学院党组、中共中国石油天然气集团公司党组、中共中国石油化工集团公司党组联合作出《关于向侯祥麟同志学习的决定》（以下简称《决定》）。《决定》指出：侯祥麟成功领导研制了原子能工业分离铀-235装置急需的油品和导弹所需的高精密仪表油、脂系列产品；指导解决了国产航空煤油对喷气发动机镍铬合金火焰筒的"烧蚀"问题；领导研究成功流化催化裂化、催化重整、延迟焦化、尿素脱蜡和相关催化剂、添加剂等5个方面重大新技术并实现了工业化；多次参与国家和石油行业科技发展规划的制定、协调和实施。2003年，91岁高龄的他，还主持国家重大课题"中国可持续发展油气资源战略研究"的项目攻关。侯祥麟同志为我国的科技事业，特别是为我国石油、石化事业的发展，作出了卓越的贡献。《决定》号召科技界学习侯祥麟同志对党、对人民矢志不移、终生不悔的坚定信念，学习侯祥麟同志严谨务实的科学态度，学习侯祥麟同志自主创新的奋斗精神，学习侯祥麟同志高瞻远瞩的战略胸怀，学习侯祥麟同志无私奉献的崇高品格。

报告会后，侯祥麟的先进事迹更加深入人心。学习侯祥麟、争作新贡献的热潮，在全国科技界和石油、化工系统更加轰轰烈烈地开展起来。大家一致表示：一定要以侯祥麟同志为榜样，求真务实，与时俱进，立足本职，扎实工作，努力开创各项工作新局面。

中央电视台新闻联播报道"侯祥麟同志先进事迹报告会"

第一篇
赤心油缘

帝国主义列强对中国的野蛮侵略和残暴压迫,培养了我的抗争精神和爱国主义情感;社会的不公和民众的苦难,更激发了我寻找革命真理的热情。

第一章　国耻磨砺少年郎

侯祥麟出生的年代，正值清政府倒台、中华民国成立的交替时期。这一时期，军阀混战加剧，列强瓜分中国。中华民族陷入了深重的苦难之中。侯祥麟从儿时起，就目睹了这一切。国家的耻辱和社会的不公，促使他形成了最初的否定旧社会、向往新世界的世界观与人生观。

雪耻游行倍激昂

1912 年，即中华民国元年，侯祥麟出生于广东汕头福音医院。这一年，孙中山领导的辛亥革命取得伟大胜利。能和一个伟大的时代同时到来，亦是侯祥麟一生之幸。但是，和平与安定并没有降临。军阀混战、烽烟迭起，使中华民族再次陷入严重的民族危机。在侯祥麟的童年记忆中，外面的世界一直兵荒马乱。各路军阀粉墨登场，打着共和的旗号，为各自的利益刀兵相见。

虽然外面的世界战火纷飞，侯祥麟的童年世界里却有一些快乐的时光。侯家共有九个孩子。侯祥麟有五个姐姐、两个哥哥和一个妹妹。在他上小学之前，一家人生活在汕头联兴里南边的一条小巷子里。小巷平时少有人往来行走。巷中的几户人家便将巷子两头各安装了一个大门，随时可以锁起来，围成了一个孩子们玩耍的小天地。侯祥麟常在这里和巷子里的小伙伴们一起踢球、捉迷藏。

在侯祥麟童年时代，父亲对他影响很大。父亲是当地教会的一名牧师，经常在外传教。父亲每次回家，都会打开一坛用新鲜荔枝自泡的酒，喝上一点儿。而此时，侯祥麟就会跟着吃几颗酒里的荔枝。喝酒、吃饭的间隙，父亲就会教育子女们从小要说老实话，与人为善，努力学习。星期日，父亲有时会带着全家去教堂做礼拜。幼年的侯祥麟与虔诚的父兄表现得完全不同。他对一切都充满好奇，去教堂单纯是为了看《圣经》。他看的是文学意义上的圣经故事。于他而言，教堂的最大意义就是培养了他对文学的热爱。

传教的同时，父亲还担任汕头聿怀中学的教员。父亲的文化修养与职业使侯家九个子女都能够受到良好的教育。这为他们日后在社会立足奠定了基础。父亲对读书的重视使家里充满了书香气息。每当一家人在屋顶阳台上乘凉时，侯祥麟和哥哥姐姐们常在月光朦胧的夜色里，一边背诵唐诗宋词和《古文观止》，一边仰望着满天的繁星。在那个年代，能有这样一段短暂而美好的时光，实属难能可贵。

除父亲之外，深刻影响侯祥麟思想的，还有他喜欢阅读的古典文学作品。在侯祥麟进入小学读书后期，侯家搬入汕头市外马路167号的镇园。镇园坐南向北，由两层小洋房与花园组成，钢筋混凝土砖木混合结构，建筑面积500余平方米。临街走廊采用拱顶、圆形罗马柱，外立面为欧式建筑风格。

外马路在当时被称为崎碌马路，是当时汕头最为繁华的商业街。距离镇园不远，有一个小小的图书馆，其藏书也算丰富。侯祥麟在这里阅读了大量的文言和白话小说。不管是武侠、志怪还是传奇，他一律手不释卷，尤喜《三国志》和《水浒传》。在阅读过程中，他与江湖侠客们的侠义精神不期而遇，脑子里装满了劫富济贫、舍生取义的英雄形象。在上下学路上，当他看到警察在殴打贫苦的贩盐妇女时，心中愤愤不平。他心想自己如果是《水浒传》里有一身功夫的好汉该多好，就可以挺身而出，为穷人出气。少年侯祥麟在无意间，与对抗黑暗世界的侠义精神契合在一起，产生了对不公世道的质疑。

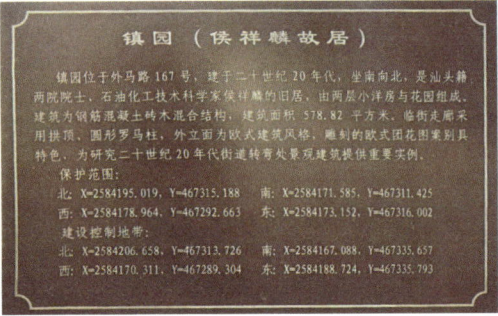

侯祥麟故居——镇园（方代煊摄）

  1915年，日本人强迫袁世凯政府签订了丧权辱国的"二十一条"。这激起了民众的愤怒。1919年，在巴黎和会上，北洋政府代表提出废除"二十一条"等正义要求被拒绝，引爆了轰轰烈烈的五四运动。侯祥麟的班主任是个热血青年，他在课堂上给学生们讲日本侵略中国、阴谋灭亡中国的种种事实。每年5月9日"国耻日"[1]，他都带领学校的孩子们上街游行。这是侯祥麟第一次知道什么是"国耻"。在那个民族危亡、山河破碎的年代，在讲坛、战场和征途上，像侯祥麟班主任这样的仁人志士无处不在。

---

1 国耻日：1915年1月，日本向袁世凯政府提出旨在灭亡中国的"二十一条"。5月9日，袁士凯政府被迫接受了"二十一条"的大部分条款。消息传出，举国上下群情激愤，皆认为这是中国之奇耻大辱。此后，每年5月9日，各地群众即举行各种活动，并定该日为"国耻日"。

明信片上的20世纪20年代崎碌马路街景

在侯祥麟的记忆中,"老师个子很小,可是他慷慨激昂的样子我至今难忘。因为他是第一个在我心灵中植入了抗日救国信念的人"。持续多年的"国耻日"大游行,渐渐地点燃了侯祥麟内心抗争力量的火焰。年幼的侯祥麟还不能够确切地理解什么是民族大义,但已经感受到日本帝国主义的侵略带来的亡国之危。国将不国,家之安在!幼小的侯祥麟挥舞起手臂,高喊着"打倒日本帝国主义"的口号,走在宣传抵制日货、声讨"五卅惨案"的制造者或支持省港工人罢工的队伍中。侯祥麟后来说:"以后每年的'国耻日',我们都要上街游行,焚烧日货。反对帝国主义、救亡图存的信念,从此贯穿了我的一生。"[1]

---

[1]《侯祥麟自述:我与石油有缘》,石油工业出版社,2012年,第4页。

公园"国耻"永难忘

20世纪20年代的中国,不仅面临着帝国主义明目张胆的入侵,也时刻受困于各派军阀的内斗。1922年6月,中华民国政府陆军部总长陈炯明指使所部洪兆麟等在广州发动叛乱。由于长期受叛军袭扰,侯祥麟所在的潮汕地区的学校无限期停课。为了让侯祥麟能够继续学业,父亲安排已经上初中的侯祥麟远赴上海,投奔侯祥麟二哥侯祥流,继续完成学业。

平生第一次远离父母和家乡,侯祥麟心中既兴奋又有些惶惑不安。一路上并不顺利。他乘坐一艘不太大的船离开汕头一直北上。到了厦门的时候不巧遇上了台风,客船只好进入港口躲避。船上的旅客,有的无所事事地闲聊,有的整天托着大烟枪躺在床铺上吞云吐雾。少年侯祥麟在想,如果中国人都这样抽鸦片,就等于放下了自卫的武器;如果都不再追求科学与真理,国家就永远失去了振兴的希望。这是侯祥麟第一次看到同胞吸食鸦片时颓废的样子,第一次体会到什么是心痛。

到达上海后,侯祥麟住在位于百老汇路的二哥家里。百老汇路南边是苏州河,过了苏州河上的白渡桥就是外滩公园。第一次路过那里时,侯祥麟就看到了公园门口竖立的那块牌子,即"华人与狗不得入内"。他十分愤怒!但13岁的他只能和这个羸弱的民族一样,无奈而痛苦地叹息。如果说在汕头时他感受到的是国家之耻,那么在这块牌子前,刺痛心扉的则是国家和个体的双重耻辱!因为他是中国人!

这一天回到家后,他对二哥提及此事。二哥说,中国人想站起来,只有从每个人做起。每个人好好读书,学好本事,懂得事理,才能帮助国家,才会有雪耻之日。二哥的教诲伴随他开始了新的学习生活。当时,二哥在上海做生意,有条件给弟弟找到一个相对好的学校,让他去接受好的教育。几经衡量,二哥将他送进了上海基督教青年会中学做插班生,并叮嘱他好好读书。此后多年,每当路过外滩,看到公园门口那块牌子时,侯祥麟就会感到如一根针扎入心头,流淌着看不见的血。而当时他能做的,就是听二哥的话,埋头学习,强大自己,期待以后能为一雪国耻出一份力。

　　上海基督教青年会中学主要开设英文类、算学类和博物类等课程。这些课程对侯祥麟来说,学起来并不难。课余时间,他还可以打打球,或是和同学们下下棋。但这种稍显轻松的学习生活并没有持续多久。1927年3月24日,发生了震惊中外的"南京惨案"。中国人的爱国情绪更加高涨,教会机构受到冲击。圣约翰中学、上海基督教青年会中学等学校相继关闭一年之久。在无学可上的情况下,二哥将他送入沪江大学附属中学继续学业。沪江大学附属中学虽不如上海基督教青年会中学有名气,但教学条件尚可。在这里经过一年的学习,侯祥麟完成了初中学业。

位于上海四川中路 595-607 号的上海基督教青年会旧址(刘俊妍摄)

化学研究定志向

1928年秋,侯祥麟以优异成绩考入当时上海最好的高级中学之一的上海圣约翰大学附属中学(以下简称圣约翰中学)。在他从少年向青年过渡的思想成长历程中,圣约翰中学给了他很多难忘的记忆。这段学习经历坚定了他以化学研究为事业的科学救国志向。圣约翰中学是由美国基督教圣公会资助,于1879年4月14日建立的教会学校。学校位于上海西部苏州河的梵皇渡附近,教学成绩十分突出,收费也较高,在上海声名赫赫,被称为"贵族学校"。圣约翰大学出版委员会编辑的《圣约翰大学五十年史略》记载,在1909年的赴京投考庚子赔款奖学金的考试中,来自圣约翰中学的11名考生中有9名中榜;在1910年的考试中,来自圣约翰中学的31名考生中有26名中榜。这足见圣约翰中学教学实力之强悍。

1924年,在原上海圣玛利亚女子中学校舍基础上,扩建成圣约翰中学的主楼——西门堂。西门堂是一栋回形的、东西长约100米的二层砖木结构建筑。东部是教堂、礼堂和图书馆,中部是办公室,西部是宿舍、洗漱间和食堂,中间有天井,前后是大铁门。西门堂是圣约翰中学的主要教学楼。

西门堂内庭(来源:《圣约翰大学附属中小学回忆集》)

有关在圣约翰中学期间的日常生活，侯祥麟在各类回忆文章中极少提及，只是在《侯祥麟自述：我与石油有缘》（以下简称《自述》）中简短地说道：学校校规很严，学生一律住校，平时不许回家。在姚金澜所撰写的《回忆圣约翰高中》一文中，可以找到20世纪三四十年代圣约翰中学的学生生活的蛛丝马迹：学生宿舍在古色古香的回廊式建筑西门堂的楼上。每个房间住三人，足够容纳三张单人床、三张书桌和三把椅子，甚至还可以放下一个小书架。所有家具均由学生自备。食堂也很宽敞，八人一桌，全是中餐。午餐、晚餐是四菜一汤或五菜一汤，每天更换菜单。

通过一张私人珍藏的1926年圣约翰中学某学生的成绩单可以看出，圣约翰中学开设英文课程和中文课程两个单元。英文课程包括代数、算学、化

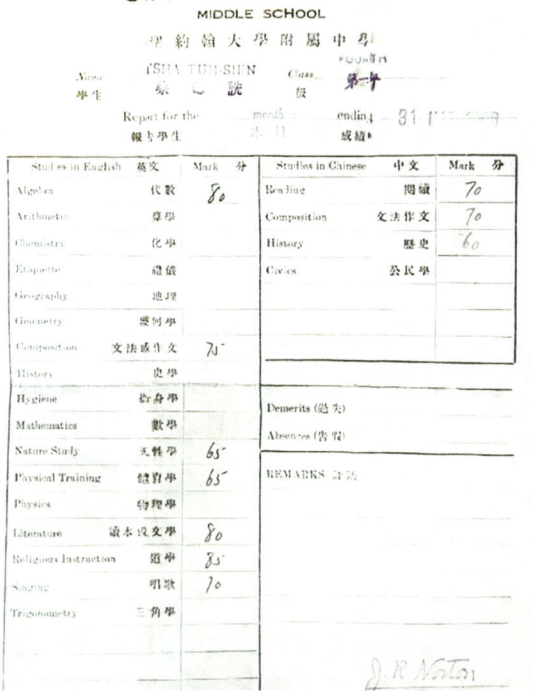

1926年的圣约翰中学某学生成绩单

学、礼仪、地理、几何学、文法或作文、史学、天性学、唱歌、体育学和道学等课程；中文课程比较少，只有阅读、文法作文、历史和公民学四科。可以看出，侯祥麟在这里接受的是以英文为主要教学语言的西式教育。

在圣约翰中学读书期间，侯祥麟第一次提出了自己将来的志向——以化学研究作为终生的事业。在一次化学课上，侯祥麟听到倪怀祖[1]老师讲到原子核中蕴藏着极为巨大的能量，如果能够释放出来，将会产生惊人的威力。

1931			
刘海生	侯祥麟	法和寰	邓伟民
钱梓昌	林悦雄	蔡荣庆	钱德鹏
曾健培	周顺鑫	华士澈	吴幼良
祝尔康	郭豫藩	罗民蓼	魏宗铎
郭建勋	蒋宗德	袁懋铨	胡实声
卓铺翔	杨士琳	胡远声	吴承德
夏循章	吴仁伯	胡贤刚	孙金魁
沈葆中	刘念孝	朱铨	朱冠仁
朱明中	杨馨麟	朱学仁	胡世春
林添泳	廖贵稣	刘海珊	秦绍由
金丕尚	杨成祺	王荣光	贾德怀
缪连恩	陈彬	陈善荣	张光世
张光祖	张杏春	刘世强	俞俊玑
马文铎	陈敏康	郑际翼	傅昌年
虞颂庭	乐柏荣	刘念悌	谭仲涛
张联孙	陈国俊	陈邦宪	张畏三
陈志定	诚景星	张彼得	陶治青
葛菁芬	葛金生	倪吉士	颜抱青
徐正纶	徐绍穖	徐昌裕	徐祖廉
徐通渝	林定熹	吴卓洪	胡可兴
朱庆源	史泳赓	何伟绪	戴家骥
施衡元	汤敬仪	储初麟	周树华
徐汉章	周莘农	孙麒方	吴茂鹿
曾汉章	邓祖询	姚晟	李菊人
何庆和	徐益智	黄祖泽	郑兆佳
岑诚之	金开源	郑南渭	徐孟炎
沈其勇	黄全信	崔鼎	肖新民
张荣泉	黄仲嘉	何锦棠	杨润康
梅兆球	卢秉诚	朱维香	史继宏
谢松生	许本颖	黄有辉	王宝光
黄守仁	佐良吴	杨国良	郑英才

圣约翰中学 1931 届毕业生花名册（来源：《圣约翰大学附属中小学回忆集》）

1　倪怀祖（1905—1991），福建福州人。1928 年于上海圣约翰大学化学系毕业，并留校任教。新中国成立后曾担任东北制药总厂管理委员会委员和技术总顾问等职，为中国生化、药品事业作出了很大贡献。

这样的知识让侯祥麟十分兴奋，他开始幻想着去搞原子能研究，将来制造出一种对付日本帝国主义的武器。侯祥麟在圣约翰中学读书的时间是 1928 年至 1931 年，而爱因斯坦写信给美国总统罗斯福，建议研制原子弹的时间是 1939 年 8 月。两个时间相比较可以看出，侯祥麟的"科学幻想"十分超前。但有趣的是，这个超前的想法建立在阴差阳错的认知上。因为倪怀祖是毕业于上海圣约翰大学化学系的化学老师，所以听到化学老师讲出这样的原理，侯祥麟就理所当然地认为原子能研究属于化学学科，殊不知它其实归物理学领域。阴差阳错，侯祥麟却因此找到了人生的方向，对化学研究的热爱贯穿他的一生。

《生活》周刊伴身旁

随着年龄和学识的增长，以救亡图存为核心的"雪耻"二字，成为侯祥麟青少年时代的关键词。在父亲和二哥的影响下，他早早地知道了学知识、强智慧就是为将来洗雪国耻而积蓄力量。

对侯祥麟的进步思想产生直接影响的两个人是圣约翰中学的同班同学胡实声[1]、胡远声两兄弟。胡家在上海富甲一方，威名赫赫。在胡家兄弟，特别是大哥胡实声的影响下，侯祥麟开始阅读左翼进步书刊，尤其对邹韬奋先生主编的《生活》周刊爱不释手。

邹韬奋先生是中国杰出的出版家、新闻记者、政论家。2009 年 9 月，他被评为"100 位为新中国成立作出突出贡献的英雄模范人物"之一。邹韬奋因病于 1944 年去世，终年 49 岁。他在仅有的 49 年生命历程中，启迪无数中国青年走上了民主、自由和革命的道路。侯祥麟就是其中之一。

---

1 胡实声（1913—2014），浙江定海人。1936 年 6 月毕业于北平税务专门学校海关专业。1936 年 7 月秘密加入中国共产党，并在江海关建立了中共江海关地下党支部。

青年时代的邹韬奋先生

1921年7月,邹韬奋从上海圣约翰大学毕业后,担任黄炎培创办的中华职业教育社编辑部主任。1926年10月,《生活》周刊主编调任新华银行总经理后,黄炎培让邹韬奋接办《生活》周刊。而这一年春天,侯祥麟刚好进入上海基督教青年会中学读书。

《生活》周刊是一本职业教育杂志,于1925年10月在上海创刊。邹韬奋先生继任《生活》周刊主编不久,将办刊宗旨确定为"暗示人生修养,唤起服务精神,力谋社会改造",以此"力求政治的清明"和"实业的振兴"。1928年,《生活》周刊的发行量从创刊第一年的2800份增长到4万份。《生活》周刊洋溢着民主、革命与自由之风。在成为大时代下中华民国时期城市生活缩影的同时,该刊大力宣传革命与进步思想,呼吁抗日救国、民族解放,受到众多像侯祥麟这样的进步青年的喜爱。

1931年中学毕业后,侯祥麟和胡远声等一起坐火车来到北平,就读于燕京大学。1932年,胡实声放弃了就读圣约翰大学的机会,考取了北平税务专门学校,来到了五四运动发源地——北平。到北平求学之后,侯祥麟、胡实声等仍对《生活》周刊爱不释手。《生活》周刊成为他们后来投身革命、救亡图存的思想武器之一。

邹韬奋的革命民主主义思想对侯祥麟起到了举足轻重的启迪作用,并成为不断推动他走向革命道路的动力。陆定一曾说,邹韬奋"逐步摆脱了资产阶级民主主义,终于成为坚定的共产主义者,而且影响了一大批群众走向革命"。而侯祥麟,不仅是受其影响走向革命道路的觉醒者,也是在此后的人生中,重新经历了邹韬奋思想变化历程的革命者。

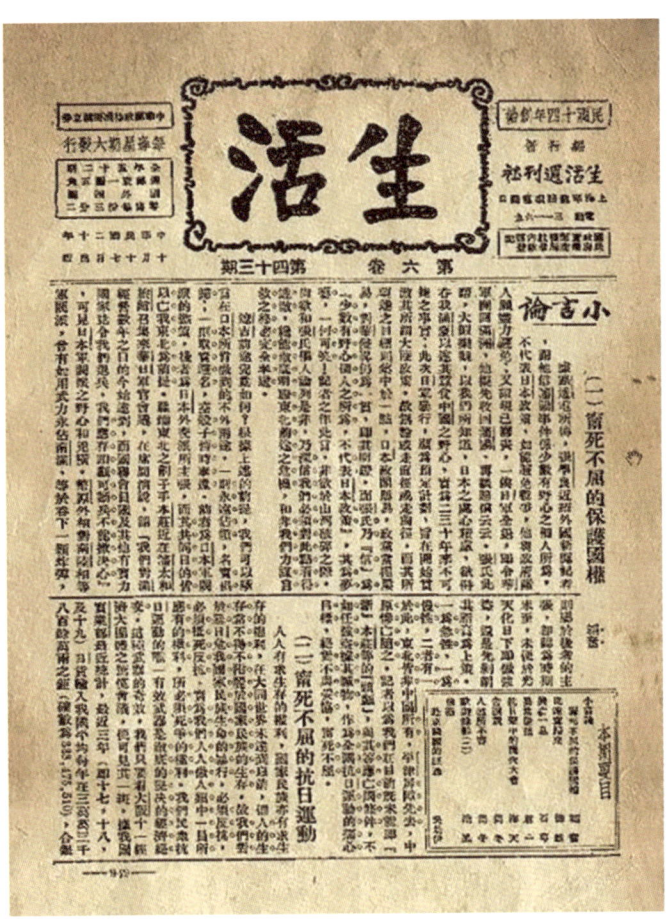

1931年出版的《生活》周刊

第二章　国难当头呼救亡

侯祥麟在燕京大学读书期间，东北地区传来九一八事变的枪炮声。他和众多学子一起，奔赴南京向国民政府请愿，同时积极为抗战前线募捐物资。他所走过的求学之路，深深地刻下了那个时代的烙印。在灼热的剧痛中，他救国救民的意识愈加清晰。进而他便走上了一条救亡图存的道路。

南京请愿义气扬

1931 年 9 月初，侯祥麟到了北平，就邀请胡远声等同学到无量大人胡同中的大哥侯祥川[1]家中去探望。大哥从协和医科大学博士毕业后，留在协和医院工作。弟弟和同学到来后，大哥大嫂十分高兴，做了一顿地地道道的家乡菜招待他们。多年在学校食堂就餐的侯祥麟，胃口很好，吃到了记忆里最好吃的一道菜，即芋头做的芋泥，很甜。

除了芋泥的香甜，侯祥麟还领略到了燕京大学校园的美。燕京大学由北京汇文大学、华北协和女子大学、通州协和大学三个教会学校合并而来，大师毕至，才俊云集。燕京大学环未名湖而建，湖光塔影，绿树花蹊，是当时中国环境最优美的大学之一。

侯祥麟在燕京大学学习生活不到一个月，就传来了九一八事变的枪炮声。当时，国民政府采取了消极抗日的政策。事变爆发后的 1931 年 9 月 22 日，蒋介石在国民党南京全市党员大会上发表《国存与存，国亡与亡》的演

---

[1] 侯祥川（1899—1982），广东汕头人。营养学家。曾任第二军医大学科研部部长、军事医学科学院军队营养研究室主任、上海市第一届政协委员等职。中国生理学会和中国生化学会创始人之一。

20世纪30年代的燕京大学

说时却说:"我国民此刻必须上下一致,先以公理对强权,以和平对野蛮,忍痛含愤,暂取逆来顺受态度,以待国际公理之判决。"同时,国民政府明令禁止人民集会请愿,如有疑义,一律书面陈述。

国民政府消极抗日的政策,使中华民族面临着亡国灭族的危机。被激怒的中国人民纷纷举行各种形式的抗议活动,尤以青年学生最为激烈,而燕京大学学生一直走在前面。1931年9月19日,燕京大学学生自治会召开紧急会议,决定自即日起"完全停止娱乐,学生于课外时间赴各农村讲演,作普遍之宣传"。9月21日,燕京大学召开全体学生大会,800多名学生响应出席。此次大会通过决定,全体同学一律臂缠黑纱,上书"耻"字。9月22日,燕京大学学生致电南京国民政府,表示"伏望吾政府依顺民情,积极备战,吾燕大全体学生,誓以一死,为政府作后盾,为民族争存亡"。[1] 在抗战宣传活动中,一年级学生侯祥麟也毫不犹豫地走进宣传抗日的队伍之中,发出救国雪耻的呐喊。

九一八事变后,侯祥麟参加了燕京大学南下请愿团。这次请愿是中国学

---

[1]《全市学生参加今日之市民大会》,《华北日报》1931年9月28日,第6版。

运史上一次重要事件。在侯祥麟的回忆录《自述》一书中，他曾回忆当时在学校礼堂召开了一次学生会议，商定要组建请愿团去南京的情景。他说自己是一名新生，插不上话，只能坐在后面默默地听着大家商讨。对这次参加请愿一事，也没有写具体时间和参加人，只是说"会上要求表决，全体举手通过，我也举了手。我们是第一批南下请愿团的，翌日就挤上火车出发了"。

事实上，赴南京请愿要冒着与国民政府进行对峙甚至流血牺牲的危险。1931年9月21日，为防止学生爱国运动发生过激行为，北平军、警、宪及各校负责人联席会议决定：禁止学生罢课，不许学生结队游行。11月11日，北平教育局电令燕京大学，严禁学生赴南京请愿，"各校学生，均应安心学业，遵守秩序，以作外交之后盾，勿得率而来京，荒废学业"[1]。11月26日，在严峻的形势下，燕京大学召开全体学生大会。会上决定全体赴南京请愿。以外籍教师为主组成的学校最高领导机构——行政执行委员会认为：现在大学生南下请愿的时机不成熟，可能会影响政府的日常管理；允许个别学生参

1931年12月6日，《申报》刊载《禁止集队请愿》的通知

---

1 《北平市教育局公函》，《燕京大学校刊》1931年第4卷第10期。

加，不能耽误正常的课程。不过，在风起云涌的抗日浪潮中，学生选派代表与校长司徒雷登见面，请求全校停课请愿，并最终获得同意。12月，百名燕京大学教师、学生一起上街游行，高呼"打倒日本帝国主义"的口号。燕京大学学生的抗日运动逐步深入。

侯祥麟参加的燕京大学南下请愿团，共计190余人，占全校学生总数的四分之一。他们不顾北平当局劝阻，于1931年11月28日下午，陆续出发，于11月30日上午相继抵达南京。12月2日上午10时，燕京大学请愿学生和徐州等地大中学校学生一同来到国民党中央党部，呼吁蒋介石北上抗日，恢复民众运动。蒋介石亲自接见并告诉学生们"所请愿各点，政府均当接受，择其重要者，政府当尽先切实去做，以达各位请愿之目的"[1]。不管是官方记载还是侯祥麟自述，均表明了蒋介石对此次学生的要求都是满口应允。而在12月2日的日记中，蒋介石却写道："上午到政治会议，又见北平燕京大学生与徐州中学生，无理处恼，殊可怜。"[2]

在《自述》一书中，还有历史记载中缺失的一页——国民政府对请愿学生除了打压、恐吓，还采用渗透和分裂等手段瓦解学生组织。燕京大学请愿学生到达南京后，在等待蒋介石接见的前一天晚上，有几个高年级学生召集会议，鼓动大家罢免了原来的带队领袖。后来才知道这几个高年级学生是亲政府的。他们夺取领导权后，就鼓动同学们不再与政府"为难"。对蒋介石的讲话，"在新的带队领导下，许多学生都表示欢迎"。随即燕京大学南下请愿团于12月3日上午全体瞻仰中山陵后，于当晚乘车返回北平。12月7日，燕京大学正式复课。持续两个多月的请愿抗日活动告一段落。

参加此次请愿活动，对侯祥麟来说，是一次受到国民政府欺骗的过程。回到北平后，他们一直没有听到蒋介石北上抗日的消息。12月13日，蒋介石宣布下野，出兵一事成为空话。1932年3月，蒋介石再次出山后，早已

---

[1] 《蒋主席对徐州及燕大学生训话》，《中央日报》1931年12月3日，第2张第1版。
[2] 引自1931年12月2日的《蒋介石日记》（手稿），现藏于美国斯坦福大学胡佛研究所。

经忘记了自己之前对请愿学生作出的承诺,反而迫害各地呼吁抗日的学生。请愿事件的结局,让侯祥麟对国民政府有了清醒的认识。侯祥麟不再对它寄予希望,开始以实际行动支援前线抗战。

捐献钢盔情义长

蒋介石对日本的妥协并没有使日军放缓侵略中国的脚步,加之东北军执行国民政府的"不抵抗政策",在不到半年的时间内,东北三省100多万平方公里的土地被日军占领。1932年12月,日军沿北宁路关外段向西南进犯,离北平越来越近。

民族危亡之际,北平学生再次掀起了抗日救亡浪潮。为支援前线守军,燕京大学抗日会在主席吴世昌[1]提议下,开始筹集物资准备到前线慰问将士。由于国民党守军节节败退,很多学生对此倡议反应冷淡。围绕应不应该去的问题,抗日会组织侯祥麟等20余名进步学生在学生宿舍开会,决定"由本校全体同学,具函派本校山海关慰劳队向本地军事长官请求,与前方将士以充分供给"[2]。

会后,燕京大学抗日会组织了两个前线慰问团。一团到达热河(今河北北部),另外一团包括侯祥麟在内,去往山海关。侯祥麟在《自述》中提到,同行的有同学张玮瑛、侯远等十几个人。此次到抗战前线慰问,是在随时会受到日军枪弹袭击的危险情况下进行的。在慰问过程中,侯祥麟等人被士兵们的抗日热忱所感动,经历了一次抗战精神的洗礼。

自从南下请愿团在国民党党部大楼前失望而归之后,侯祥麟已经对蒋介石彻底失望,不再相信他和国民政府关于抗日的任何承诺,也不再限于喊口号,而是更加注重行动和效果。在前线,他看到关麟征部守军由于缺少钢

---

[1] 吴世昌(1908—1986),浙江海宁人。著名红学家,著有《红楼探源》《红楼梦探源外编》等著作。
[2] 肖伊绯:《新闻报道中的"万顶钢盔运动"》,《百年潮》2018年第9期。

盔，在战斗中遭受很大伤亡，就和几个来自上海的同学商议，决定利用在上海的关系募集资金，为前线将士购买钢盔。侯祥麟等人的倡议在燕京大学掀起了"万顶钢盔捐献运动"。经过全校师生努力，他们很快完成了任务，用所得款项为前线战士们购买了一万顶钢盔。

燕京大学师生捐献的万顶钢盔（来源：《燕京大学史稿》）

此次捐献活动开始于来自上海的几个同学的家属募捐。侯祥麟二哥在上海经商，胡远声家境更为殷实。此次募捐他们两家均出力不少。侯祥麟从上海到北平求学期间，生活十分节俭，一直是大哥和二哥资助。但是在为前线将士捐款购买钢盔一事上，侯祥麟却十分慷慨。

侯祥麟等人开展的募捐购买钢盔的行动，比普通意义的捐资拥军更具实际意义，也更引人注目。1933年1月至3月间，钢盔募捐行动得到了北平各大学校和广大市民的支持。天津、上海等地的院校也纷纷响应。3月30日，《世界日报》以《燕大万顶钢盔运动，已募齐万余元》为题报道："燕京大学学生抗日会，自发起万顶钢盔运动以来，孜孜努力，于兹两月，昨日结算，捐款已足一万三千余元，足够购备万顶之数，两月来奔走呼号这万顶钢盔运动，至此已经完全成功。"募捐所得款项购置的钢盔分批发往北平周边前线。

虽然宋哲元等部将士在喜峰口等处重创日军，但国民政府仍然无法阻止日本帝国主义的侵略步伐。1933年5月31日，国民政府在丧权辱国的《塘沽协定》上签字。《塘沽协定》规定，中国军队撤至延庆、通县（今北京市通州区）、宝坻、宁河一线以西以南地区，并划上述地区以北、以东至长城沿线地区为非武装区域。这样，国民政府实际上默认了日本帝国主义对东三省及热河的占领。同时划绥东（今内蒙古库伦旗西北）、察北（今河北西北部）、冀东为日军自由出入地区，便利了日本进一步控制整个华北。

这份军事协议，结束了九一八事变以来南京政府既不全力对日作战，又不愿屈服谈和的犹疑局面，让中国对冀东22个县的主权名存实亡。此后，蒋介石开始彻底实施"攘外必先安内"的反动政策，将精力转向围剿红军。从在南京政府门前"信誓旦旦"地欺骗学生，到签定丧权辱国的《塘沽协定》，侯祥麟彻底看清了蒋介石和南京国民政府的反动本质。

雪耻不辞求学苦

在燕京大学读书期间，侯祥麟对抗战将士的支持展现出其强烈的爱国热忱。但是，作为在读学生，每天摆在他面前的最重要的事情仍然是学业。国耻未雪，国难当头。他和那个时代很多知识青年一样，抱有强烈的科学救国思想，渴求有一天利用自己的所学提升民智、救亡图存。

燕京大学有"贵族学校"之称。当时，北京大学的学费为每年20银元，分两期于每学期开学前缴纳。清华大学和北平医学院等跟北京大学基本一致。而1931年燕京大学学费为每学期40银元，每年80银元，是北京大学的4倍，另外还需缴纳住宿费20银元，医药费、体育费和杂费各2银元。

学校的招生要求也十分严格，《私立燕京大学教务通则》规定，每录取新生，须有保证人，填具保证书，方准入学。新生入学后，第一年为试读期，如有成绩不及格者，学校随时令其退学；有品德不端者，一经查实，随时取消其入学资格。侯祥麟能够入读燕京大学，与其在上海和北京工作的两位兄长的支持和帮助不无关系。

燕京大学以"教授高深学术，发展才、德、力，养成国民领袖，应中华民国国家及社会需要"为宗旨，以"因真理得自由以服务"为校训[1]。可以看出，燕京大学虽然是一所教会学校，服务宗旨却直指中国社会。这种注重国民素质养成的教学宗旨，是侯祥麟选择进入其中读书的原因之一。

学校设文理两院，开设国文学系、英文学系、哲学系、物理学系和化学系等。侯祥麟在1931年入学时选定了理学院。一年后进入二年级学习，正式选定理学院化学系。燕京大学设立化学系的目的有训练化学之师资、训练学生为化学专家及制革专家和指导毕业生进行化学研究等。1926年，燕京大学迁入北平西郊新址，建起了一栋办公面积2000多平方米的化学楼。楼内既有可容纳100多人的大讲堂，也有可供二三十人使用的小教室；既有供基础课用的大实验室，也有供教师和研究生用的小办公室。此外还有图书阅览室，其内藏有当时相当齐全的世界化学期刊和工具书。化学楼第二层是库房，内有各式各样的仪器、试剂供师生选用。地下室则是蒸馏水制作场。侯祥麟入学时，可以说是进入了一个设备齐全、合乎世界潮流、独具特色的化学系。

根据学校规定，化学系课程分为必修课和选修课两种。主要课程除普通化学、分析化学、物理化学和生物化学外，还有农业化学、仪器化学和工业化学课程；其他主要课程还包括国文、英文、数学、地质学等；女生还增加一门卫生学。不同学年的课程也会有相应的变化。学校实行学分制，不同的课程规定了不同的学分。学生在获得足够的学分后就可以毕业。

---

1 《私立燕京大学一览》，1930年，第5页。

兴建中的未名湖北岸的男生宿舍（来源：《燕京大学史稿》）

燕京大学理学院化学系教学楼（来源：耶鲁大学图书馆）

侯祥麟入学时，化学系主任由毕业于美国普渡大学化工系的 E.O. 威尔逊（E.O.Wilson）担任。授课教授有美国生物化学家 W.H. 窦维廉（W.H. Adolph）、毕业于美国芝加哥大学的 S.D. 威尔逊（S.D.Wilson）等人，助教有蔡镏生[1]等人。在一年级和二年级上学期，侯祥麟虽然参加了多次的请愿、示威、募捐和慰问等抗日活动，但是其课业并未受到影响。在这些老师的指导下，他的学习成绩始终名列前茅。

化学系办学注重四个特色：一是教学与科研并重；二是必修课与选修课并重；三是理论与实际并重；四是关注国际与中国实际并重。在这样的教学理念指导下，侯祥麟在四年的学习生活中收获很大。很多外籍教师也给他留下了深刻印象。例如，窦维廉教授鼓励学生不要死记硬背，一定要搞清技术原理。每节课前 5 分钟他都要出一道测试题，让每个学生解答，测试他们是否理解了原理。这种授课方法让侯祥麟在学习中养成了深究原理的习惯。

侯祥麟治学严谨，一丝不苟。外籍教师中有一位年纪较大的女数学教师。有一次，这位教师讲一道微积分题时，侯祥麟发现公式有误，就当场提了出来。这位女教师碍于情面不愿承认。但年轻气盛、尚不懂人情世故的侯祥麟认为，学术对错不可以因为师生地位有别而敷衍塞责，必须指正，以免贻害将来。他坚持自己的意见，并说"我爱老师，更爱真理"。

没想到，这件事让这位女教师一直耿耿于怀。侯祥麟毕业时，成绩积分名列全化学系第一名。当时，美国斐陶斐荣誉学会[2]每年在燕京大学毕业生中择优评选新会员十余人。评选条件是，毕业生品行优良，学业总成绩在 6.7 分以上，而且热心服务他人。会员获颁证书和会徽证章。此证章是金质并被铸成钥匙形，俗称"金钥匙"，寓意借此可开启学术之门。侯祥麟的学

---

1 蔡镏生（1902—1983），福建泉州人。物理化学家，中国催化动力学研究的奠基人之一，光化学研究的驱动者，中国科学院院士。1932 年在美国芝加哥大学获得博士学位后，回国在燕京大学任教。
2 斐陶斐即希腊字母 Phi Tau Phi 之音译，代表哲学、工学及理学。该会宗旨为鼓励会员继续努力研究学术并忠诚服务社会。

习成绩及参加社会活动情况均符合评选条件,却遭到了那位女教师的反对。最终,在其他教师的坚持下,侯祥麟获得了这个奖励,成为"金钥匙"生。

大学求学期间,在未名湖畔滑冰的侯祥麟

在侯祥麟大学生活的中后期,由于国民政府与日本签订了《塘沽协定》,怀着虎狼之心的日本进入了积蓄再战的休眠期。加之国民政府对学生请愿、示威运动进行镇压,燕京大学进入了一片沉寂中。但仅仅过了不到两年,日军制造了"河北事件",迫使国民政府于 1935 年 7 月签订了耻辱的《何梅协定》。其主要内容为:国民政府取消在河北的党政机关,撤退驻河北的国民党中央军和东北军,撤换日方指定的中国军政人员和禁止一切抗日活动等。这个协定实际上迫使国民政府放弃了华北主权,为两年后日本发动全面侵华战争埋下大患。

签订《何梅协定》的那一年夏天，侯祥麟从燕京大学毕业了。指导他撰写毕业论文的教师是蔡镏生。在日本帝国主义环伺北平的高压环境下，侯祥麟心怀为国雪耻、助力抗战的决心，选择了制造防毒面具必不可少的材料——活性炭为毕业论文的研究课题。

九一八事变后，日军开始在东北建立毒气实验室、毒气工厂和毒气部队，以中国军民为实验对象，进行毒气实验和演习。防毒面具可以保护抗战前线官兵的安全。当时，生产活性炭的原材料以进口的椰子壳为主。但日军已经封锁了中国大部分的海港，进口几无可能。侯祥麟创造性地尝试用具有同样硬度的橄榄核代替椰子壳，研制活性炭。通过实验测试，制作出的活性炭具有较强的吸附能力，可以满足制作防毒面具的要求。但遗憾的是，他的研究成果并未受到国民政府的重视，没有得到推广应用。

孜孜求索向光明

就读燕京大学初期，侯祥麟只是一个有革命倾向和民主思想的爱国青年，但他的思想仍然一片迷茫。他坦承自己"当时的世界观是唯心主义的"。对于已经23岁，即将从燕京大学毕业的侯祥麟，这种唯心主义并非意识与物质谁是第一性这么简单。一个化学系高材生所说的唯心，和他对当时的社会环境、政治生态、抗战形势和世界发展规律的认识有着直接的关联。所谓的唯心与唯物，是指侯祥麟本人对当时各类社会问题的分析，是出于个人的主观臆断还是出于客观的科学判断。也就是说，侯祥麟已经从认识论的角度对自己审视社会的准确性产生怀疑，并影响到其世界观的变化。侯祥麟在《继续弘扬五四精神，高举爱国主义旗帜》一文中曾写道："我们对他完全失去了信任；看清了国民党实行的完全是封建统治，对自己科学救国的信念发生了动摇。后来我曾选修哲学、社会学、经济学、政

1935年夏，大学毕业的侯祥麟

治学等课程，希望从中寻找救国的真理。"[1]这说明侯祥麟正在试图从唯物、客观和科学的角度去认识民国社会，而不再局限于自己的主观视角。

在这种情况下，侯祥麟又选修了张东荪[2]的哲学、雷洁琼[3]的社会学，以及经济学、政治学和文学史等课程，试图找到解决国家、社会所存在的各种问题的途径，探寻中国饱受侵略、内战频发的原因。但他所获甚微，哲学等学科理论并没有让他茅塞顿开。

理论上的探索收获虽小，生活中侯祥麟却感受到了另外一束光芒的照耀——对延安与红军有了新的认识。在燕京大学读书期间，班上有一位江西籍的高姓同学，常在课余时间给他讲述红军的故事。1927年第一次国共合作破裂后，中国共产党发动武装起义，创立工农红军，在江西、福建等地建立了多个农村革命根据地。1930年至1933年，红军先后粉碎了国民党的四次围剿。1934年，国民党大规模进攻苏区，红军被迫长征……在这位同学的讲述中，红军的光辉形象铺展开来，形成了影响侯祥麟思想倾向的一股重要力量，粉碎了由国民党操控的媒体极力宣传中国工农红军杀人放火的传闻。

---

1 《侯祥麟科技活动文集》，石油工业出版社，2002年，第711页。
2 张东荪（1886—1973），浙江杭州人。曾任第一届全国政协委员，中国民盟中央常委、秘书长等职。
3 雷洁琼（1905—2011），广东广州人。1931年获美国南加州大学社会学硕士学位，回国后在燕京大学等校任教。曾任第六届全国政协副主席，第七届、第八届全国人民代表大会常务委员会副委员长等职。

他相信，这是一支致力于穷苦农民斗争、中华民族解放、抗击日本侵略的红色队伍。这种认识的意义在于，他从对国民政府的失望中抬起头来，看到了在日本帝国主义侵略的暗夜之中，中国还存在真正的救国护民的政治力量。

仅仅是一个人的宣传并不能够让侯祥麟的世界观发生巨大转变。这一时期，他在无人推荐的情况下，开始在图书馆阅读英文版的《新群众》（New Masses，1926—1948）。这是一本由美国共产党创办的期刊。主编为美国左翼文坛领军人物迈克尔·高尔德（Michael Gold）。刊中有大量关于中国红军的报道。中国左翼作家在《新群众》上发表了大量的文学作品。在阅读这份杂志后，侯祥麟对中国共产党和红军有了进一步了解。特别是长征开始以后，该杂志经常报道关于红军的消息，让他对红军在艰难困苦的长征中表现出的革命精神感到钦佩。在燕京大学，侯祥麟首次将目光从阴霾重重的北平，投向了艰难征途中的雪山草地。他看到了中国的希望。

最后助推侯祥麟进行思想扬弃的是老同学胡实声。大学毕业后的那个暑假里，侯祥麟参加了在北京西山举办的夏令营。夏令营组织了报告会、讨论会和游艺等各种活动。同学们思想很活跃，不但讨论时事，还讨论一些社会

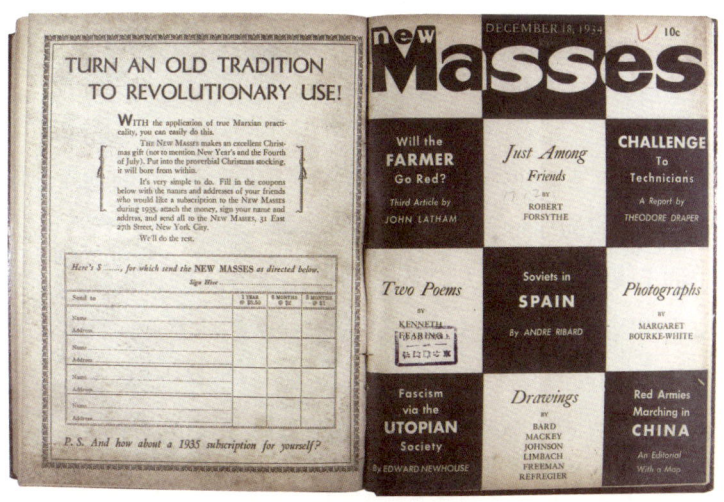

1934年出版的《新群众》刊有红军长征的文章（来源：国家图书馆）

问题、政治问题。在夏令营中他遇到了胡实声。此时胡实声刚从北平税务专门学校毕业，已经是一名中国共产党党员。在讨论中，胡实声介绍了辩证唯物主义、社会主义和政治经济学的原理，以及谋求中国出路方面的书籍，并向他推荐了艾思奇的《大众哲学》。

20世纪30年代出版的《大众哲学》（来源：国家图书馆）

《大众哲学》是20世纪30年代宣传马克思主义哲学的优秀通俗著作。艾思奇以大众需求为导向，以大众话语为载体，大胆创新阐释马克思主义哲学。该书的出版满足了当时人们渴望了解马克思主义的朴实愿望，推动了马克思主义在中国的传播和普及。侯祥麟完全被吸引住了，认为这类书籍讲述的才是真理。他开始刻苦钻研马克思主义，追寻中国共产党与工农红军的红色足迹。但仅仅在理论上的接受，还远远不够支撑他思想蜕变、精神升华，去寻找通向革命的道路。他需要切实的行动，去寻找一条红色之路。

第三章　入党宣誓初心铸

在国立中央研究院化学研究所攻读研究生时，侯祥麟思想转变得最为迅速。他白天在所里做研究工作，晚上在住处看马克思、列宁的英文著作。读到会心之处，心中的激动难以言表，庆幸自己终于找到了真理。七七事变和上海沦陷后，他更加清醒地认识到在国家危难之际，只有坚持马克思列宁主义的中国共产党才是真正肩负民族解放、抗日救国的政党。正是在此阶段，他积极投身抗日救亡运动，树立了一生追随中国共产党去战斗的革命信念。

科研初试显锋芒

侯祥麟在燕京大学毕业时，化学系主任 E.O. 威尔逊主动提出要亲自带他攻读研究生。侯祥麟思虑再三，谢绝了威尔逊的好意。他不愿意在日寇围城的北平生活，最终决定重回上海，到国立中央研究院化学研究所（以下简称化学所）攻读研究生。

国立中央研究院是民国时期中国最大的科研机构，下设的研究所分设于北平、南京、上海等地。化学所位于上海白利南路，与物理所、工程所在同一座楼上，有 20 余间实验室。当时担任化学所所长的是中国著名化学家庄长恭[1]。

国立中央研究院最早招收研究生的单位是化学所。1935 年，招收研究

---

[1] 庄长恭（1894—1962），福建泉州人。有机化学家，教育家，国立中央研究院院士，中国科学院学部委员（院士）。1934—1938 年任国立中央研究院化学研究所所长。新中国成立后，曾担任中国科学院有机化学所所长。

生共计6人，分别是张全元、张明哲[1]、周家仁、罗建本、侯祥麟和许怀均。

化学所于1928年成立时，便设立了无机化学、有机化学、工业化学和分析化学四个组。侯祥麟报到后，庄长恭对这位毕业于燕京大学的高材生十分欣赏，把他分配到留德回国的王学海带领的工业化学组。

1935年国立中央研究院化学研究所职员录

职　务	姓　名
专任研究员	庄长恭（兼所长）　纪育沣　汤元吉　吴学周　杨树勋　〔德〕贺厚赐（G. Hohorst）
通信研究员	赵承嘏　吴宪　侯德榜[2]　〔美〕伊博恩（B. E. Read）　刘树杞　曾昭抡　萨本铁　张克忠
专任副研究员	王学海　阮鸿仪
助理员	柳大纲　朱振钧　田遇霖　马集铭　汪榕　黄耀曾　高怡生　张国任　温家赟　严文兴　程崇道
研究生	张全元　张明哲　周家仁　罗建本　侯祥麟　许怀均
图书管理员	王素明
仪器药品管理员	钟道树
事务员	周光
书记	仇玉璋

注：资料来自民国时期南京国立中央研究院编《国立中央研究院职员录》。

当时，化学所正在以浙江平阳产的明矾石为原料，提取氧化铝和硫酸钾。硫酸钾主要用于制备钾盐、化肥、药物、玻璃、明矾等，而氧化铝则用于制取抗战所需要的铝材。庄长恭对这项涉及民生与抗战的研究十分重视，

1　张明哲（1914—1999），湖北汉川人。清华大学化学系毕业，1941年任西南运输处燃料厂厂长。
2　侯德榜（1890—1974），福建闽侯人。著名科学家，杰出化学家，中国科学院技术科学部委员，侯氏制碱法的创始人，中国重化学工业的开拓者，近代化学工业的奠基人之一，世界制碱业的权威专家。

指定由著名专家贺厚赐主持这项工作。项目下设两个小组:一组用酸法分解明矾石,由留法回国的阮鸿仪负责;另一组用碱法分解明矾石,由王学海负责。

王学海领导的碱法分解组又分成三个课题。侯祥麟到这里后,负责其中氢氧化钾和氢氧化钠的分解实验。在贺厚赐和王学海带领下,侯祥麟开始了他大学毕业后的第一项科学研究。

在化学所读研究生时的侯祥麟

初期的研究由其他人协助完成,后期的研究则由侯祥麟独自完成。侯祥麟等参与取得的科研成果是化学所研究成果的一部分。贺厚赐将这一成果用德文写成了《平阳矾矿工业利用之研究》论文,发表在《中国化学工程》杂志上。《国立中央研究院概况》一书记载了侯祥麟等人的科研成果:"浙江平阳矾矿,储备颇丰,可谓我国之一大富源。本所故总干事丁文江先生注意及此,交由本所研究。经数年之工作,对从矾矿提制氧铅硫酸钾或氨之方法,研讨颇详。""研讨颇详"四字，是对侯祥麟等人科研成果的最好评价。

侯祥麟等人在实验室得到制取方法后，还要将其复制到中型装置上进行中间试验，然后才能进行工业化生产。当时，上海的工业水平无法做出这样的装置。因此，贺厚赐从德国订制了一套装置。不料该套装置运回上海时，已是1937年8月，没过多久日军就占领了上海。侯祥麟等人的科研成果因日军的侵略，最终未能得以应用。

马列主义明方向

《大众哲学》是一本被毛泽东称为"通俗的而又有价值的"著作。侯祥麟在燕京大学上学期间阅读过这本书，对马克思主义有了初步了解，但这不足以让他真正而完整地认识和理解马克思主义。在国立中央研究院化学研究所读研究生的两年时间里，他开始对共产主义相关理论进行系统研读，终于在政治上找到了一生的信仰，并下定决心为之奋斗终生。

回到上海之初，他一直住在位于愚园路的二哥家中。工作之余，他不恋爱、不玩乐、不交际，将全部精力放在读书上。当时的上海，在书店可以买到普通左派著作，如日本社会主义者所著的《社会主义论》。但这类著作难以满足侯祥麟对共产主义运动进行深入了解的需求，因此寻找真正的马列著作成为必然。

国统区的书店禁止销售马克思、恩格斯、列宁的相关书籍。侯祥麟回到上海后，经常到圣约翰大学图书馆去查阅资料。有一次，他偶然发现居然有《资本论》和《反杜林论》的英译本，以及列宁的部分著作。他喜出望外，就陆续借阅。圣约翰大学办学的独立性和自由性让其能够藏有这些共产主义经典著作。这恰好满足了侯祥麟对探求共产主义思想的渴望。

国民党统治下的上海，特务横行，白色恐怖。从圣约翰大学到化学所或到二哥家，都要经过兆丰公园。这一带是公共租界，国民党的反动控制稍微松弛一些。侯祥麟经常抱着厚厚的英文版《资本论》走过大街，心情兴奋而明朗。他从不担心可能遇到特务盯梢或检查，前所未有地感觉到共产主义思想离他如此之近，如此清晰而意义非凡。《资本论》等著作为他提供了从未有过的广阔视野。

白天他在化学所里专心致志地做研究，晚上回到住处则如饥似渴地阅读马列著作，沉浸在建立一个伟大的社会主义社会的梦想之中。他认识到"资本来到世间，从头到脚，每个毛孔都滴着血和肮脏的东西""共产主义者的目的是要按照共产主义者的理想，创造一个新的社会。但是要使我们的理想社会有实现之可能，第一步就得铲除现在的资本制度"……读到会心之处，他庆幸自己终于找到了真理。最为重要的是，国家危难之际，他认清了只有坚持马克思列宁主义的中国共产党才是真正肩负抗日救国重任的政党。"我信仰马列主义首先是从理论上接受的"。侯祥麟的世界观发生了社会意义上的"化学革命"，他找到了正确的人生方向。

二哥家住房虽然比较宽绰，但是侯祥麟不愿意因为阅读革命书刊给二哥带来麻烦，就在化学所对面租了一个外国老妇人的亭子间。对于搬家一事，二哥二嫂都十分不解，说家里条件挺好的，为什么要搬到人家阁楼里去住？侯祥麟不能实话相告，只能说那里离学校近一点儿，上学方便。二哥知道弟弟长大了，想有自己的空间安静地读书和思考，就没有坚持让他回来。

除了理论上的自觉学习，这一时期还出现了一个人，对侯祥麟的思想进步产生了较大影响。这个人就是其燕京大学同学龚普生[1]。在 1935 年 12 月爆

1　龚普生（1913—2007），安徽合肥人。1932 年考入燕京大学经济系，1938 年春加入中国共产党，曾任联合国秘书处社会事务部研究员、全国妇联执委、中国联合国协会副会长等职。

发的数千名北平大中学生抗日救国示威游行中，龚普生与妹妹龚澎[1]都是学生领袖。后来，她又成为中国共产党着重培养的进步学生。当时龚普生还不是中国共产党党员，却受党组织委派，肩负起到上海组织进步青年学生，宣传抗日思想和马克思主义的任务。

1936年秋，龚普生回到上海工作后，找到胡远声、侯祥麟和在上海医学院读书的计苏华[2]等人，组织了一个读书会。他们每个星期日在法租界内的龚家聚会，讨论交流阅读左翼进步书籍的心得体会。每次聚会时，他们都十分谨慎，以免被租界的巡捕发现。龚普生晚年曾述及此事："那时我才从燕京大学毕业，同几个家在上海的燕京大学同学，在上海组织了一个读书会，每周一次聚会讨论抗战形势和国际形势。"

龚普生虽是女子，但对时事的观察分析却极为睿智。1936年12月12日，西安事变爆发后，读书会的几个人认为蒋介石必死无疑。龚普生却持不同意见。她认为杀蒋只能引起混乱，无助于抗战。结局正如龚普生所料，中国共产党派周恩来出面斡旋，将蒋介石放回南京，最终促成抗日民族统一战线的建立。在这件事上，侯祥麟认识到，自己虽然读了许多马列著作，但在政治上还不够成熟。

在侯祥麟的求学生涯中，这一时期的思想变化十分重要。2005年9月12日，中央电视台记者采访他时问："共产党当时并不强大，你是如何看到她的光明前途的？"侯祥麟说："那个时候只是认为她主张抗日，所以我们就拥护了。她是否能够掌握政权，我们那时候根本没有考虑这个事。只要是抗日，我们就要拥护她，到死为止。"记者又问："在1935年到1937年这几年，你看了许多马列主义著作，是否就坚定了你一生的信仰？"他坚定地

---

[1] 龚澎（1914—1970），原名龚维航，安徽合肥人。1935年参加"一二·九"运动，1936年加入中国共产党，1937年毕业于燕京大学历史系，曾任八路军总司令部秘书、中华人民共和国外交部新闻司司长、部长助理等职。

[2] 计苏华（1917—1976），江苏苏州人。1938年9月加入中国共产党，历任上海医学院党支部书记、北京医院副院长等职。

说:"就通过这些书树立了我的信念,坚定了,我一生就不变了。"[1]

一个找到了真理的人,其内心是无比强大的。一个在内心树立共产主义信仰的人,也将开启一段不平凡的人生。

上海沦陷走他乡

七七事变爆发后,日军相继攻陷北平、天津。1937年7月8日,事变次日,中国共产党向全国发表抗战宣言,明确指出"只有全民族实行抗战,才是我们的出路"。长期被国民政府压抑的反对日本帝国主义侵略的怒火如火山喷发,整个中华大地到处涌动着抗日救亡的热潮。7月22日,上海市各界抗敌后援会成立;7月28日,时任国立中央研究院院长蔡元培等人组织成立上海文化界救亡协会。这两大组织开始以文化宣传、募捐和救护伤兵等形式支援抗战。

1937年8月中旬,日军进犯上海。中国军队进行了殊死抵抗。震惊中外的"淞沪会战"就此爆发。战斗期间,侯祥麟参加了由上海文化界救亡协会组织的抗日宣传活动,赶排由集体创作、剧作家陈李庭执笔的抗日街头剧《放下你的鞭子》,并多次在各大医院慰问演出。剧情大意是:一日,女孩香姐因饥饿体力不支,一曲未唱完就跌倒了。老人举起鞭子抽她,逼她继续表演。有几个青年见状,忍无可忍,大声劝喝:"放下你的鞭子!"老人才道出缘由,香姐是他的亲生女儿,日本人侵占东北后,他们实在活不下去了,才到关里来卖艺。接着,老人悲愤地控诉了日本侵略军的野蛮罪行……

剧本运用街头剧的形式揭露了日本帝国主义的暴行,再现了九一八事变后东北人民的悲惨遭遇,使观众认识到必须团结抗日才有生路的道理。剧情比较简单,但情节很感人。侯祥麟在剧中扮演父亲一角。他的表演十分真

---

[1] 中央电视台,《面对面》2005年9月12日。

挚,激发了广大伤员和医护人员的抗日斗志。

淞沪会战中,双方约百万士兵投入战斗,战役持续了三个月。尽管最终上海沦陷,但彻底粉碎了日军妄图"三个月灭亡中国"的计划。

上海被日军占领后,公共租界中的居民虽然受到日军的侵扰较少,但每日仍然能看到大批日本士兵扛着枪耀武扬威地横冲直撞。侯祥麟等爱国志士心中充满了愤怒和屈辱。每当看到有中国飞机来轰炸停泊在白渡桥旁的日本军舰,或听到有炮弹落入日军占据的地区,他就盼望着能够击沉日舰,打死更多的日军。

1937年,侯祥麟曾经和大哥、二哥一起回汕头给父亲祝寿。上海沦陷后,家人十分担心他,多次捎信让他回乡暂避。但是,一心想参加抗日救国运动的侯祥麟不愿意离开。让他想不到的是,这次祝寿竟成了侯祥麟与父亲的永别。

侯祥麟(后排右二)回乡时与家人在一起

上海沦陷后，龚普生领导的读书会的活动内容由交流读书体会变成了讨论时事、分析时局。日军占领上海让侯祥麟领悟了一个道理：在中国，只有坚持全民族抗战的中国共产党才能够领导人民抗击日本侵略者，建立一个平等、民主和幸福的国家。他猜测，组织大家读马列、识时局的龚普生一定是中国共产党党员。某天，侯祥麟在读书活动结束后，单独和龚普生进行了谈话。他把憋在心里很久的愿望说了出来："你一定是共产党员吧？请介绍我加入中国共产党吧。我已经读了许多马克思、恩格斯、列宁的著作，对共产主义非常赞同。在中国，我认为只有共产党才是代表人民根本利益的。我想成为一名共产党员。"

龚普生一听十分高兴。从北平到上海的长期相处，让她相信侯祥麟的入党动机是真诚的。她说："你的想法很好，但是现在我不能介绍你入党。你到内地去吧，我可以介绍一个人与你认识。你一定有机会实现自己的愿望。"自此，侯祥麟心中产生了到内地去寻找中国共产党的愿望。

龚普生既不说自己是党员，也不说自己不是党员，这让侯祥麟更加相信她是党员。其实，龚普生当时并非中共党员，但在燕京大学上学时就和中国共产党地下组织建立了联系。1938年3月，也就是侯祥麟离开上海后，经当时的上海市学生救亡协会党团书记王永祺和另一位党员陈修良的介绍，她才光荣地加入中国共产党。

战事日益危急，国立中央研究院决定所属京沪各研究所全部迁往内地。除气象研究所迁至湖北汉口外，其余各所均迁至湖南长沙及衡阳。随后动植物、社会、心理三个研究所再次迁至广西阳朔，地质、物理两个研究所迁至广西桂林，历史语言、化学、天文、工程四个研究所迁至云南昆明。化学研究所最先选定的内迁目的地并不是昆明，而是长沙。1937年8月的一天，所长庄长恭亲自去长沙择选新址，但此去一个多月杳无音讯。

这一时期，侯祥麟已搬到离圣约翰大学不远的曹家渡居住。国立中央研究院的宿舍就在那里。他和罗建本、高怡生、许怀均，以及物理研究所的陈哲人，经常在宿舍里一起议论时事，商量今后的打算。几个人都没有成家，化学研究所的研究工作也已停滞。他们决定一起到长沙去找庄长恭。此行表面上是寻找庄长恭探知化学研究所下一步的去向，实质是几个知识青年在不愿意当亡国奴的情况下，被迫进行的一次流亡。只是侯祥麟没有预料到，这个流亡过程长达十余年，直至 1950 年 6 月他从美国回到祖国。

离开上海的决定，与龚普生介绍他到内地去寻找党组织的想法不谋而合。他和二哥简单地告别后，便和大家一起于 1937 年 12 月的某天，秘密从上海出发，绕道香港来到长沙。在长沙与庄长恭见面后，庄长恭却对他们说，长沙并不安全，已经决定把化学研究所迁到昆明，并让他们快速回到上海做好搬迁准备。是离开还是留下，成了侯祥麟必须决定的一个问题。

离开上海前，龚普生给了侯祥麟一封介绍信，让他到长沙后去湖南大学与张韵芝[1]见面，表达加入党组织的意愿。这封信成为侯祥麟没有立即执行庄长恭指示的主要原因。龚普生能够明确地知道张韵芝是中共党员，并写信推荐侯祥麟与其会面，虽然这是在国共合作的大形势下的行为，但仍然有一定风险，因此她此举应是经上级党组织同意后进行的。

最终使侯祥麟放弃返沪还有一个客观原因。几个人到长沙后，迅速被当地轰轰烈烈的抗日救亡运动所感染。侯祥麟想，我们到内地来就是想参加抗日工作，倘若随化学研究所去昆明，离前线那么远，实在不甘心，于是决定离开化学研究所。许怀均、陈哲人和侯祥麟有相同的想法，也留了下来；而罗建本和高怡生则回到上海，后随化学研究所去了昆明。就这样，几个一同从上海出来的化学研究所同事，在这里做出了各自不同的选择，但都为抗战尽到了中国青年的责任。

---

1 张韵芝（1915—2016），1937 年底加入中国共产党，1938 年毕业于清华大学物理系，1939 年 3 月加入新四军，任新四军军部秘书处英文翻译。新中国成立后，曾担任中共中央对外经济联络部三局局长等职。

文抗会里解民殃

决定留在长沙之后,侯祥麟和许怀均、陈哲人商议,打算先去湖南省文化界抗敌后援会(以下简称文抗会)[1]找张韵芝。

文抗会的办公地点在长沙市下学宫街18号。内有一个大厅作为活动、开会之用,另有五六个办公室。大厅右侧有一间住房,上有小阁楼,可供居住。前期的文抗会,是中国共产党建立的宣传抗日、支援抗战的一个外围组织,主要由长沙八路军办事处领导。文抗会理事有田汉、吕振羽和翦伯赞等人,驻会理事有李仲融、陈润良和廖伯华等人。理事会下设总务部、组织部、宣传部和研究部等,每部有干事若干。

据当年在文抗会工作的江维宽回忆,文抗会的工作人员以未暴露身份的地下党员为主,约有二三十人。工作人员都是自愿工作没有薪水。会内每天供应两餐,上午9时和下午4时开两桌饭,三素一汤,米饭尽吃不限。十来个外地人就住在大厅右侧一个小木楼里。楼内上下各有一间宿舍,约十平方米,内放五张小木板床,还有一张桌子和几只小方凳,相当拥挤。

因为有龚普生的介绍信,张韵芝热情地接待了他们。当时文抗会各个部门都缺少人手。张韵芝听了他们想留下来参加抗日救亡运动的想法后,向他们介绍了文抗会概况、工作内容和无薪的义务工作方式。侯祥麟几人怀着一腔热血而来,只想为抗战而工作,并不在乎是否有薪水。就这样,张韵芝分别介绍他们到文抗会相关部门去工作。侯祥麟去了救济部难民服务团,参与难民救济、安置和抗日宣传。

湖南是有名的"鱼米之乡"。抗战爆发后,各省逃往湖南的难民日益增

---

[1] 湖南省文化界抗敌后援会由文化界进步人士吕振羽、翦伯赞、张天翼等人于1937年10月10日发起,于11月17日成立,是中国共产党领导的抗战初期湖南最活跃、影响最大的民众抗日团体。

多。长沙成为重要的难民安置收容地和中转站。为做好难民的接收和管理工作，湖南省政府于1938年7月2日设立了省难民救济委员会，专办难民救济事务。截至7月26日，仅长沙市就建立了28个收容所，共收容难民13785人[1]。难民如此之多，食宿与管理成了巨大的社会问题。

针对长沙难民日益增多的现实，文抗会增设了救济部。杜修经[2]担任救济部总干事。救济部下设难民服务团，团长为李普[3]。侯祥麟担任救济部干事，同时还担任一家难民收容所所长。难民服务团的主要成员以中小学教师和高中学生为主。文抗会成立难民服务团的主要目的就是救济难民，并在难民中宣传抗日思想。

难民中大多数为无家可归的逃难者，也掺杂着欺凌弱小的乡间恶霸、市井流氓。抢夺食品、盗窃财物、拐卖妇女儿童等事件时有发生。事有凑巧，侯祥麟的妹夫徐崇恩是一名军医，带领红十字会战地服务团的一个小分队从前线撤退到了长沙。侯祥麟就请他们为难民治病，同时协助整顿难民收容所。这些人一身军装产生了威慑力，使收容所的秩序大为好转。杜修经曾经在《杜修经访谈录》中回忆说："在文抗会，我负责的难民救济工作，因为有侯祥麟等一些骨干分子，做得有声有色。"

在此期间，侯祥麟除了与李普、杜修经相识，还认识了对他今后政治生活产生了重大影响的另一位女性——余书丹[4]。

---

1 《湖南近150年史事日志（1840—1990）》，中国文史出版社，1993年，第183页。
2 杜修经（1907—2007），又名杜辉义，湖南慈利人。1925年、1938年、1985年三次加入中国共产党，曾担任中共醴陵县委书记、中共湖南省委常委等职。
3 李普（1918—2010），湖南湘乡人。1938年加入中国共产党，历任中共长沙县嵩北区委书记、《新华日报》记者、新华社鄂豫皖野战分社社长等。新中国成立后，曾任新华社北京分社社长等职。
4 余书丹（1916—2008），后改名许庄，湖南长沙人。1938年3月在长沙文化界抗敌后援会工作期间秘密参加了中国共产党的地下组织。新中国成立后，曾任轻工业部教育司副司长等职。

宣誓入党定信仰

侯祥麟来到长沙最大的心愿就是找到党组织,加入中国共产党。但是,介绍他入党的并非张韵芝,而是余书丹。

当时的湖南省,党的工作主要是以文抗会为基础进行的。1937年12月成立了文抗支部。1938年2月发展为长沙市文化工作委员会,下设文抗支部等支部。在救济部,余书丹、杜修经、李普和侯祥麟四人都是积极要求入党的外围成员。侯祥麟和余书丹商定,他们两人无论谁先入党,就负责介绍另一人入党。1938年3月,余书丹首先入党。不久,她如约介绍侯祥麟加入了中国共产党。

侯祥麟夫妇与文抗会老友晚年在北京合影(左起:李秀珍、余书丹、侯祥麟、陈纯熙、沈容、李普)

对一名共产党员来说,入党宣誓是一生之中最为庄严而神圣的仪式。在现有的文献中,能够找到三份侯祥麟入党宣誓仪式的记载。这些记载可以帮助还原他成为中共党员的光荣时刻，即侯祥麟的回忆录《自述》、杜修经的《杜修经访谈录》、杨第甫的回忆录《吹尽狂沙始到金》等著作和文章。侯祥麟入党宣誓的场景是：1938年4月，在长沙市文化工作委员会文抗支部书记杨第甫家中，侯祥麟和李普、沈容、杜修经等人面对列宁画像，单手握拳，面色庄严，一字一句地跟读着入党誓词，加入了他心心念念的中国共产党，成为一名光荣的中国共产党党员。

文抗会的抗日救亡活动，宣传了共产党的抗日主张，扩大了共产党在群众中的影响。湖南青年知识分子中，出现了一股向往延安、奔向抗日前线的热潮。国民党湖南省党部中的顽固派，开始加紧排挤与迫害文抗会的进步人士，先后寻找借口逼迫总务部陈润泉等人辞职，无故逮捕做难民工作的杜修经等人，并写匿名信威胁恐吓杨铁山等人离开湖南。侯祥麟也未能逃离迫害。文抗会的国民党势力以其为"左倾"分子为由，免去了他难民收容所所长的职务。在这种情况下，中共中央开始保护性地将文抗会中已经暴露的党员向外转移。文抗会在湖南的政治斗争力量逐渐衰弱下来。

在长沙，侯祥麟成为一名光荣的中国共产党党员。这是他人生中的一个重要转折点。此后，他虽然东奔西走、四处流亡，但已经不再是盲目探索和独自战斗，而是在党的领导下勇毅前行。作为一名党员，他从此有了明确的方向，有了清晰的路线，更加坚定了革命信仰。

第四章　血色石油抗战忙

入党后的侯祥麟曾渴望到延安去，也曾争取奔赴抗日战争最前线，但由于种种原因未能如愿。根据党组织的安排，他成为一名隐藏身份、在国统区工作的地下党员。当时，抗日前线严重缺少油料。作为一名青年技术人员，他一直辗转在后方从事与炼油化工有关的工作，同时也在秘密地完成党组织指派的各项任务。侯祥麟的地下党员生涯，没有影视剧中的刀光剑影，却同样展现着革命者的赤胆忠心。

学兵队里身份藏

文抗会在长沙发展了许多中国共产党地下党员。在工作中，暴露身份的部分党员陆续被送至延安。侯祥麟虽被免去难民收容所所长职务，但他中共党员的身份并未暴露，仍坚守在长沙。随着日本侵略者不断侵入中国内地，全国上下抗战御辱的洪流持续汇聚。国内形势迫使国民党与一直坚持抗战的中国共产党协同抗日。1937年8月，国共两党达成第二次合作协议。在这种情况下，党组织提倡地下党员到国民党部队中服役，参加对日寇的战斗。侯祥麟也接到了这样的指示。

到国民党军队中去工作，在一定程度上是极其危险的潜伏行为。虽然是国共合作时期，但国民党对共产党员的迫害从未停止过。一旦身份暴露，地下党员会有很大风险。身为中共党员就要听从党组织的号召，侯祥麟毅然决定到国民党军队中去。此时，同在圣约翰中学、燕京大学求学且晚他一年毕业的陈冠荣[1]，在汉口国民党军政部防毒处做教官。两人从上海到北平，关系一直不错。侯祥麟决定去找陈冠荣，利用自己所学的化学知识为抗战出力。到了汉口，老同学相见十分高兴。考虑到侯祥麟的专业特长，陈冠荣就介绍他去见军政部学兵总队队长李忍涛[2]。

九一八事变之后，为应对日军的化学战威胁，国民政府于1933年2月8日在南京市花露岗秘密筹建学兵队。这是中国第一支化学兵部队，直属军政部领导。李忍涛担任总队长，并身兼军政部防毒处处长和学兵队干训班班主任之职。

当时，李忍涛正在为学兵队四处招揽人才。侯祥麟的到来令李忍涛十分高兴。侯祥麟被分配到学兵队干训班任化学教官，负责讲授毒气的成分和制造原理，军衔为上尉。他并未真正地接触过毒气学，但是在燕京大学所学的化学知识十分丰富，现学现教也并不困难。

学兵队以培训高级军官的防毒知识为主。军官结业后，被派往部队指导士兵使用各类防毒器材。每期学生训练时间为两年半。前一年半为军事训练，后一年为专业教育。学习化学制剂、化学兵器、侦毒防毒等方面的知识。全程采用德国的训练方法，十分严格。

干训班设在湖南省桃源县沅江边的沙滩上。房子用木板和竹子临时搭建，十分简陋。就是在这样的条件下，学兵队聚集了许多从事化学工作的教官，包括毕业于清华大学和清华大学留美预备班毕业后出国留学回来的高材生。在这些教官中，只有胡光世[3]表现出了明显的拥护中国共产党倾向，其

---

1 陈冠荣（1915—2010），湖北武汉人。化学工程专家，中国科学院院士，1932年考入燕京大学。1938年后，在武汉、湘西等地担任防毒器材的采购制造和技术培训工作。新中国成立后，曾担任化工部第一设计院院长等职。
2 李忍涛（1904—1944），云南鹤庆人。曾就读于清华大学，后投笔从戎，先后考入美国弗吉尼亚军校、德国陆军参谋大学。1933年，组建"中华民国"陆军化学兵部队。1944年10月28日，乘机从印度北方邦兰姆加尔基地起飞后，被日军四架战机拦截，机上人员全部遇难。
3 胡光世，生卒年不详，后改名胡镜波，1937年毕业于清华大学化学系。新中国成立后，曾担任重工业部有机设计院院长等职。

他人少有政治背景，但都有满腔抗日救国的热忱。

到学兵队后，侯祥麟每月都要找机会到长沙，向上级党组织汇报和请示工作。桃源县到长沙约有180公里，在交通并不发达的20世纪30年代末，来回一次并非易事，但侯祥麟怀着对党组织工作的热忱，一直坚持不懈。此时领导湖南共产党工作的是八路军驻湘办事处。办公地点先是设在长沙市东长街（今蔡锷中路）徐家祠堂，不久迁至寿星街2号。1938年8月与新四军驻湘办事处合署办公。直到1940年秋，八路军驻湘办事处一直是领导湖南共产党的主要机构。

1938年秋，日军从汉口南下，逼近长沙。国民党长沙守军在弃城之前，奉命在城内到处纵火。美丽的长沙顷刻之间满目焦土。学兵队接到转移至四川的命令后，途经贵州镇远入川，于1939年初到达重庆，随即转赴泸州。某日，营地遭到日寇飞机轰炸，学兵队总部一名女卫生员被弹片击中，当场死亡。李忍涛觉得泸州并不安全，于是又将学兵队迁到附近的纳溪县。

入川之前，侯祥麟已经向长沙的上级党组织汇报了即将转移的消息，并办理好了组织关系转移手续。到泸州不久，应用化学研究所[1]的张宝庆[2]接转了他的党组织关系。此后，张宝庆成为他开展地下工作的直接联系人。

在向学生们传授防毒知识的同时，侯祥麟还购买进步书籍借给他们看，秘密地宣传共产党的抗日主张，和他们一起唱抗战歌曲，以此扩大共产党的影响。热情而积极的工作作风，奠定了他不断提高自己思想政治觉悟、坚定革命意志的基础。

---

1 国民政府设立的研究毒气的机构，与五三兵工厂、学兵队是国民党军政部下属的研究、生产与使用毒气的三大机构。

2 张宝庆（1914—2005），后改名李苏，江苏扬州人。1939年2月加入中国共产党，任四川泸县中心县委宣传部秘书等职。新中国成立后，曾担任化学工业部部长助理、北京化工学院院长和化学工业部副部长等职。

身份暴露奔炼厂

在学兵队，胡光世与侯祥麟相处最为密切。胡光世是经人介绍加入过共产党党组织但没有举行宣誓仪式的一名特殊党员，且又是直接联系人张宝庆的同学。侯祥麟曾经向党组织汇报过他的情况，建议补办宣誓仪式。但由于胡光世一直认为自己已经是共产党员，对宣誓仪式并不热衷，此事便延宕下来。

侯祥麟一直保守着自己共产党员身份的秘密，来到学兵队后化名"侯波"开展教学工作。虽然国共合作进入了"蜜月期"，但是，各地的国民党右翼势力一直对共产党人实行打压政策，排挤和迫害共产党人。到四川没多久，联系人张宝庆因身份暴露，不得不改名为"李苏"，结束了地下党员的生活，赶赴延安。介绍侯祥麟入党的余书丹，也由于叛徒出卖而暴露身份后，改名"许庄"，前往皖南新四军军部任职。因此，地下党员身份暴露是一件十分严重的事件，对个人和组织都有可能造成不同程度的损失。

接替张宝庆的联系人是在泸州海关工作的王兆勋。因他社会地位较高，每月一次的联络工作保持得较为顺畅和安全。

在国共合作时期，地下党员小心翼翼地保守身份秘密，实属迫不得已。1939年1月，国民党五届五中全会将国民党政策的重点由对外抗日转移到对内反共，制定了"溶共、防共、限共、反共"的方针。会后，国民党当局陆续制定和秘密颁发《防制异党活动办法》等一系列反共文件。该办法规定，严密地限制共产党和一切进步分子的思想、言论和行动，设法破坏一切抗日的人民组织。国民党五届五中全会后，国民政府先后制造了多起政治惨案。大批共产党的干部、战士和革命群众惨遭逮捕和杀害，全国团结抗战的局面出现严重危机。

《防制异党活动办法》传达到李忍涛处时，侯祥麟偶然看到了这份文件，立即向王兆勋汇报。王兆勋叮嘱他继续注意动向。不久，侯祥麟又接到学兵队的军政干部必须加入国民党的通知。侯祥麟便想联合其他教员抵制这个决定。但是在去泸州向王兆勋汇报工作时，组织认为，公开抵制会暴露身份，为了便于开展地下工作，必要时可以加入国民党。在得到党组织允许后，侯祥麟用侯波的名字加入了国民党。当时，在国民党内部有不少拥有双重党员身份的地下党员，虽然名义上加入了国民党，但他们的心仍然和延安紧紧地连在一起。

国民党限制异党活动的文件传达下来后，学兵队明显加强了对疑似共产党人的防范。在严峻的形势下，侯祥麟也遇到了一件十分棘手的事，而且和胡光世有着直接的关系。

胡光世虽然拥有"似党非党"的身份，但这并不影响他为党工作的热情。他曾介绍两名学生去延安。两个人到延安后，在八路军部队担任防毒气军官，曾来信说延安缺少防毒气器材。侯祥麟便和胡光世一起设法筹款购买了一批器材，通过重庆八路军办事处运往延安。1940年秋，其中一名学生突然返回学兵队。学兵队大部分人都知道他是从延安回来的，但李忍涛不但没有追究其责任，反而任命他为学兵队军官。

在国民党大力"防制异党"的形势下，侯祥麟和胡光世感到此事十分蹊跷，担心自己的身份有可能会暴露。侯祥麟将情况汇报给王兆勋后，组织上允许他尽快离开学兵队。

当时，侯祥麟的潜伏任务主要是每月向组织汇报学兵队的动态。但学兵队在蒋介石政府消极抗日政策影响下，动态越来越少，且无望开赴前线。因此，侯祥麟深感自己所起作用日渐微弱。这促使他产生了离开此地，去寻求更能帮助前线抗战事业的念头。巧合的是，比侯祥麟高两届的燕京大学化学系同学罗宗实[1]，此时正在重庆协助国民政府西南运输处建设燃料厂。接到了罗宗实发出的邀请后，侯祥麟就选择了离开。

由于是单线联系，胡光世并未和侯祥麟一同动身，这几乎为胡光世惹来了杀身之祸。据天津文史资料记载，李忍涛没有为难胡光世，还在得知军统

---

[1] 罗宗实，1932年毕业于燕京大学化学系。生卒年及事迹不详。

特务要逮捕陈冠荣和胡光世之后，立即通知两人赶快离开。由此可以得知，那位从延安回来的学生已经叛变，只不过李忍涛不愿与坚持抗日的共产党人为敌，才没有抓捕二人。

重庆云南炼油苦

抗日战争爆发后，我国沿海地区先后被日寇占领，进口石油几乎断绝。抗战期间，我国汽油进口量逐年下降，情况危急。1938 年为 3190 2829 加仑，到 1941 年跌至 3087 8437 加仑，而到 1943 年，则降至 5 5602 加仑[1]。在这种情况下，国民政府迫于无奈，一边加紧开发玉门油田，一边大搞各种形式的炼油项目。

1941 年 6 月，国民政府颁布《奖励民间运输及协助合作事业办法》，要求行驶汽车尽量利用酒精、煤炭、木炭、植物油及其他国产替代燃料，一般车辆直接采用酒精为燃料，不混入汽油等物。当时的重庆，经常可以看到背着水煤气发生炉、靠燃烧木炭产生动力的汽车。1942 年 3 月，国民政府又颁布《彻底管制以汽油酒精或代汽油为燃料之车辆行驶办法》，对小汽车、大车及大客车的行驶路线做出了更为严格的规定。当时我国抗战所需油料已严重短缺，"一滴汽油一滴血"就是这个时期提出的口号。

1939 年，罗宗实连续发表三篇长文，详细探讨汽油的制造和抗氧化问题。在撤退到后方之后，他受命在重庆创办西南运输处[2]燃料厂，并担任厂长。侯祥麟到来后，和同班同学林定喜一起被聘为工程师。他们以桐油、菜籽油为原料，用大钢釜炼制汽油和柴油。日产量虽然只有一两千公斤，但在当时视油如血的情况下，已经十分珍贵。

---

1 孔庆泰：《国民党政府时期的石油进口初探》，《历史档案》1983 年第 1 期。
2 即军事委员会西南进出口物资运输总经理处，是抗日战争前期国民政府军事当局为了加强战时军事物资运输而于 1937 年 10 月设立的军运机构。

1936年,《国货年刊》刊登的仲明木炭汽车广告

到重庆后,党组织派了一位姓杨的同志做侯祥麟的联系人。杨同志三十余岁,在一家商店做账房先生,经常穿着长袍出行,看起来身份不凡。他们每月接头一次,经常是在街上边走边谈。这位坚定的共产主义战士在重庆解放前夕,被国民党反动派杀害于白公馆。

侯祥麟到达重庆的消息最后还是传到了泸州。李忍涛派人捎口信来让侯祥麟回去,并威胁说若不回去就以逃兵的罪名进行通缉。以李忍涛的能力,动用军统的力量轻而易举就能达到目的,但最终他并没有这么做。离开学兵队的侯祥麟才一直安然无恙。

由于生产条件简陋,所购设备无法全部达到安全生产要求。一天夜里,炼油钢釜阀门发生泄漏。简陋的厂房被油气充满,随即发生了爆炸,顷刻间毁于一旦。好在并无人员伤亡,也算是不幸中的万幸。但厂房、设备全部毁坏,短期内已经无法恢复生产。在云南进行煤制油研究的王学海听说燃料厂的情况后,就写信邀请侯祥麟到云南煤制油项目上去工作。

侯祥麟十分渴望用自己掌握的知识投身炼油事业，为抗日做一点儿实际工作。加之中国多煤，煤炼油比植物炼油更有前途。在征得党组织同意后，他辞别了罗宗实，于1941年11月乘坐西南运输处的一辆卡车踏上赴滇之旅。路上从广播中听到了日军偷袭珍珠港、美国正式对日宣战的消息后，他预感到全世界将有更多力量团结起来抗击日本帝国主义，更加相信中国终将取得抗战胜利。

颠簸了半个多月到达昆明后，侯祥麟不幸染上丹毒，高烧不退，病势凶险。好在妹夫徐崇恩也在云南，在隶属于国民政府行政院军政部的兵工署办事处医院工作。在妹夫的帮助下，因救治及时，侯祥麟才得以康复，在昆明休息了几天后，又赶赴平彝。

1941年，龚介民、王学海两位化工专家在平彝县勘查煤矿，选定厂址进行各种煤质的低温干馏试验。侯祥麟到达后不久，云南经济委员会及云南企业局投资成立了光华化学股份有限公司（以下简称光华公司）。总经理为龚介民，总工程师为王学海。光华公司拥有龙海沟、四保屯及雷公湾三个厂，以及五里墩、四保屯两个煤矿。光华公司采用低温干馏法回收焦油，再从焦油中提取汽油、柴油。干馏炉为卧式铁甑。将原料煤装入铁甑后，下面烧煤加热，气体从上部导出，经冷却即可回收焦油。

当时光华公司的规模较大，主要设备包括炼焦炉2座、铁甑243只、煤脂分馏釜10台、稀氨水蒸馏炉4座、甲酚分馏塔1座、石炭酸精馏塔1座、蒸馏塔化验仪器2套。每年需要的原料包括半烟煤2300吨、松香50吨、木材200吨等。年产柏油110吨、煤油6吨、柴油15.7吨，以及数量不等的木材防腐剂、氨水和溶剂。[1]

侯祥麟到厂后，焦油项目才正式进行。他被龚介民聘为精制部主任，负责焦油加工。生产过程中，先后遇到了焦油脱水、汽柴油硫含量偏高等问题。侯祥麟在光华公司设备并不完善又缺少精制手段的情况下，解决了上述

---

1 胡蒙：《解放前的云南化学工业》，《云南化工》1989年第1期。

问题。所产油品在一定程度上解决了云南各地运输车辆缺少油料的燃眉之急。

云南当地有很多私营的白酒生产厂。侯祥麟向龚介民建议收购白酒生产酒精，供来往车辆掺入汽油中使用。但用白酒提炼酒精需要精馏塔，光华公司并没有此设备。侯祥麟就自己设计方案、购买材料，建设了一座小型精馏塔。精馏出的酒精符合使用的要求，销路很好。这为光华公司增加一笔收入的同时，也丰富了当地运输行业的油料供应品种。

但是好景不长，1943年国内通货膨胀加剧，物价不断上涨。龚介民认为产量越大亏得越多，于是决定减产限产，并采取囤积政策，不再销售各类产品。在"一滴汽油一滴血"的局势下，光华公司以限产停产对付通货膨胀的做法，让一腔热血为国炼油的侯祥麟深感失望。

此时，从美国归来的张明哲受兵工署委托，着手恢复西南运输处燃料厂。他特别邀请侯祥麟回到重庆担任总工程师。经党组织同意后，侯祥麟又回到了重庆，和张明哲等人白手起家，用原来的老技术为缺油少气的中国抗战建起了一座小型炼油厂。

作为一名中国共产党地下党员，侯祥麟的经历缺少了些许的刀光剑影，更多的是辗转于国统区大西南大小炼油厂的风尘仆仆。他每次做出选择时，党组织始终予以支持。这体现了党对知识分子的尊重，也表达了中国共产党维护抗日民族统一战线的坚定决心。

侯祥麟曾在"纪念翁文波[1]先生逝世十周年暨翁文波学术思想研讨会"上发言，回忆起抗战中这一段东奔西走的炼油生涯："我们这一代知识分子，最基本的思想就是爱国、救国、兴国、强国，国家兴亡，匹夫有责。抗日战争爆发后……我们都在大后方从事石油炼制事业。在长达几十年的岁月里，我们都把自己的一生投入祖国的解放和建设的伟大事业之中。"

---

1 翁文波（1912—1994），浙江鄞县（今宁波市鄞州区）人。地球物理学家、石油地质学家，主要从事石油地球物理勘探和天然地震、洪涝、干旱自然灾害预报研究。1934年毕业于清华大学物理系。1939年获英国伦敦帝国理工学院哲学博士学位。1980年当选为中国科学院学部委员（院士）。曾任石油科学研究院副院长等职。

受党指派渡重洋

抗战开始以后,不断有留学生在国外对国民政府的腐败无能、抗战不力进行抨击。这让国民政府大为不满。1939年11月,国民党五届六中全会通过的《修正限制留学暂行办法》规定:公费留学生出国条件为"经特准派遣,毕业后从事研究或服务两年以上,留学科目与国防建设有密切关系";自费生"得有国外奖学金,其他外汇补助,无须请购外汇"才能申请出国。对公费和自费留学生进行的种种限制,导致出国留学人数骤减。

1941年太平洋战争爆发后,国民政府看到了抗战胜利的曙光,着手进行战后重建的准备。1943年,蒋介石发表题为《中国之命运》的文章,预计战后十年内需要50万名高级干部人才。如果全部由国内大学培养,必会供不应求,因此下令"对于留学生之派遣,应照十年计划,估计理工各部门高中低各级干部所需之数目,拟具整个方案为要"。此后,国民政府教育部、经济部陆续出台相关方案和办法,对出国留学大开绿灯。

在国民政府为战后重建储备人才的同时,延安方面也在做同样的工作。1940年5月,青年科学技术人员协会在中国共产党组织下在重庆秘密成立,1941年更名为"中国建社"。协会一成立,侯祥麟就成为主要会员之一。1943年12月,侯祥麟回到重庆后,直接联系人老杨通知他可以报考自费留学,并把他的组织关系转给肖泽宽[1]。肖泽宽担任中共巴县中心县委书记、组织部部长。巴县中心县委"下辖巴县、綦江、南川、江津等县党组织,以及重庆市内部分党组织"。书记亲自担任联系人,足见党组织对侯祥麟的重视。

肖泽宽在和侯祥麟谈话时,传达了中共南方局的指示,坦言抗日战争胜利在望。他代表组织大力支持侯祥麟报考自费留学,为建设即将胜利的中国

---

[1] 肖泽宽(1917—2003),四川富顺人。1938年2月加入中国共产党。新中国成立后,曾任重庆市委组织部部长、北京市委组织部部长等职。

出力。他还详细询问侯祥麟想去哪个国家留学、学什么专业。侯祥麟提出，如果出去留学，最好去美国化工行业学习。肖泽宽也认为美国工业水平较高，去那里是比较明智的选择。就这样，从党组织的角度，侯祥麟出国留学事宜基本确定下来。

青年科学技术人员协会办公旧址——重庆沙坪坝树人中学（来源：重庆红岩革命历史博物馆）

此时，侯祥麟还是国民政府兵工署燃料厂的工程师。回到厂里，他又征求了厂长张明哲的意见。张明哲明确表示支持侯祥麟报考自费留学，并为他参加考试提供便利。

自从成为中国共产党地下党员以来，侯祥麟已经做好了为组织流血、为国家牺牲的准备，但没有想到有一天会接到组织派他出国留学的任务。他激动万分，暗下决心，一定全力以赴，不负重托，对得起组织的厚望。

自费留学出国考试，分文科与实科两大类。在考试科目中，三民主义、本国史地、国文、留学国语文属必考科目，另有专业科目视报考专业而定。文科分为25个专业，实科分为36个专业。除生理、天文、兽医、水产和公民训育5个专业无人应考外，其他56个专业均有人应考。当年应考人数751人，最后录取327人。侯祥麟毫无意外地名列其中。

出国前，国民党当局要求所有留学人员必须进入国民党中央训练团（以下简称训练团）进行思想整训。训练团的职责是训练特务和高级军政官员。讲课人均为国民党党政部门的高级官员。当时，专为出国人员办了两个班，一个班全部是出国留学生，另一个班是其他出国人员。课程内容以宣传国民党业绩、灌输报效国民党的思想、批判共产党"罪恶"为主。除上课外，各班还配有训导员。他们负责了解学员的思想状况，加以驯化。

作为一名中共党员，却要去参加国民党的训练团，侯祥麟一时难以接受。他向肖泽宽汇报了情况。党组织却明确指示他不仅要去受训，而且还一定要通过，并要求他定期汇报在训练团接受整训的情况。横在侯祥麟面前的还有一道难题需要解决，就是他曾经在学兵队以侯波之名加入过国民党，并逃出了学兵队，一直未归。如果此事被发觉，就有可能被取消出国资格。经党组织批准同意后，侯祥麟用自己的真实名字报名参加了训练团。对于有可能被要求加入国民党一事，肖泽宽说只要能够顺利出国，可以考虑加入。

培训结束前，需进行实弹射击，每人三发步枪子弹。侯祥麟成绩名列大队第三。教官对此大为疑惑，反复检查其使用的步枪也没有发现端倪，更没有想到他曾经在学兵队进行过军事训练。

培训结束后，侯祥麟被迫以自己的真实名字第二次加入了国民党。1944年10月，侯祥麟开始办理出国手续。他在同去美国进修的妹夫徐崇恩帮助下，凑足了相关费用，做好了出国留学的准备工作。赴美之前的一天夜里，在党组织的安排下，他在红岩村受到了董必武同志的接见。董必武勉励他好好学习科学知识，早日回国效力。

董必武在重庆期间，接见了大量的出国留学人员。薛葆鼎[1]在《红岩春秋》1998年第2期发表的《百忙中的一着闲棋》一文中说："约在1941年，在董必武的指示下，中共南方局连续派遣中共党员或进步学生通过各种途径留学国外，以便将来号召吸引留学生回国，参加祖国建设。"

1944年12月，侯祥麟一行数十人，乘坐美国军用运输机从重庆飞越喜马拉雅山到达印度孟买。留居一个多月之后，于1945年1月又到达加尔各答，乘坐美国运兵船进入印度洋。在航船跨越赤道的那天晚上，侯祥麟的船舱里透进来一缕缕淡淡的星光。他十分兴奋地跑到船舷边，举头仰望天空，看到了儿时经常听说却从未见到的十字星座！惊喜的瞬间，他感觉到如水的星辉，正在冲涤着十几年来他四处奔波而疲累的身心。他仰望良久，在辽阔的海洋之上，在走向异邦的途中，在探求真知的热望里，真实地认识到世界之外仍然有无穷的世界，科学的答案中仍然有无数尚须探索的未知……

运兵船绕道澳大利亚之南，再向北航行，横渡太平洋，于1945年2月到达美国洛杉矶，全程共计45天。在洛杉矶稍事休息后，侯祥麟又乘坐火车横贯美国大部分领土，于2月下旬到达纽约。一名中国共产党地下党员正式开启了在美国的留学生活。

---

[1] 薛葆鼎（1916—1998），江苏无锡人。著名经济学家，1934年秋考入中央大学化工系，1938年加入中国共产党。1944年通过"美国租借法案"考试赴美实习。新中国成立后，曾担任中国基本建设经济研究所所长等职。

第五章 赤心留学在异邦

作为一名留学美国、身份保密的中国共产党党员，侯祥麟在美国期间，不仅以优异的成绩完成了学业，还以常务干事的身份，主持留美中国科学工作者协会等进步组织的工作。新中国成立后，他通过这些组织，采用多种方式，动员大量留美学人归国参加社会主义建设。远隔大洋，心系祖国，这也是众多媒体称他为"石油赤子"的原因之一。

为国读书头悬梁

侯祥麟和龚介民、王学海在云南平彝研究煤制油时，曾经阅读过卡耐基理工学院化工系主任麦克·凯布（Mc Cabe）等人撰写的煤制油专著，了解到该校煤制油技术较为先进。侯祥麟当时就想，如果学好该项技术，就可以为祖国提供能源。因此，在1944年赴美前，他便通过书信与该校取得了联系，校方表示欢迎他前来留学。

到美国之初，侯祥麟曾一度想放弃上学拿文凭，而是立刻到美国的工厂去学习制油相关技术，然后回国帮助国家改变缺油的现状。但美国的法律规定，外国人只有取得美国的学位后才能找工作。读书成了就业的先决条件。在这种情况下，他只得按原计划前去读书。1945年4月，侯祥麟到达美国最大钢铁基地——匹兹堡，正式开启了他在卡耐基理工学院的留学生涯。

第二次世界大战期间，美国的大学大多一年安排3个学期的课程，大约3个半月一学期，全年没有寒暑假。侯祥麟是第一个迈入卡耐基理工学院化工系的中国留学生。入学之初，侯祥麟学习化学专业。后来他认识到化学工程专业更接近生产实际，回国后可以快速应用到油气工业中，解决国家能源短缺问题，因而改学化学工程。

跨专业学习虽然要补一些功课，但对于已经积累了较丰富的理论和生产实践经验的侯祥麟来说，并不困难。头悬梁、锥刺股般的刻苦学习，换来了可喜的收获。肩负为新中国而学习之使命的侯祥麟，在进入第二学期时就获得了学校奖学金。系主任麦克·凯布等人对他发奋苦读的精神赞不绝口。

基础课程结束后，侯祥麟进行了一项在玻璃纤维等填料中加入异丙醇萃取醋酸的液—液萃取研究。实验完成后，侯祥麟撰写了题为"Countercurrent Extraction in Columns with Fine Packing"的论文，顺利地获得了硕士学位。后来，论文指导教师 N.W. 弗兰克（N. W. Franke）将论文进行修改后，发表在美国 *Chem.Eng.Progress* 杂志上。

1945 年 8 月 15 日，日本宣布无条件投降。日本侵华战争宣告结束。侯祥麟在中学时代，曾经幻想用原子弹让丧心病狂的日寇付出代价。如今美国人做到了。侯祥麟认识到，科技的力量不仅能够推动社会进步，而且能拯救危难中的国家。喜悦之余，侯祥麟萌生了回国参加建设的念头。自赴美之后，他的党组织关系没有转到美国，因此他得不到党组织的指示。踌躇不定之际，侯祥麟决定去找在联合国人权委员会工作的龚普生商量。

1939 年，龚普生作为中国青年代表团团长，出席了在荷兰阿姆斯特丹召开的世界基督教青年大会。回国后不久，上海党组织介绍龚普生到重庆工作。其间她曾经和侯祥麟偶遇，并让他和自己的妹妹龚澎会面。不久，周恩来在曾家岩接见龚普生时，明确指示她到美国留学，并对她说："你到了美国可以利用各种机会，向世界人民介绍中国人民抗日的情况，尽可能争取国际社会对我国抗日战争的支持和同情。"就这样，龚普生于 1944 年应美国作家赛珍珠之邀赴美，不久进入联合国人权委员会工作。

经商议，龚普生不支持侯祥麟回国。她说，抗战虽然胜利了，但国民党又挑起了内战，国家还没有实现和平，这时回到国内并不会发挥太大的作用。她还说，国民党打内战不得人心，坚持不了多久就会垮台。因此她建议侯祥麟继续深造，攻读博士学位，以便在不远的将来更好地为国家建设出力。在国内帮助侯祥麟找到党组织的龚普生，在国外又成了他的指路人。

侯祥麟采纳了龚普生的建议，继续攻读博士学位，所选课题是煤炭利用。在导师 A.A. 奥宁（A. A. Orning）的指导下，他研制了一台测量煤炭活性的仪器，在绝热条件下用二氧化碳与煤炭或焦炭进行反应，测量其降温速度，折算成活性指数。1948 年冬，他完成科研任务，论文也撰写完毕，拿到了博士学位。1954 年，当时侯祥麟已回国，其导师 A.A. 奥宁以 "Reactivity of Cokes to Carbon Dioxide as Measured by Adiabatic Cooling" 为题，将其研究成果发表在英国的 *Fuel* 杂志上，足见此项研究成果具有较为持久的价值。

博士毕业时，侯祥麟已经在美国生活三年有余。在国内，从抗日战争的深入到取得胜利，从内战爆发到国民党节节败退，中国正在发生翻天覆地的变化。中国共产党正在走上更加耀眼的历史舞台。作为一名中国共产党党员，他的心一直与国家命运息息相通，时时为之激情澎湃。

学生领袖传思想

在匹兹堡学习期间，广阔的国际视野和深刻的观察与体验，让侯祥麟褪去了之前的稚嫩。他在政治上更加成熟，成为留美学人中较有号召力的学生领袖之一。

为了更好地了解美国社会，他不再和华人同学一起租住，而是独自租住在一位美国老妇人的房子里，以求深入美国社区，了解社会各阶层人群的生活。他经常来到美国同学家中观察底层百姓的真实生活情况，得出底层人民更易接受革命的结论。他结识了不少美国共产党人，经常参加他们的集会，倾听他们的声音。这些社会实践，潜移默化地促进了侯祥麟政治思想的进一步成熟。

在美国，侯祥麟最苦恼的是失去了上级组织的领导。出国前，他和直接联系人肖泽宽约定了回国后的接头暗号，即在报纸上看到刊登寻找某某人的广告后，就知道侯祥麟已经回国。但是到了美国之后，侯祥麟无法与他公开通信联络。而做地下工作的肖泽宽也因多年受到国民党追捕，无法公开露面，两人最终失去了联系。

入党8年有余的侯祥麟，每一天都生活在与党组织取得联系的渴望之中。按照共产国际的规定，中共党员在国外只能参加所在国的共产党组织，而不允许拥有自己的党组织。这样的"无组织状态"一直持续到1946年，侯祥麟的党组织关系被赴美的党员带到美国，他才与组织正式恢复了联系。

20世纪40年代时，侯祥麟在美国留学期间穿过的西服，于2003年由侯祥麟捐赠给重庆红岩革命历史博物馆

侯祥麟在美国除了学习专业知识，一直没有忘记自己是一名中共党员，始终致力于在学生之中进行共产主义思想的传播。

北美基督教中国学生会（CSCA）是当时全美最大和最有影响力的中国学生团体，拥有东、中、西三个区会，在中国学生聚居的各大城市还有若干分会。为了在短期内迅速有效地开展团结留美学人的工作，在上级党组织的安排下，侯祥麟等人开始尝试渗透并利用上述团体，引导留美青年认可"共产党对时局的分析""冀盼新中国的出现"[1]。

1948年初，通过选举，侯祥麟当选为东部区会副会长，掌握了中部和东部的波士顿分会等学生会组织的领导权。他的主要活动区域为波士顿等地。从此，CSCA成为留美党员宣传国内政策的一个场所。侯祥麟等人通过CSCA波士顿分会联系留美学生，介绍中国的形势。受此影响，该组织也从"不谈政治，只谈宗教"，转而反对国民党专制独裁，主张建立民主联合政府，进而过渡到拥护新中国政府，并号召留美学人回国参加建设。

1949年冬，波士顿分会举办冬令营，公开号召大家回国参加新中国建设。到1949年前后，波士顿分会领导层和很多中坚分子是左翼进步学生，有的人还是中国共产党地下党员。该组织已成为中国共产党团结留美学人和动员他们归国的重要平台。CSCA开始出现倾向中国共产党的思潮，侯祥麟在其中发挥了重要作用。

不可否认的是，CSCA在协助中国留学生归国等事宜上，仍然存在不足。一是中国共产党旨在尽可能多地团结组织留美学人，而CSCA等团体的既有建制涵盖区域有限，远不能满足中国共产党在全美团结争取中国学人的需要。二是CSCA等团体会员的政治立场和学科归属较为复杂，增加了中国共产党团结争取科技类学人的难度。三是CSCA等团体的宗教背景和美国政府对这些组织的监管，也使得中国共产党很难在利用上述团体组织留美学人时保有自由度。在这种情况下，薛葆鼎、侯祥麟等人主持的留美中国科学工作者协会（以下简称留美科协）登上了中国留美学人工作的历史舞台。

---

1 《留美青年的信仰追寻——北美中国基督教学生运动研究（1909—1951）》，上海人民出版社，2010年，第183-184页。

PURPOSE OF C.S.C.A.

The purpose of the C.S.C.A. is (1) to organize all Chinese students, especially Christians, into cooperative efforts, and to develop strong character and personality through Christian fellowship and student activities; (2) to render needed services and whatever help possible to Chinese students in America; (3) to promote mutual understanding and friendship between American and Chinese people.

1950 年的 CSCA 会员证上的学生会宗旨，现藏于重庆红岩革命历史博物馆

留美科协铺归路

1946 年，党中央考虑到今后建设需要大量专业人才，委派薛葆鼎进入中国共产党在美工作领导小组"星五座谈会"[1]，分工负责留美科技人员的组织工作。在美国各地的中国知识分子中，要求进步的呼声很高，但缺乏骨干力量。在这种情况下，为加强留美学人归国的促进工作，中国共产党地下党员薛葆鼎在龚普生介绍下，找到了侯祥麟，共同创办了读书团体"建社"。薛葆鼎说"建社"这个名字是周恩来亲自定的，意思是建设社会主义。几乎同时，芝加哥的中国留美学生创建了"芝社"，明尼苏达州建立了"明社"。三社成员之间经常交流，最终决定合并成立留美科协。

1　1945 年夏，董必武到旧金山出席联合国成立大会后，在纽约主持建立了以"星五座谈会"为代号的领导小组，安排和领导留美的中共党员和进步群众的工作。1949 年初，周恩来在河北平山西柏坡听取了领导小组成员杨刚汇报该组织在美国开展工作的情况后，指示代号为"星五座谈会"的党组织应称"中共在美工作领导小组"。

1948年秋，因国内革命工作需要，薛葆鼎等人陆续回国。党内工作进行了重新分工。徐鸣负责接收国内转去的中共党员的组织关系。成立"留学生委员会"，浦寿昌任书记。党内的科技人员工作由徐鸣、浦寿昌负责。侯祥麟、涂光炽、钱保功等同志接替了留美科协的组建工作。

1948年12月，侯祥麟博士论文答辩通过后，再次萌发了回国之念。但是国内、国际形势发生了变化。组织上认为波士顿大学的中国留学生人数多、分布广，要求他在学生中做一些团结、动员和教育工作。工作重点就是创办留美科协，使之成为团结留学学人、动员归国建设的组织。

在侯祥麟等人的努力下，1949年6月18日至19日，留美科协成立大会在匹兹堡大学绿草如茵的学习圣堂举行。来自匹兹堡、芝加哥、波士顿等13个区会的50多名代表出席会议。这是留美科学工作者一次空前的盛会。《留美科协通讯》中记述了当时的情景和大家的心情："我们一生中看到过不能描述的黑暗。在夜里，我们期望着、摸索着、挣扎着，不知经历了多少辛苦。今天站了起来，回忆起从前，憧憬着未来。""尽管大家的故事不同，经历不同，感受却是一样的。对旧的憎恨，对新的希望，从每个人的话里跳了出来。他们说，天亮了，该回国了。多少年来中国第一次大翻身，第一次真正为科学建设铺成了一条发展的大路。"

会议通过的章程规定，该会的宗旨为"联络中国科学工作者致力科学建国工作""促进科学技术之合理运用""争取科学工作条件之改善及科学工作者生活之保障"。会议发布了名为《我们的信念和行动》的宣言："我们认为中国人民的革命战争已经接近彻底胜利，新中国的全面建设即将开始，因此每个科学工作者都有了更迫切的使命和真正服务于人民大众的机会。这是我们千载难逢的良机，也是我们这一代中国科学工作人员无可旁卸的责任。我们应该努力加强学习，提早回国加入建设新中国的行列！"

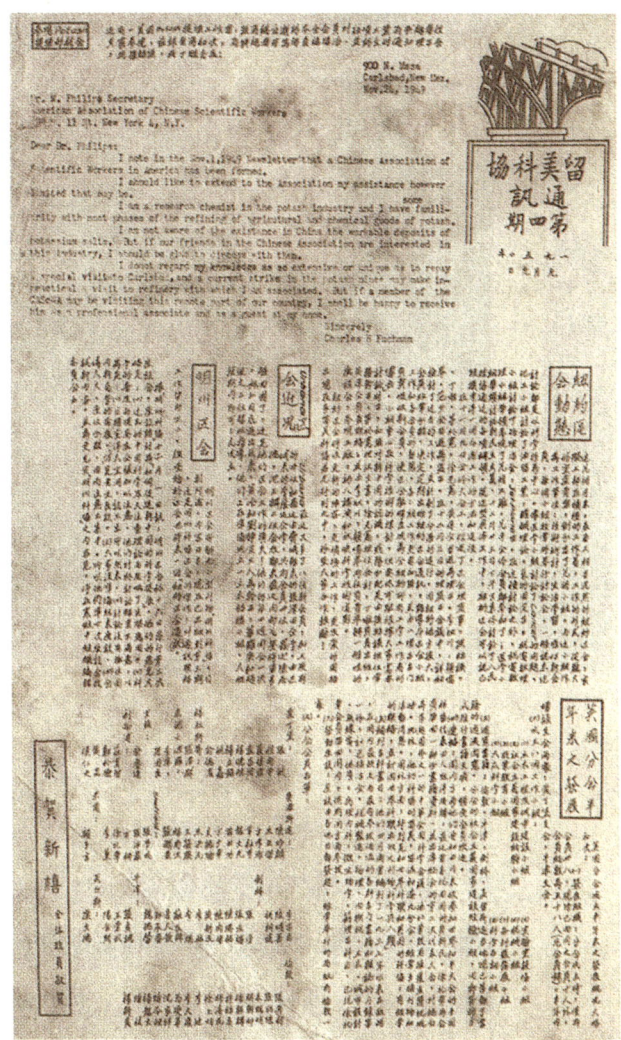

《留美科协通讯》第四期（1950年元旦），原件由黄宗甄捐赠，藏于中国科学院院史资料室

大会决定成立由孙绍谦、茅以宽、侯祥麟、杜庆华、陈能宽五人组成的"干事会"，负责留美科协的领导工作。侯祥麟为常务干事，承担留美科协的大部分日常管理、组织和协调工作。会议确定组织名称为"留美中国科学工

作者协会"，决定设立出版工作委员会等6个委员会，确定在费城创办《留美科协通讯》月刊，李恒德[1]任主编。

作为常务干事，侯祥麟组织了接下来的理事和监事选举。根据留美科协章程规定，以会员代表大会为最高权力机关。代表大会设理事会和监事会，理事会和监事会均由全体会员以通信投票方式选出。1949年9月30日，首届理事会和监事会选举开票结果在纽约公布，收到有效票209张。华罗庚、侯祥麟等当选为理事，另有3人当选为监事。侯祥麟于1949年11月先后在芝加哥组织召开中西部理事、监事会议，在纽约召开东部理事、监事会议，于1950年3月召开全体理事、监事大会。通过这几次会议，留美科协动员留美学人归国等多项工作全面铺开。

留美科协成立后，即在全美范围内扩大基层区会组织，广泛吸纳会员。截至1950年6月，留美科协在美国22个州建立了32个区会，共有800余名会员。

在留美学人史上，留美科技学人第一次被专门组织起来，增进了彼此之间的联系和认识，为中国共产党动员留美学人回国奠定了牢固的组织基础。

在中国共产党留美工作小组领导下，留美科协的中心任务就是争取留美学人归国，建设社会主义新中国。侯祥麟在《自述》中曾说："大多数人不知道今后国内如何发展，想回国，又有顾虑，摇摆不定。成立这个组织，就是说服那些不大清楚情况的同学，提高他们对新中国的认识，消除他们回国的一些顾虑。"

除了思想动员之外，留美科协还通过《留美科协通讯》及时传播国内留学生就业、交通和食宿等信息。全文翻印《东北工业建设需要全国科学工作者来共同努力》一文，帮助留美学生了解国内部分地区工业发展对留学人员

---

1 李恒德（1921—2019），河南洛阳人。核材料科学家，中国工程院院士。1942年毕业于西北工学院冶金系，同年加入中国共产党。1946年赴美留学，1947年获卡耐基理工学院硕士学位，1953年获得宾夕法尼亚大学博士学位。留美期间担任《留美科协通讯》主编。1954年11月回国。1955年任清华大学教授。

的需求情况。同时，努力解决学生归国存在的实际问题。当时，英国采取不发香港过境证等手段配合美国阻碍留学生回国。留美科协于 1950 年 3 月 19 日召开理事、监事会扩大会议，指定专人与英国领事馆交涉，同时也寻找其他不经香港回国的途径，如乘直航中国的货船等。

1950 年 5 月 1 日的留美科协部分会员名录（来源：重庆红岩革命历史博物馆）

留美人员情况较复杂，有的是被聘在美讲学、参加国际会议后滞美，还有的是公费、自费出国留学。经历、地位不同，想法自然不同。对于回国，大部分人态度积极，也有一部分人徘徊观望、犹豫不定。留美科协组织会员围绕"祖国建设需要我"展开讨论,针对就业、生活、交通等问题进行分析,让大家放下包袱,轻松回国。经过动员,很多留美学人发出了回归的心声:"我们的民族再也不是一个被人侮辱的民族了!我们已经站起来了,回去吧!赶快回去吧!祖国在迫切地等我们!"

侯祥麟等人领导的留美科协所做的群众工作,是"解放战争期间留美进步科技人员在中国共产党的号召和胜利形势下汇合起来一批一批回国的直接推动力"。留美科协对在美国推动20世纪50年代初的海归潮起到了主导性作用。据不完全统计,从1949年8月至1950年12月,由美归国的约有600人[1]。他们致力于新兴学科的开辟和既有学科的创新,其中有80余位当选为中国科学院、中国工程院院士,为新中国科技事业的发展作出了不可估量的贡献。

归去来兮助国强

侯祥麟并不喜欢单纯地待在美国搞思想政治工作。在获得博士学位之后,为了学习更多先进的美国炼油技术,他给麻省理工学院化工系燃料研究室写信,提出了工作请求。室主任霍特尔(Hottle)回信约他面谈。1948年12月末,侯祥麟去麻省理工学院和他见面后,霍特尔同意聘他为副研究员。从1949年1月1日起,合同期一年。在麻省理工学院任职期间,侯祥麟一边努力搞好留美科协和CSCA的社会活动,一边进行"涡流式"煤粉气化研究。他用涡流床使煤炭和气体比较密切地接触,使煤粉随着气体旋转,用

---

[1] 此间归国人员的统计数据不一,其中,陈丹著《二十世纪五十年代归国留美学人群体及相关问题研究刍议》一文,根据美国国务院的数据,认为1949年和1950年约1000名中国学生离开美国。傅琳著《留美科协成立始末》一文,根据《国家档案馆存1949—1955年归国人员统计》认为,从1949年8月至1950年12月间,由美归国留学人员约有600人。本书采用傅琳一文的数据。

较小的体积即可实现煤的气化。这种技术比当时普遍采用的煤气发生炉体积小得多，在石油短缺地区有较大的推广价值。在研究过程中，侯祥麟还独自设计了一种冷模试验装置，观察气体和固体的流动状态，取得了很多实用的数据。

1949年春，已经将大部分精力投入CSCA和留美科协社会活动中的侯祥麟，又和波士顿大学陈秀焕、麻省理工学院张钦楠等人在波士顿发起成立读书会——中国问题讨论会。这是侯祥麟第一次组织以传播共产主义思想为主的读书会。此时的中国共产党已经在国内取得了决定性胜利，国民党的溃败已成定局，这让他的理想更为清晰、信仰更为坚定。他们每周日聚会一次，地点主要在哈佛大学。每次都有几十人参加。学习的资料主要有毛泽东的《新民主主义论》等。

1949年，波士顿"中国问题讨论会"部分成员合影（前排左起：朱天孝、黄翠芬、任以都、裴惠珍、杨友鸾、林鸿荪、程酒欣、卢肇钧；后排左起：白家祉、杜庆华、侯祥麟、吕保维、焦联星、张兴铃、周廷冲、张钦楠、冀朝铸、苏绍礼）

"我们共产党人，多年以来，不但为中国的政治革命和经济革命而奋斗，而且为中国的文化革命而奋斗；一切这些的目的，在于建设一个中华民族的新社会和新国家。在这个新社会和新国家中，不但有新政治、新经济，而且有新文化。这就是说，我们不但要把一个在政治上受压迫、经济上受剥削的中国，变为一个政治上自由和经济上繁荣的中国，而且要把一个被旧文化统治因而愚昧落后的中国，变为一个被新文化统治因而文明先进的中国……"侯祥麟读得缓慢而坚定，将内心激动而庄严的情绪传播开来，让大家看到了毛泽东同志描绘的光明而美好的新中国。

侯祥麟将读书会打造成为开展 CSCA 和留美科协工作的"秘书处"。读书会活动结束后，总有七八个人到侯祥麟住处来。大家一起做饭，然后边吃边商量具体做哪些事情，如何分工，有哪些困难，如何克服。不管是 CSCA 东部区会的文艺表演、郊游阅读等活动，还是留美科协的演讲，侯祥麟尽力向同学们宣传国内的大好形势，宣传中国共产党的方针政策，让大家看到中国的前途和发展方向。

1949 年夏，中共南方局安排负责党内科技人员工作的徐鸣回国。他向周恩来汇报了在美留学生情况。周恩来明确指示："你们的中心任务是动员在美的中国知识分子，特别是高级技术专家回来建设新中国。"[1] 同年 9 月，徐鸣再次赴美后，迅速找到担任留美科协常务干事的侯祥麟，向他转达了周恩来的指示，要求他全力做好留美学生回国动员工作。

1949 年 10 月 1 日，中华人民共和国在北京宣告成立。闻此消息，远在波士顿的侯祥麟百感交集、泪如雨下。此时，他真切地感受到，自己从出生之日起，就和这个苦难深重的民族一同背负的耻辱印记，永远地成为了历史。

已经动员很多学人回国的侯祥麟意识到，随着局势的发展，自己的主要任务不再是只做动员工作，而是要带头回归祖国，用自己学到的知识去建设

---

[1] 《海外赤子》，吉林出版集团有限责任公司，2010 年，第 5 页。

新中国。此时，侯祥麟在麻省理工学院化工系燃料研究室的一年工作合同即将到期。经过向上级组织说明情况并得到同意后，他决定回国。1949年11月，他先是辞去留美科协常务干事和CSCA东部分会副会长等社会组织职务，然后又找到霍特尔教授，告知一年工作合同结束后不再续签。按照实验流程，一年的冷模试验结束后，下一步要进行热模试验。听说侯祥麟要归国，霍特尔挽留无果，只能表达惋惜之情。

在波士顿，侯祥麟与读书会的同学们在一起（前排左起：许少鸿、白家祉、卢肇均、侯祥麟；后排左起：陈秀瑛、浦寿山、张钦楠、任以都）

1949年底，CSCA中西部分会主席朱光亚带头组织起草《给留美同学的一封公开信》，号召中国留学生回国。1950年2月27日，朱光亚、侯祥麟等57人在信上联合签名，并将信件寄给《留美学生通讯》。

侯祥麟虽然归心似箭，但归国之路并不平坦。第二次世界大战结束后的很长一段时间，美国邮轮每月赴中国一次，到岸港为上海，回国比较方便。

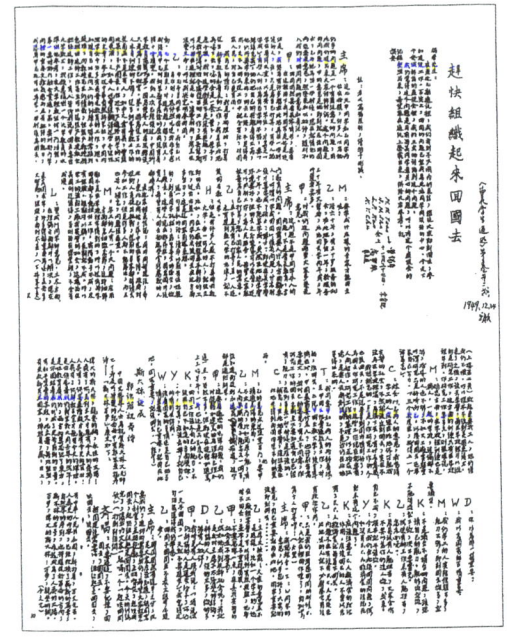 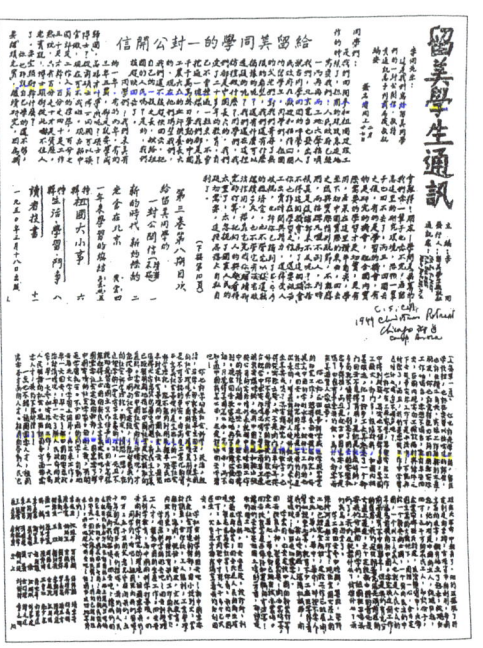

朱光亚牵头组织起草的《给留美同学的一封公开信》

1948年末,因国内形势的变化,该邮轮只到香港而不再去上海。此时,英国与美国联合,刁难、阻止中国留美学人回国。英国政府规定,经香港过境要到领事馆办理签证,而办理"过境许可证"十分艰难。留美科协与香港的地下党人多次联系,仍然没有找到解决办法。没有领事馆签证,就无法通过旅行社购买船票,人就无法离境。

正在焦急之际,1950年3月,侯祥麟接到旅行社通知,邮轮票虽然无法购买,但有一条挪威货船由洛杉矶开赴中国青岛,可带10个客人上船,只是条件较为恶劣。侯祥麟一听喜出望外,立即决定乘坐此船回国。他迅速办好了离境手续,将十余箱书籍和行李运到纽约后托运上船。1950年5月,侯祥麟从纽约出发,依次到费城、匹兹堡和洛杉矶等地与老同学和留美科协会员告别,鼓励他们早日回国,并相约回国再见。这是他以中国共产党地下党员的身份,在留美学人中进行的最后一次也是时间最长的思想政治工作。

这条载着10名中国留学生的挪威货船从洛杉矶启航，经停菲律宾马尼拉之后到达香港，短暂停留后又继续北上。1950年6月26日，这艘货轮在太平洋上航行一个多月之后，成功抵达中国青岛。

侯祥麟的双脚终于踏上了阔别五年多的祖国大地。这一年，38岁的侯祥麟迎来人生的重要分水岭。从小学时参加"国耻日"游行开始，他就接连背负了众多耻辱的印记。最终，这些印记均被他矢志追寻的中国共产党全部抹去。他站在那里，望着头上蔚蓝的天空，踩了踩脚下坚实的土地，想到这个国家已经掌握在伟大的中国人民手中，想到国家被侵略、人民受欺凌的历史永远地成为过去，他不禁潸然泪下！

作为一名始终为救亡图存、一雪国耻而奔走的中共党员，自这一天起，他彻底告别了十余年的颠沛流离生活，迈入全新的人生阶段。从此，他将以科学巨擘之姿，为中国石油工业谱写辉煌的篇章。

第二篇
炼塔擎天

那种你掏钱、人家把整套装置交给你，过去叫作"交钥匙"，是世界上落后国家的通常做法，而我们中国有一定基础，不能满足于"拿钥匙"。在推动国产化的问题上，我主张能够自己搞的自己搞，力争不引进，尤其不搞成套设备引进。

第一章　炼化实业报国家

2002年9月28日，侯祥麟在中国科学院青年科学家国庆座谈会上讲话时说，38岁之前他是为祖国的救亡图存而奔走，38岁以后的这半个世纪则是为新中国的炼油工业建设而努力。这种努力，源自一名中国共产党党员的炽热初心。在科技报国精神的感召下，侯祥麟献身于中国能源安全的保障大业，写就了他人生的新篇章。

任教清华迎国庆

1950年6月26日，侯祥麟踏上祖国的土地，在青岛仅休息了一天，就乘坐火车来到北京，住进教育部专门为留学归国人员设立的招待所。此时的北京，已非昔日他就读燕京大学时暮气沉沉、强房压境的北平，到处可以见到红旗与鲜花，不时能听到歌声与笑声，呈现出万象更新、蓬勃向上的生机。参加革命十余年后，他为之奋斗不息的祖国，终于以全新的面貌展现在他的面前。他用一句话来形容当时的心情："终于可以为祖国大干一场了，心中的那种痛快和兴奋真是难以形容。"

人虽顺利归来，行李却出了意外。按计划，载运他们行李的那艘货船先去韩国釜山港，再抵天津。但经多次联系，一直没有该船到津的消息。从美国带回来的行李中，除了有各种各样的物品，还有宝贵的资料。大家都在担心有什么意外。侯祥麟更是焦急万分，他在回国前夕，花费大量积蓄购买了一批科技书刊，装满了13个大行李箱。这些行李一旦遗失，对于他自己乃至急需科技情报的新中国来说都是难以估量的损失。

等来等去，终于等到了货船的消息。原来，侯祥麟等人到达青岛时，正值朝鲜战争刚刚爆发，货船无法再去釜山，只得改道日本卸货，延误多日才抵达天津。最终，侯祥麟有惊无险地收到了从美国带回来的这些书刊。

在美国学习生活 5 年后，侯祥麟万里迢迢回归祖国，没有带任何贵重物品，只带了 13 箱科技书刊，以此作为献给新中国的礼物。这批书刊，后来被他全部捐献给新成立的石油科学研究院图书馆，成为全院科技人员进行科研的重要参考资料。时至今日，在中国石化石油化工科学研究院图书馆，读者仍然能够翻阅到这批书刊。虽然年深日久，纸张泛黄，但侯祥麟科技报国的激情，仍然在斑驳的书页上不停地跳动。

回国前，清华大学化工系主任曹本熹[1]曾经写信邀请他去清华大学任职。侯祥麟一回京，这位圣约翰中学、燕京大学的同学马上前来探望，一见面就动员他到清华大学工作。此时的侯祥麟并不愿意到学校教书，而是想直接到工厂从事炼油工程工作。他认为这样可以更好地发挥自己的特长，帮助祖国迅速摆脱能源短缺的局面。但是，他到抚顺等地的人造油工厂考察时，看到那里物资紧缺，管理秩序尚未恢复，短时间内还谈不上进行科技开发和应用。他思虑再三，决定接受曹本熹的邀请，先去清华大学任教。

侯祥麟到清华大学任教，除了曹本熹的邀请，还与燃料工业部副部长李范一[2]的邀请有直接关系。1949 年，李范一与清华大学商谈，由燃料工业部石油管理总局与清华大学化工系合办燃料研究室。听说侯祥麟回国，李范一就找到了他，说明成立燃料研究室的必要性，并动员他前来搞科学研究。在曹本熹和李范一的共同邀请下，侯祥麟最终进入清华大学燃料研究室工作，但他的工作关系仍然归属燃料工业部石油管理总局，工资也由燃料工业部发放。

---

1 曹本熹（1915—1983），上海人。中国化学工程学家、核工业学家，曾担任清华大学化工系主任、北京石油学院副院长等职。1980 年当选中国科学院学部委员（院士）。
2 李范一（1891—1976），湖北应城人。中华人民共和国成立后，曾任燃料工业部、石油工业部副部长。历任第一、二、三、四届全国人大代表。

1996 年，侯祥麟参加清华大学化工系庆祝建系 50 周年活动

侯祥麟住进了清华园新林院，与哲学系著名教授金岳霖住在同一栋平房里。在这里，他和清华大学教授们一起度过了一段愉快的时光。让他倍感欢乐的是参加 1950 年欢度国庆大游行。这是中华人民共和国成立后的第一个国庆日。这一天，他特意穿上了一件大红的呢料衬衫，把自己打扮得干净利落。天还没亮，他就早早起床，随游行队伍从清华园出发，走过保福寺，走过西直门，来到长安街。游行队伍走得很慢很慢。他等啊等啊，终于走到天安门前。在行进中，他看见了毛泽东、周恩来和在重庆接见过他的董必武等人在城楼上招手，看见了猎猎的红旗在秋阳下翻飞，看见了蓝天上的白云在风中飘动。想到中国共产党领导中国人民推翻了帝国主义、封建主义和官僚资本主义三座大山的压迫，改写了中华民族的历史，而自己也是追随他们为共产主义不懈奋斗的一员，他心潮澎湃，流下了幸福的泪水。此刻，科技报国的信念更加强烈，成为他为中国石油工业无私奉献的思想基石和强大动力。

这是侯祥麟一生中最为难忘的一天。为了新中国的到来，他曾经在血雨腥风的旧世界举手宣誓加入中国共产党，曾经在白色恐怖中度过了十余年地下党员的艰危生活，曾经远渡重洋寻求科技报国的途径……此时此刻，祖国与他是如此亲近。祖国就是向他招手的领袖，就是身边欢跃的人民，就是远方与近旁的万家灯火……

双重身份搞教研

在清华大学的一年多时间里，侯祥麟在政治和工作中都有着不同寻常的双重身份，需要他担起双份的责任，付出双倍的努力。

在政治上，根据中央组织部和中央统战部的安排，侯祥麟拥有中国共产党党员和中国民主同盟（以下简称民盟）成员的双重身份。1951年，在进入清华大学化工系不久，侯祥麟从美国带回来的组织关系由香港转送到了北京。组织上经过研究并征询他的意见后，认为他在清华大学工作很合适，不再进行调整。由于民盟在清华大学的影响较大，党组织需要安排一位未公开身份的共产党员在清华大学做民主党派工作。侯祥麟无疑是最合适的人选。进入民盟后，他接替心理学家潘光旦担任民盟清华大学分部代理主任委员，还曾被民盟推选为北京市人大代表。

根据中央组织部的规定，侯祥麟在清华大学不能公开自己的党员身份，但要定期到中央组织部参加政治学习，阅读党内文件。他在清华大学的真实政治身份只有清华大学党委书记何东昌[1]和燃料工业部党组部分领导知道。新中国成立不久，有很多地下党员在来到新的工作岗位后，对不能公开身份感到不理解。十几年甚至二十几年的地下工作才迎来了新中国的诞生，却不

---

1 何东昌（1923—2014），浙江诸暨人。1947年8月加入中国共产党，1951年2月任清华大学党委书记。

能光明正大地展现共产党员的身份，这让他们感觉有点委屈。但侯祥麟毫无条件地执行党组织的决定，仍然以"地下党员"的身份做统战工作，先后发展了陆士嘉、张维等人加入民盟。

侯祥麟在工作上也身兼双职。在燃料工业部的大力支持下，1950年冬，清华大学燃料研究室正式成立。这是新中国石油工业建立的第一个研究机构。侯祥麟受聘担任燃料研究室主任，和曹本熹、朱亚杰、武迟三位研究员一起做了大量的组织建设和科研工作；主持购进所需要的实验设备，招聘一批科研人员，使研究室初步具备燃料领域的科研能力。不久，曹本熹又聘他为清华大学化工系兼职教授。从此，侯祥麟拥有了大学教授和燃料研究室研究员的双重身份，开启了科研与教学并进的工作生涯。

燃料研究室成立之后，建设速度较快，技术人员短缺的问题凸显出来。为使各项研究顺利进行，曹本熹除了让部分化工系教师进入燃料研究室兼职研究，还从社会上招聘了部分技术人员和大学毕业生。这些人都没有做过研究工作，缺少科研经验。曹本熹和侯祥麟等人就投入很多精力，从如何选题、查文献、制订研究计划、做试验、进行阶段总结，一直到撰写科技成果论文，对他们进行培训和指导，面面俱到。短时间内研究室就培养了一支有一定实验能力的队伍。

当时正值抗美援朝期间，战时所用油料均从国外进口。用油部门对油质、油类和油的标号、性能都不甚明晰，迫切需要一批在油料知识方面能提供指导的技术人才。在这种情况下，曹本熹和侯祥麟带领燃料研究室工作人员，接受了燃料工业部交付的开办油料干部训练班的任务。他们翻译外文资料，编写油料训练班教学讲义，进行基础性实验指导，及时把油料知识传授给部队油料工作人员，有力地支援了抗美援朝。同时，他们还带领清华大学化工系师生完成燃料工业部下达的军用油品化验任务，很快消除了朝鲜战场用油混乱的现象。

1950年4月，第一次全国石油工业会议召开。会上燃料工业部部长陈郁[1]指出:"东北以人造石油为主。争取在三年内全部恢复,并增加必要的设备,以年产46万吨为奋斗目标。"[2] 在这一思想指导下,燃料研究室一成立就将研究重点放在人造石油方面。侯祥麟和大家先后进行了费托法水煤气合成催化剂、煤的低温干馏、页岩油精制以及降凝剂、添加剂等方面的研究。1952年,燃料研究室停办。虽然此类研究持续的时间较短,却积累了一定的经验,培养了一批人才,为以后抚顺、茂名等地区的人造石油开发和生产打下坚实的基础。

在人才培养方面,侯祥麟虽然在清华大学化工系任教时间不长,却培养了金钟超、赵宗鼐和卢成锹等一批优秀学生。他们在此后的中国石油工业建设中,逐步成为石油化工领域著名专家和科研带头人,并作出了卓越的贡献。

献策工业制甲苯

1951年11月,教育部在北京召开全国工学院院长会议,拟定《关于全国工学院调整方案》。在该方案中,清华大学被定位为多学科性高等工业院校,清华大学化工系改成清华大学石油系。不久,清华大学停办燃料研究室,把所属科研人员调往大连的中国科学院工业化学研究所(以下简称大连所)。

侯祥麟的组织关系隶属燃料工业部,自然而然要前往大连。1952年12月,在侯祥麟的带领下,燃料研究室的杨廉平、郑世耀等十几名科研人员来到大连所报到。他们是燃料工业部石油管理总局向该所派出的人数最多的一批科研人员。侯祥麟是燃料工业部石油管理总局在该所的总代表。

---

1 陈郁(1901—1974),广东宝安人。无产阶级革命家、中国工人运动的先驱之一。曾担任中共中央中南局第三书记、中共广东省委书记、广东省省长、燃料工业部部长等职。
2 《东北区科学技术发展史资料:解放战争时期和建国初期(石油工业卷)》,中国学术出版社,1989年,第10-13页。

在侯祥麟等人到来之前，石油管理总局已从玉门石油管理局调入范希孟、卢明道、严可居等有经验的技术人员。此后，又有多名石油化工专家陆续从全国各地前来。这样一来，大连所的科研人数迅速增加。1950 年，大连所的科研人员不到 100 人；1951 年，科研人员达到 210 人左右；1952 年，科研人员达到 320 人左右，其中研究员 7 人、副研究员 13 人。大连所聚集了中国炼油工业众多顶尖人才。

作为一名从事民主党派工作的共产党员，侯祥麟到大连后，受到大连市委统战部的热烈欢迎。统战部部长张志诚经常和他一同商讨如何团结进步人士、民主党派，更好地为新中国作贡献。侯祥麟在大连所成立了民盟基层组织，开展的统战工作取得显著成效。

侯祥麟的到来让所长张大煜[1]十分高兴。因高级汽油研究室主任彭少逸要随中国科学院代表团访问苏联，张大煜便报请中国科学院和石油管理总局批准，任命侯祥麟为高级汽油研究室代主任。不久，为了将大连所建设成一个石油化学专门研究机构，在张大煜的主持下，经中国科学院批准，于 1953 年 8 月成立全国性的液体燃料委员会。张大煜任主任委员，侯祥麟任副主任委员，东北人民政府工业部（以下简称东北工业部）化工局总工程师兼锦州合成油厂总工程师赵宗燠[2]、东北石油管理局局长张定一、石油管理总局副局长刘放、辽宁省石油设计院院长兼总工程师顾敬心和北京石油学院副院长曹本熹任委员。液体燃料委员会成立后，定期召开会议，对大连所的科研工作和当时东北地区人造石油研究提出了许多富有建设性的意见和建议。

1953 年初，朝鲜战争仍在进行。前线使用的爆破筒、手榴弹和子弹所用的炸药都离不开甲苯这种石化原料。作为军需物资，当时甲苯在国内十分

---

1 张大煜（1906—1989），江苏江阴人。1955 年当选为中国科学院学部委员（院士），物理化学家，中国催化科学的先驱者之一。曾任中国科学院大连化学物理研究所所长等职。
2 赵宗燠（1904—1989），重庆人。我国著名燃料化工学家、能源和环境保护专家。1930 年毕业于中央大学（南京大学前身）理学院化学系，后留校读研究生并担任助教。1939 年获德国柏林工科大学化工学院博士学位。1957 年 5 月当选为中国科学院学部委员（院士）。

紧缺。大连所郭燮贤等人结合合成石油的特点，研发出直链七碳烃脱氢环化制造甲苯的工艺，并在中型试验中取得了一些成果。中央人民政府重工业部兵工总局副局长钱志道[1]对该项目很感兴趣，多次同侯祥麟商量如何使之实现工业化生产。经过反复论证，侯祥麟提出了一个可行性方案：甲苯主要从炼焦炉的煤焦油里提炼，而锦州石油六厂[2]用水煤气合成出来的煤焦油皆为直链烷烃，可以选用七碳烃做环化原料，从而利用大连所的技术进行甲苯工业化生产。

侯祥麟的思路得到了张大煜、钱志道等人的赞同。他们认为这个办法不仅可行，还能够节约大量成本。后经燃料工业部审批，得到徐今强部长、刘放副局长的同意后，侯祥麟作为石油管理总局的代表，亲自组织这项工程的建设工作。这是一项支持抗美援朝的科研项目，石油管理总局十分重视，先后派出所属设计局的武宝琛、郭雨东和孟志光等人来到大连参与工业化设计。

由于当时国家经济困难，在装置建设过程中，侯祥麟因地制宜地对现成的技术和设备进行改造利用。例如，反应的切换系统采用同样需要周期控制的水煤气发生炉切换控制系统，节约了大量成本。经过大家共同努力，工程建设十分顺利。一套年产2000吨甲苯的装置在石油六厂宣告建成，成功地生产出可供部队使用的硝基甲苯。这套装置是我国炼油工业第一套自主研究、自主设计、自主建设的工业化生产装置，其顺利投产在一定程度上增强了我国石油工业自力更生发展的信心。

作为高级汽油研究室的科研带头人，侯祥麟在大连所参加的研究项目还有很多，如原油评价、原油脱盐脱水、催化裂化、催化重整、尿素脱蜡、煤和油页岩低温干馏、煤焦油加氢、页岩油加氢、润滑油添加剂、馏分油和气

---

1 钱志道(1910—1989)，浙江绍兴人，化工专家。1955年当选为中国科学院学部委员（院士）。曾任中国科学技术大学副校长、中国科学技术大学研究生院副院长等职。

2 锦州石油六厂现为中国石油天然气集团有限公司锦州石化公司。

体分析、石油产品规格的制定等。取得的一系列研究成果和经验，为20世纪60年代"五朵金花"等多项炼油技术的成功研发奠定了很好的基础。

慧眼建言建茂名

1954年初，石油管理总局副局长刘放打电话让侯祥麟来京一叙，说有要事相商。侯祥麟来到北京就直奔石油管理总局办公大楼。人未坐稳，刘放就对侯祥麟说："中央组织部紧急决定让我去莫斯科，担任中国驻苏联大使馆商务参赞。"当时，国家正与苏联洽谈多项技术交流合作项目，商务参赞需由技术干部担任。刘放希望侯祥麟与其一起赴苏，请侯祥麟马上返回大连所交代一下工作，然后立即返京准备出国。

憋着劲儿想为国家能源建设大干一场的侯祥麟闻听此言，脸上并未露出喜悦之色，反而一脸为难。在大连所，有好多科研项目正在等待着他去完成，突然让他出国从事外交工作，实在难以割舍。但作为一名共产党员，他必须服从组织安排。就这样，侯祥麟急忙回到大连。大连所和大连市委统战部均舍不得让侯祥麟离开，但因为他的组织关系在石油管理总局，无法直接干涉，只能放行。侯祥麟走后，范希孟担任石油管理总局驻大连所总代表，继续在大连所主持燃料方面的研究。高级汽油研究室主任则由已经回国的彭少逸担任。侯祥麟虽然离开了大连所，但他长期担任大连所学术委员会委员，继续为其发展出谋划策。

令人没有想到的是，刘放准备赴苏时情况又发生了变化。石油管理总局工作会议认为，侯祥麟作为留美归来的一名革命干部和技术专家，在国内工作更能发挥他的能量、体现他的价值。最终会议决定，侯祥麟回京的职务调整为石油管理总局炼油处主任工程师，和炼油处处长甘宁一起主抓全国的人造石油炼制项目。

这次回京，侯祥麟的工作和生活发生了很大变化。在政治方面，根据国内社会和政治形势的变化，组织决定让他不再负责统战工作。其共产党员身份终于在他入党近20年后得以公开。从燕京大学毕业后，侯祥麟一直为国家的命运在国内外四处奔走，地下党员的特殊身份让他无法考虑个人感情问题。进入炼油处后，他结识了同事李秀珍。二人经过一段时间相处，互生情愫。1955年底，43岁的侯祥麟与李秀珍喜结良缘。结婚后，李秀珍不仅成为他生活的伴侣，也成为他进行科学研究的最好伙伴之一。

侯祥麟与妻子李秀珍，摄于1957年

1955年，中国科学院仿照苏联模式成立了学部。侯祥麟和侯德榜、钱志道、张大煜等人一起被选为第一批技术科学部化学工程委员。侯祥麟还担任技术科学部常委。9月，中国科学院石油研究所学术委员会成立，侯祥麟为委员之一。这无疑是国家对他在能源科技领域所作贡献的最大肯定。

中国科学院石油研究所学术委员会成立纪念合影（二排右一为侯祥麟）

侯祥麟担任石油管理总局炼油处主任工程师的时间只有一年有余。1955年7月3日，国家宣布撤销燃料工业部，分别成立石油、煤炭、电力三个工业部。翌年，侯祥麟被任命为石油工业部技术司副司长。由于司长职位空缺，因此他主持技术司的实际工作。技术司对口国家科委，归口管理全国石油科学研究，负责各项规划的实施和科研队伍的建设等工作。

1956年1月，国务院着手组织编制《1956—1967年科学技术发展远景规划纲要》（以下简称《十二年科学技术发展规划》）。侯祥麟、张大煜和傅鹰[1]等人负责其中第18项《扩大液体燃料及润滑剂的来源》的编制工作，并提出了"要研究和发展人造石油的工艺方法"的要求。他们列出三个努力方向，其中第一个就是发展人造石油技术。原因是国家急需石油为经济建设注入动力，但天然石油开采又极其有限，原油产量很低。从燃料工业部炼油处

1　傅鹰（1902—1979），福建闽侯人。1955年当选为中国科学院学部委员（院士），物理化学家，化学家，化学教育家。曾任北京大学副校长等职。

到石油工业部技术司，侯祥麟的工作一直围绕页岩油、合成油的生产进行。在上级领导的支持下，他组织进行了大量人造石油项目的前期调研、项目筛选、计划制订、工业化应用效果评估等方面的工作。这个阶段，侯祥麟完成的重点工作之一，就是推动茂名油页岩的勘探开发。

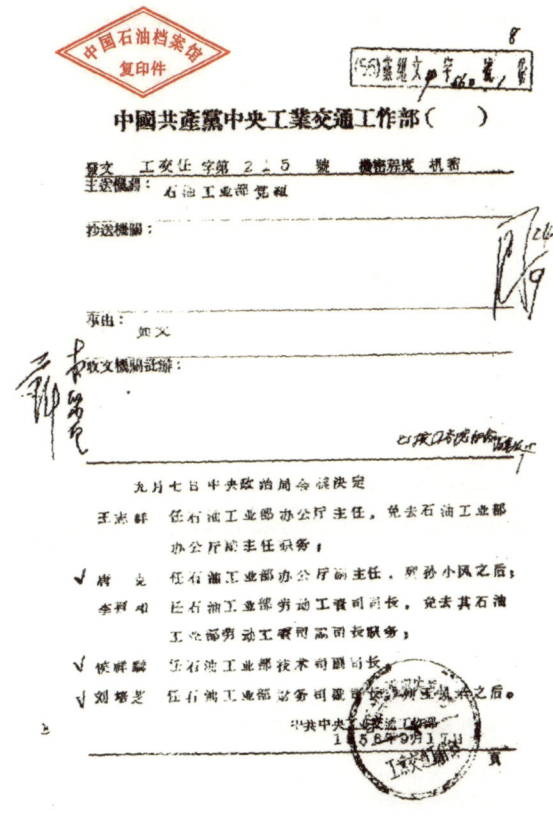

侯祥麟任石油工业部技术司副司长的文件

侯祥麟与技术司的同事们一直在想办法扩大国家的页岩油产能。而实现这一目标的前提是在抚顺之外再找到一些油页岩矿，增加油页岩产量，为人造合成石油提供原料。他独具慧眼地提出在广东茂名地区进行油页岩开采的建议。《自述》一书中记载，他是在阅读了陈国达[1]教授的一篇文章后才提出这个建议的。陈国达教授的文章对茂名的油页岩介绍较为详尽，给了他较大启发。

由蔡嘉猷、石尧阶和杨心宜编写的《陈国达教授著作目录补编》一文可知，陈国达在新中国成立前后，共发表了三篇关于茂名油页岩的文章：1949年《广州十二科学团体联合会会报》第1期刊出的《粤南油页岩的开发问题》，1949年《两广地质调查所临时报告》第37号刊出的《粤南油页岩简报》和1951年《地质论评》第16卷第2期刊出的《中国油页岩概论》。其中，《中国油页岩概论》是陈国达关于油页岩研究的集大成之作，共4章27节，介绍了从油页岩知识的总论到各省的油页岩分布、储藏情况。在第三章"广东的油页岩"一节中，明确指出油页岩主要产区位于广东省南部的茂名、电白两县境内。广东省页岩油储量达到1.7472亿吨，占全国储量的16.66%，位居全国第四位。而就矿床的厚度和长度而言，广东省油页岩居全国已知此类矿床产地的第二位。

1948年，陈国达曾经亲自去广东茂名等地调查油页岩，之后发表了上述三篇论文，为新中国成立后开发茂名油页岩提供了可靠的地质依据。作为地洼学说的创立者，陈国达对茂名油页岩所做的分析都建立在亲自考察基础上。因此侯祥麟对陈国达的考察成果深信不疑。1954年初，刚刚回到燃料工业部工作的侯祥麟，就向石油管理总局领导汇报茂名油页岩的储量情况，并在专项会议上提出勘探开发茂名油页岩的建议。

1954年4月，燃料工业部石油管理总局局长康世恩[2]亲自带领一批专家赴广东、广西考察石油资源。在对茂名的油页岩资源有了进一步了解后，开

---

1 陈国达（1912—2004），广东新会人。世界著名地质学家、教育家。1980年，当选为中国科学院学部委员（院士）。曾任中国科学院长沙大地构造研究所所长、中国地质学会副理事长等职。

2 康世恩（1915—1995），河北怀安人。1936年考入清华大学地质系，不久加入中国共产党。曾任国务院副总理，中共中央顾问委员会常委等职。1975年至1978年，任石油化学工业部部长；1981年至1982年，任石油工业部部长。

始派出勘探队进行勘察。勘探队得出的结论是：该地油页岩储量达 50 亿吨，含油率为 6%～7%，远高于陈国达的考察数据，具有较大的工业开发价值。后期进行的取样干馏试验也证实了这一点。在这种情况下，侯祥麟向新成立的石油工业部建议在茂名建立石油公司，深入开展油页岩勘探开发和加工生产。加之广东省对茂名油页岩开采的大力支持，最终，石油工业部决定组织队伍到茂名做详细调查，从此揭开了茂名油页岩开发的序幕。

侯祥麟的建议催生了茂名石化公司这一大型石化企业的诞生。1957 年 9 月，国务院批准油页岩厂设计任务书：工厂规模年产页岩油 100 万吨，需油页岩 2537 万吨，概算投资 3.63 亿元。1958 年，在侯祥麟等人的组织协调下，有关部门先后设计建造了适合茂名油页岩特点的气燃式方形炉和茂名圆形炉。最终形成年产 20 万吨页岩油的生产能力。后来，又经多期建设，茂名石化公司最终成为我国重要的石油化工基地。

助造东北合成油

侯祥麟在石油工业部技术司期间，除推动茂名石化公司建设之外，将更多的时间和精力放在了东北人造油基础设施的恢复、生产技术的研发与推广、人才队伍的建设上。

早在 1950 年 4 月，第一次全国石油工业会议就通过了东北工业部所拟定的有步骤恢复人造石油生产计划。会议还建议在东北工业部领导下，建立东北人造石油工业会议制度，吸收东北化工局、抚顺及大连等地的主要干部，经常进行生产技术的研究和改进。资料显示，当时抚顺油页岩的蕴藏量为 54 亿吨，其中富矿约为 35 亿吨，平均含油率为 5.5%，可提炼原油 2 亿吨左右。[1] 此间，国家领导人曾多次赴包括抚顺在内的东北页岩油生产基地

---

1 《东北区科学技术发展史资料：解放战争时期和建国初期（石油工业卷）》，中国学术出版社，1989 年，第 3-5 页。

考察。其中，朱德委员长就先后6次视察抚顺。1951年10月23日，朱德首次视察抚顺人造石油厂并题词"发展人造石油工业，为巩固国防而奋斗"，可见国家对人造石油的重视程度。

抚顺人造石油厂

1952年2月，东北工业部成立东北石油工业管理局，统一管理东北人造石油工业。9月，东北地区人造石油和炼油企业整编为10个石油厂。1953年，东北石油工业管理局撤销，这些石油厂改由燃料工业部石油管理总局领导。1955年，石油工业部成立后，又改由石油工业部直接领导。侯祥麟所在的技术司主要就是围绕这10个石油厂开展工作。期间，侯祥麟常到人造石油厂检查指导工作，一去就是很多天，经常和技术人员一起在工厂加班搞科研。1956年，新婚不久的李秀珍被委派赴苏联学习达一年之久，侯祥麟便极少回家，全力以赴投入抚顺人造石油事业的建设中。

　　侯祥麟主要负责各大人造石油厂的技术改造、人才培养和项目协调等。抚顺石油一厂、二厂[1]搞油页岩干馏生产页岩油，抚顺石油三厂搞页岩油加氢……不同的石油厂会出现不同的技术难题，侯祥麟经常和技术人员吃住在一起。从油页岩干馏炉和费托合成炉改进、催化剂和产品加工，到煤低温干馏及焦油利用等，有技术难题的地方就有侯祥麟的身影。在近三年的时间里，侯祥麟和科研、设计、生产单位共同努力，参与并审批了一系列生产技术革新项目。主要取得了四个方面的成果，一是系统地改进了抚顺式圆形干馏炉，研究设计新的工业炉型，如针对老式干馏炉采油率不高、处理能力弱、设备较复杂等问题，在茂名油页岩干馏炉设计上改进炉内结构和冷凝回收流程。二是努力提高油页岩利用率，实现块径在20毫米以下的小块油页岩和颗粒油页岩的干馏技术，将入炉油页岩的块径下限由20毫米降到8毫米，使油页岩利用率由60%～65%提高到80%。三是针对油页岩干馏气体中所含的轻质油组分，指导试验成功油吸收法工艺流程，促成抚顺石油一厂、二厂与北京石油设计院、抚顺石油研究所合作，建设投产轻质油回收装置，每年从干馏气体中回收的轻质油近10万吨。四是针对油页岩含轻质馏分少，含蜡、硫、氮化合物多，难以生产优质石油产品和加工精制过程损耗大的实际情况，组织开发应用油页岩加氢裂化、加氢精制的工艺技术，有效地提高了油页岩加工的轻质油收率，降低了加工损耗。

　　通过这些措施，抚顺地区油页岩干馏制油的采收率比新中国成立前提

1　石油一厂、二厂、三厂在不同时期有不同的名称。1952年前沿用旧称，为西制油厂、东制油厂和人造石油厂。1953年11月改为燃料工业部石油管理局东北石油一厂、二厂、三厂。1955年9月1日，称为石油工业部石油一厂、二厂、三厂。1958年6月15日三家炼厂划归地方管理，改名为抚顺石油一厂、二厂、三厂。1962年后企业又收归石油工业部管理，名称也进行了相应变化。本书不同时期的厂名均称为石油一厂、二厂、三厂。

高 10~15 个百分点，生产每吨页岩油所消耗的油页岩也由 36 吨降至 25 吨，干馏炉的设备运转率由 72% 提高到 95%。侯祥麟同大家共同努力，最终换来了巨大收获。从 1950 年至 1959 年，全国人造石油产量累计达 471.8 万吨，占同期原油总产量的 39.5%。而在 1960 年，全国共合成液体燃料 100 万吨，其中 80% 为页岩油。在天然原油产量少、国内石油产品供需矛盾突出的情况下，人造石油在一定程度上解决了石油产品的供应问题，确保了社会主义建设的顺利进行。

侯祥麟在第三届全国石油产品试验方法经验交流会议上作报告（来源：中国石化石油化工科学研究院）

第二章 战机充盈"中国血"

20世纪50年代后期,由于中苏关系逐步走向破裂,苏联方面切断了向中国供应军用、民用航空燃料的通道。中国能源业深刻体会到被"卡脖子"的痛苦滋味。而此时,为中国"战鹰"输送"血液",让中国战机飞上蓝天,成为主管炼油工作的石油科学研究院副院长侯祥麟的攻关目标。

倡立石油科学院

1954年,根据国家科研的需要,中国科学院调整了科研方向,向基础研究大力倾斜,不再把主要力量放在工业化应用研究方面。这对和中国科学院有着长期合作的石油工业领域来说,将产生很大影响。听到此消息后,侯祥麟提出在石油系统成立专门研究机构的建议。该建议得到李范一、李人俊两位副部长的支持。于是,燃料工业部从现实需要和长远发展战略考虑,于1954年再度启动炼油科研机构的筹建工作。委托石油管理总局牵头,成立了由设计局局长兰田方、炼油处主任工程师侯祥麟、原抚顺老虎台煤矿矿长申力生等人组成的筹备小组。由此,成立石油研究机构事宜进入日程。

1956年,侯祥麟等人参与制定的国家《十二年科学技术发展规划》中的第17项、第18项任务,由刚成立不久的石油工业部承担。为完成该项科研任务,石油工业部决定在北京成立石油地质勘探和石油炼制两个研究所。

1956年7月1日,正式成立北京石油地质勘探研究所和北京石油炼制研究所(以下简称炼制所)筹建处。其中炼制所的筹建工作由侯祥麟具体负责。两个筹建处云集了当时中国石油工业领域众多技术巨擘，如翁文波、申力生、林风、武宝琛、林正仙、闵恩泽[1]、陆婉珍[2]、童宪章[3]和郭尚平[4]等。他们都为中国石油工业的建设书写了辉煌的一页。

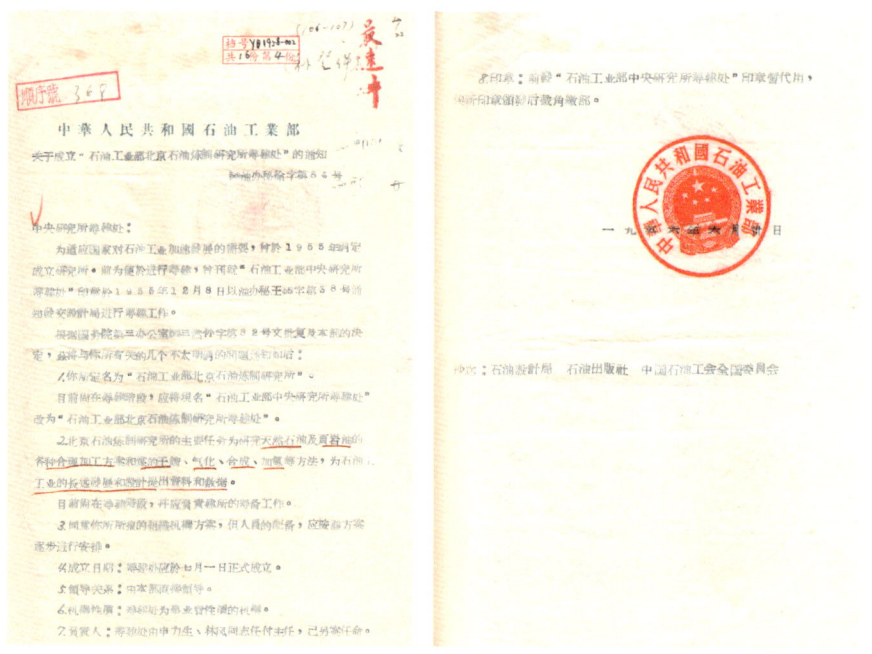

关于成立"石油工业部北京石油炼制研究所筹建处"的通知（来源：中国石化石油化工科学研究院）

---

1 闵恩泽（1924—2016），四川成都人。石油化工催化剂专家，中国科学院院士、中国工程院院士、第三世界科学院院士、英国皇家化学学会会士，中国炼油催化应用科学的奠基者，国家最高科学技术奖获得者。

2 陆婉珍（1924—2015），天津人。分析化学与石油化学家，中国科学院院士，中国石油分析技术奠基人。

3 童宪章（1918—1996），北京人。石油工程学家，中国科学院院士。曾任石油工业部外事局顾问、石油勘探开发科学研究院总工程师等职。

4 郭尚平（1929—   ），四川隆昌人。流体力学家、生物力学家、油田开发专家。1951年毕业于重庆大学矿冶系。1957年获苏联莫斯科石油学院副博士学位。1995年当选为中国科学院院士。曾任中国科学院兰州分院院长等职。

炼制所的筹建困难重重。为解决选址问题，侯祥麟亲自去找北京石油学院副院长张定一、曹本熹二人协商。他们同意将学院北侧的一片空地拨给炼制所使用。这片空地是一片不整齐的农田，其间有坟地、荒沟、沼泽，南侧有20多栋简易平房。这些平房是1953年建设北京石油学院时留下的工棚。各路人马陆续到齐后，就借用了这20多栋简易平房搞试验研究。

炼制所刚安顿下来，石油工业部部长余秋里[1]就接到中央军委关于国内石油生产要满足军用油

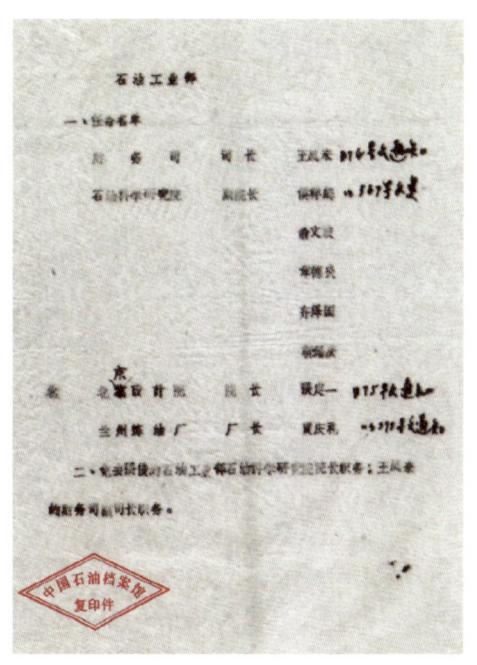

1958年，侯祥麟被任命为石油科学研究院副院长的文件（来源：中国石油档案馆）

品需要的指示。20世纪50年代，国际风云际会，形势复杂，中国军用油品需求事关重大。接到指示后，余秋里马上组织党组成员认真研究，决定加快科研机构的建设步伐、加强石油科学技术研究。1958年10月，石油工业部报经国务院批准，将炼制所筹建处和石油地质勘探研究所筹建处兵合一处，于11月15日，正式成立石油工业部石油科学研究院[2]，任命张俊[3]为院长，侯祥麟、翁文

---

1 余秋里（1914—1999），江西吉安人。无产阶级革命家。1931年5月加入中国共产党。开国中将、国务院原副总理。1958年至1970年，任石油工业部部长。

2 该院1958年隶属于石油工业部，称石油科学研究院。1970年7月隶属于燃料化学工业部。1972年，石油科学研究院拆分为石油化工科学研究院和石油勘探开发规划研究院。

3 张俊（1908—1977），河南济源人。1932年7月毕业于河南焦作工学院。1937年11月加入中国共产党，曾任晋豫边区游击队大大队长，延安自然科学院教员、矿冶系主任，延长油矿矿长。新中国成立后，曾任西北石油管理局副局长，青海石油勘探局党委书记、局长，石油科学研究院党委第一书记、院长等职。

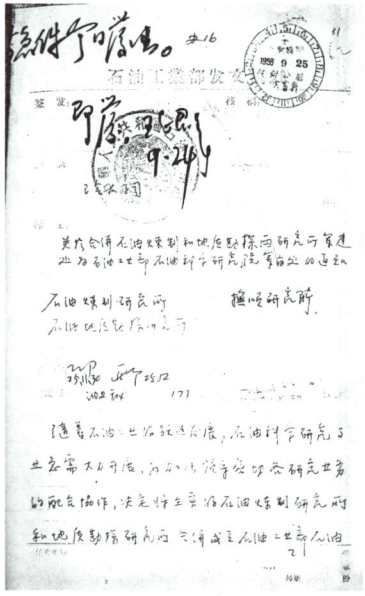
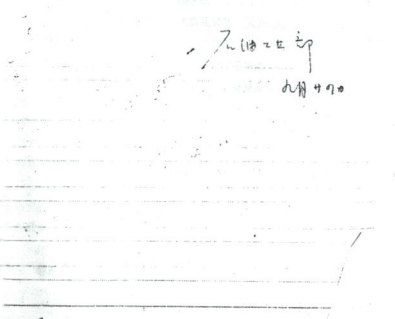

关于合并石油炼制和地质勘探两研究所的筹建处为石油工业部石油科学研究院筹备处的通知
（来源：中国石化石油化工科学研究院）

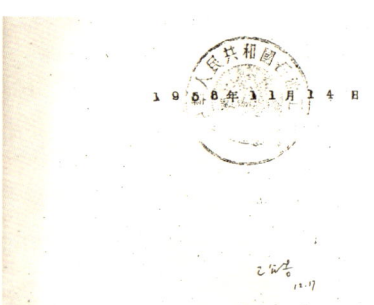

关于正式成立"石油工业部石油科学研究院"的通知

波等为副院长。

石油科学研究院分为石油地质勘探和石油炼制两大部分。侯祥麟负责的石油炼制部分共 8 个研究室，分别是原油评价及喷气燃料研究室、原油加工流程及燃料研究室、润滑油及添加剂研究室、重整工艺及芳烃抽提研究室、催化剂研究室、润滑脂研究室、分析研究室、产品规格及使用试验研究室。林正仙、闵恩泽、陆婉珍等人任研究室主任，林风任副总工程师。侯祥麟到石油科学研究院担任副院长后，他原来主管的石油工业部技术司即行撤销，其全部职能和工作任务转交给石油科学研究院。

军用油品攻坚仗

第一个五年计划时期，苏联和东欧援建了中国 156 项重点工程。其中炼油工业重点工程主要是新建兰州炼油厂和改建抚顺石油二厂。侯祥麟也多次访问苏联，和苏联的科技人员进行技术交流。1954 年 6 月，他和张霖之、刘澜波等人赴捷克斯洛伐克访问。途经莫斯科时，在中国驻苏联大使馆商务参赞刘放的安排下，参观了苏联的一些炼油厂和研究所，对苏联的炼油工业有了初步了解。1957 年 10 月，侯祥麟随郭沫若率领的中国科学院代表团再次访问苏联，并和张大煜一起和苏方洽谈了相关合作项目。

1958 年，炼制所承担的多项军用油脂试制成功。为此，侯祥麟总结军用油品研究取得的阶段性成果，并撰写报告向中央军委报喜。中央军委副主席彭德怀、聂荣臻、叶剑英等领导于 9 月 30 日亲切接见侯祥麟等科研人员，勉励他们再接再厉。

1958 年后，中苏两国分歧日趋增多。为防止事态恶化可能造成的油料"断供"后果，解放军总后勤部根据巩固国防的需要，向石油工业部提出 140 种军用油品订购清单，要求尽快试制生产，防患于未然。接到任务后，侯祥麟立即组织石油科学研究院等单位的精兵强将，集思广益，协同攻关。经过一年的苦战，到 1959 年 11 月共试制成功 102 种油品，成果非常显著，但航空煤油的研制仍未突破。

军用航空燃料主要包括航空汽油和航空煤油。航空汽油作为活塞式航空发动机燃料，在军用直升机和一些小型螺旋桨飞机等机型上应用较多，长期以来一直从苏联进口。1958 年，根据中央军委的要求，侯祥麟带领石油科学研究院的技术人员在小型移动床催化裂化装置上，用克拉玛依原油馏分试制出辛烷值为 87.5 的航空汽油。1960 年，为配合兰州炼油厂移动床催化裂化装置生产，开展航空汽油生产工艺方案研究，试制出完全符合要求的 B-100/130 号航空汽油。后来，又以大庆直馏轻柴油为原料进行移动床催化裂化试验，生产出合格的 95/130 号航空汽油。1964 年，又以大庆、玉门混合柴油为原料进行试制 100 号航空汽油的试验，为生产工厂提供了翔实的技术数据。航空汽油的研制较为顺利，而航空煤油的研制却一直没有取得实质性突破，原因是油品对发动机镍铬合金火焰筒内壁的"烧蚀"问题无法解决。

火焰筒烧蚀外观（来源：《中国喷气燃料》）

1956年8月和1957年1月，我国两次用玉门原油馏分试产仿制苏联TC-1型喷气燃料，生产出凝点和密度都合乎标准的航空煤油。油样送到沈阳飞机发动机厂进行200小时的发动机燃烧试验，煤油推力、热值等参数都符合要求，在场的科研人员十分兴奋，以为大功告成。然而，拆下发动机一看，发现燃烧室镍铬合金火焰筒内壁出现成片麻坑腐蚀，严重的地方竟穿透成孔。这就是多年来困扰中国航空煤油研制的烧蚀问题。这种产品如果应用到军机上，会导致发动机破损，造成机毁人亡的惨剧，因此产品未能正式投用。

航空煤油是喷气式飞机的主要燃料，必须具有良好的燃烧性能、润滑抗磨性、高温稳定性、低温流动性和很高的洁净度。航空煤油是常规军用油品中消耗量最大的品种。1959年国内航空煤油用量近50万吨，全部从苏联进口，所花费用占我国从苏联进口油品支出的一半以上。因此，解决航空煤油国产化的问题意义重大。

屋漏偏逢连夜雨。1959年，中苏关系急剧恶化，从苏联进口的石油产品尤其是军用油品数量锐减，而且质量得不到保证。更加离谱的是，有一次在运抵中国的航空煤油槽车中，竟发现有多只高跟鞋。航空煤油如果断供，空军的飞行训练和战备巡航将被迫中断。一想到中国战机会因缺少燃料无法升空，从中央军委领导、石油工业部领导再到石油科学研究院的侯祥麟等专家都心急如焚。

1960年7月16日，苏联政府照会中国政府，单方面决定撤走苏联援华专家，中止对华所有援助项目。8月16日，聂荣臻副总理在写给余秋里部长的一封亲笔信中说："……航空油料仍完全依赖进口，煤油的技术问题还未解决，汽油只能生产部分型号，润滑油也有不少问题。这些情况使人担心，一旦进口中断，飞机就可能被迫停飞，某些战斗车辆就可能被迫停驶。"要求石油工业部"迅速、切实地解决这些问题"[1]。接到聂荣臻的来信后，余秋里迅速组织相关机构和科研人员加紧研制工作。8月31日，空军后勤部

---

[1] 《余秋里回忆录》，解放军出版社，1996年，第819页。

向中央军委报告：苏联已经取消供给十几个品种的润滑油，没被取消的品种供应量也大大减少。更令人担忧的是国内库存量已经很少，如不迅速找到新的进口渠道或实现自主生产，将会产生严重后果。

此间，余秋里多次找到侯祥麟了解军用油品研制情况。有一次，他语重心长地对侯祥麟讲述这样一件事，有一天，他到军委汇报军用油品的研制生产情况，一位老元帅心情沉重地对余秋里说："'烧蚀'这一关过不去，我们自己的航空煤油一直生产不出来，飞机就上不了天啊！每次我上下班走过天安门时，都觉得抬不起来头啊。"

余秋里给侯祥麟复述这位老元帅的话时，眼睛红红的，声音有些嘶哑。侯祥麟坚定而动情地对余秋里说："老帅抬不起头来，我们更得低着头走路。余部长您放心，我们一定能克服困难，把军用油品研制出来！"侯祥麟说话时，脸上露出了当年在国统区身为地下党员接受组织交付任务时的坚毅神情。

当天回到石油科学研究院，侯祥麟召集参与油品研制的科研人员开会。他激动地说："没有航空煤油，中国军机就上不了天，国家领空的安全就无法得到保证。我们一定要克服困难，早日完成这项任务，抬头挺胸走过天安门！"

探索试验纠歧路

1956年秋，正在苏联全苏石油炼制研究院工作与学习的李秀珍，得知用我国玉门原油试制的仿制苏联 TC-1 型标准航空燃料，在国产 BK-1A 型喷气式发动机 200 小时台架试车时，发生了燃烧室镍铬合金火焰筒内壁的烧蚀问题。同年冬，将烧蚀的火焰筒合金片及玉门航空煤油样品运往苏联莫斯科进行研究。因为国内的航空煤油生产装置，是按照双方签订的合同协助设计和建造的，所以苏联有责任来帮助解决产品质量问题。几经周折，李秀珍来到全苏石油炼制研究院保密的喷气燃料和火箭燃料试制研究及性能测试评定的研究室，发现苏联没有出现类似我国的情况。权威的苏联空军红旗研究所对玉门航空煤油进行试验研究后，提出用水洗燃料和加入亚磷酸三丁酯添加剂的办法。该方法可以减轻燃料的烧蚀程度，但不能完全解决问题。[1] 1957年7月，李秀珍回国三天后，前往位于沈阳的第三机械工业部四一厂，参加玉门航空煤油在苏制BK-1A型喷气式发动机上的第二次台架试车。结果，同样发生了火焰筒的烧蚀问题。这一结果说明，镍铬合金的烧蚀确实是玉门航空煤油引起的。而后，发现用大庆、克拉玛依等多种原油试制的航空煤油，也都对镍铬合金产生烧蚀。这意味着当时的国产航空煤油都不能投入工业应用。

1958年，苏联空军红旗研究所对玉门航空煤油样品进一步化验分析后，认为烧蚀是由灰分腐蚀引起的，建议对油品深度精制，除去引起烧蚀的组分。事实上，这个建议不但没有解决烧蚀问题，反而南辕北辙，误导了我国研究人员，让他们错误地认为国产航空煤油里重金属或硫化物造成烧蚀。但进一步的分析结果证明，国产航空煤油中所含重金属和硫化物均低于国外的航空煤油，这让大家备感意外，开始怀疑是不是其他杂质在"作祟"。此时，参与研制工作的人员仍没有怀疑苏联方面的结论，一如既往地在如何精制提纯上下功夫。

要验证精制提纯后油品的效果，不可能用昂贵的发动机进行试验，只能采用小单管燃烧试验方法进行试验。小单管燃烧试验装置是一种按比例缩小的单管燃烧实验器。侯祥麟先是组织颜志光等人设计了一个简易的喷枪，用喷枪喷烧镍铬合金片的方法来研究烧蚀问题，但试验结果不稳定，重复性较差。实验室采用发动机全尺寸大单管进行模拟，效果较好，但耗油量极大，因此，大单管难以用于燃料燃烧性能研究。后来，侯祥麟根据李秀珍从苏联

---

[1] 李秀珍：《解决国产喷气燃料烧蚀问题的回顾，军事工业·石油（1949—1988）》（内部资料），1993年，第379页。

带回的小单管燃烧评定装置简图，于1959年5月建成我国唯一的小单管评定装置。该装置可用来评定航空煤油的燃料性能，并能与发动机台架试车取得较好的关联。这项发明给国家节约了大量资金，同时也保证了科研工作的顺利进行。

由于小单管燃烧试验需用大功率的空气压缩机供风，耗电量也较大，影响全院正常用电。为避开全院用电高峰，侯祥麟、李秀珍等人在长达2~3年时间内坚持上中班和夜班进行试验，克服了许多生活困难。

试验现场，一位中等身材、梳着齐耳短发的女子就是侯祥麟的夫人李秀珍。作为试验组负责人之一，她和丈夫一样，为了尽快让祖国的战鹰"吃饱喝足"，飞上蓝天，李秀珍和项目组的同志们一起长期在噪声高达100分贝的环境下工作，用分液漏斗等设备精制蒸馏出近1吨油样。一次，在夜班做化学试验时突遇停电，她和同事们只好手动搅拌了几个小时，直至反应周期完成。

试验、失败、再试验、再失败。等待的时间太久，失败的痛苦太多。然而，无情的事实丝毫没有怜悯这群痴于科学研究的人。当被烧蚀成麻点的火焰筒一次次呈现在科研人员面前时，大家都备受打击，但是，他们没有气馁，继续坚持试验。

1960年，除夕之夜，华灯齐放，万家团聚。同志们都在小单管燃烧试验装置上进行玉门航空煤油200小时烧蚀试验。由于试验结果不理想，原本大家期望试验顺利通过后回家过年的愿望完全落空。侯祥麟、李秀珍、林风、杨怡生、詹永厚、冉国朋等人继续坚守工作岗位，投入新的试验。

为了不耽误试验进度，侯祥麟夫妇将两个女儿锁在家里。又是一个通宵达旦！大年初一凌晨，侯祥麟夫妻俩拖着沉重的脚步回家，奔向孩子们。当时，他们的两个女儿，一个两岁多，一个一岁多。他们紧紧地搂着睡梦中的女儿，后悔没有留保姆在家中过年，以方便照看孩子们。正在担心留一个人在家照看孩子会影响试验进度之时，恰巧侯祥麟的外甥来拜年。侯祥麟说："你来得正好，替我们看孩子吧！"夫妻俩说完又返回了实验室。

有一次，余秋里和侯祥麟谈话时说："你再不给我把航空煤油搞出来，我就把你们研究院的牌子倒过来挂！""独臂将军"余秋里挥舞着他的右臂，那严肃的表情无疑是给侯祥麟下达了军令。忆及此事，侯祥麟曾坦言："那个时刻我所承受的压力是前所未有的，哪能顾得了孩子。"

接下来的试验中，侯祥麟有了重大发现：对燃料进行的各种精制均不能消除高温烧蚀，就是说腐蚀不是硫化物或重金属等杂质引起的，而是由烃类本身造成的。某些航空燃料没有引起镍铬合金坑点腐蚀，恰恰是因为燃料中的杂质有抑制腐蚀的作用。这是认识上的重大突破！其意义就在于认清了苏联研究机构给出的油品杂质引起烧蚀的结论是错误的。

航空燃料破围墙

航空煤油"烧蚀"着火焰筒，也"烧蚀"着侯祥麟的心。但他坚信自己和团队一定能够解决这个难题。无数次的挫折和失败，无数次的探索、分析，侯祥麟开始反思整个试验过程。他判断这可能不是一个多么高难的问题，十之八九是研究方向出了问题。

研究过程中，侯祥麟曾专程到沈阳中国科学院金属研究所，就油品对发动机镍铬合金火焰筒内壁的烧蚀问题进行技术交流。参加会议的有金属研究所所长李薰[1]、高温合金组负责人师昌绪等人。但是，侯祥麟想从金属的抗燃烧性上去寻找解决问题思路的想法最终也落空了。这些年来，我国空军一直使用苏联航空煤油，从未出现过烧蚀现象。侯祥麟认为这里一定存在未发现的"秘密"。

在这种情况下，侯祥麟逐步将大家的研究方向转移到添加剂体系的研发上。但是，始终没有认清究竟是燃料中哪种物质对烧蚀起到了抑制作用。协

---

1 李薰（1913—1983），湖南邵阳人。物理冶金学家，中国冶金科技事业的开拓者之一。1955年当选为中国科学院学部委员（院士）。曾任中国科学院副院长等职。

助参加研制工作的兰州化学物理研究所、第三机械工业部等有关部门,选择将很多种添加剂加入航空煤油中进行燃烧试验,但没有发现任何一种添加剂能完全抑制烧蚀问题。

他又组织大家拿国产航空煤油与苏联航空煤油做对比试验。两种油混合后试验,未出现烧蚀现象。这说明苏联航空煤油中含有抑制烧蚀的物质。把两种油所含非烃类化合物进行对比,他发现苏联油样中的氧化物和氮化物含量与国产航空煤油差别不大,但总硫含量却是国产油样的 10 倍。把苏联航空煤油精制脱去胶质后,进行燃烧试验,居然也出现烧蚀现象。其脱去的胶质中含有大量硫化物,而玉门航空煤油的胶质中含硫化合物却少得多。

这些试验终于让侯祥麟意识到,硫化物在航空煤油中起到抑制烧蚀的作用!这是一个大胆的想法,是一个在任何文献里和实验中都没有出现过的观点。于是,在侯祥麟指导下,科研人员用超声波将硫黄粉混入航空煤油中,进行小单管试验,结果没有出现烧蚀现象。大家欣喜若狂,因为他们历经千辛万苦,总算找到了攻克航空煤油烧蚀问题的正确方向。

侯祥麟如释重负,也深深地认识到,在缺乏理论和经验指导的情况下,探索未知的技术领域时,不能囿于权威的结论,一定要解放思想,多一点儿质疑的精神和辩证方法,才能取得成功。

加硫可有效抑制烧蚀,但加入什么类型的硫才经济可行,却是一个不大不小的难题。经过反复试验,侯祥麟与林风得出的结论是,在航空燃料中加入少量以二硫化碳为主的添加剂,就可以对烧蚀起到抑制作用。在此基础上,侯祥麟主持研制了"33 号添加剂"。1960 年底,以 0.1% 用量加入兰州炼油厂用玉门原油生产的航空煤油中,进行发动机台架寿命试验,没有出现火焰筒烧蚀现象。1961 年,独山子炼油厂用新疆原油生产出加有"33 号添加剂"的"1 号喷气燃料",并交付部队使用。至此,这种经济实用、效果良好的"33 号添加剂"被正式用作航空煤油抗烧蚀添加剂。

1962 年初,在沈阳洪武机场,加注新型航空煤油的中国战机试飞效果良好。航空煤油研制取得初步成果。按照当时的惯例,石油科学研究院立即给中央军委发电报报了喜。此时此刻,侯祥麟在心里默默地说:"我们再过天安门,终于可以抬起头来了。我们无愧于党和国家的培养。"

1964年,"33号添加剂"的发明被评为国家级成果。侯祥麟作为第一贡献者,获得国家自然科学发明奖四等奖。同一年,添加了"33号添加剂"的航空煤油(-60℃)获全国工业新产品一等奖。在外汇紧缺、工业落后的年代,航空煤油的研发为国家每年节约外汇上亿美元!而侯祥麟却因四处奔波,染上了肝炎,加之劳累过度住进了医院。

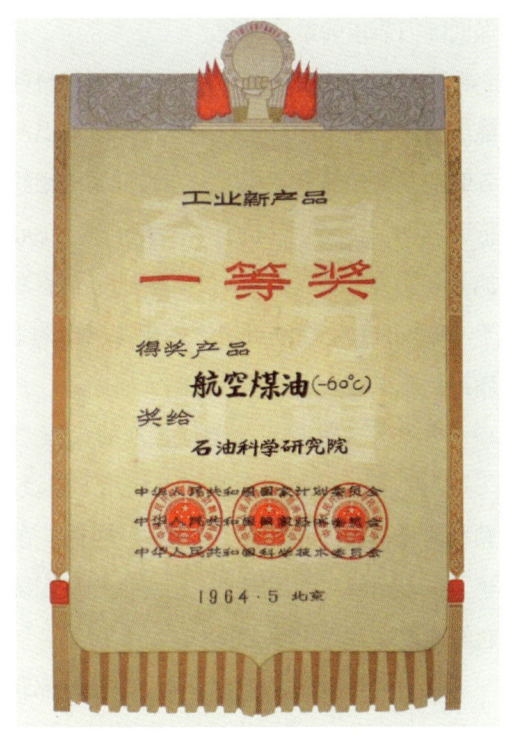

1964年航空煤油(-60℃)获全国工业新产品一等奖

两剂燃料济世强

汪燮卿院士讲述
侯祥麟事迹

"1号喷气燃料"的成功研制,解决了中国军机急需的航空燃料"卡脖子"问题。由于这些航空煤油是按照苏联 TC-1 标准生产的,所以其结晶点不能高于 -60℃。这大大限制了用大庆石蜡基原油生产喷气燃料的产量。开发适合大庆原油特点的航空煤油新品种,成为当时扩大我国航空煤油产量、保证国内需求的紧迫课题。

为了解决这个问题，空军后勤部油料部和石油科学研究院联合成立了测温小组，进行了军机飞行中燃油系统油温测量，并同步调查、测定我国北方各航空基地地面最低温度。在侯祥麟的组织下，石油科学研究院对航空煤油低温流动性、泵送性进行了反复测试。1961年7月和1962年1月，在广东汕头和黑龙江齐齐哈尔、嫩江地区进行飞行油温测量，得出"结晶点不高于-50℃的航空煤油可用于松花江以南的地区"的结论，为生产"2号喷气燃料"航空煤油（-50°）提供了依据。

1962年，大连石油七厂生产的大庆"2号喷气燃料"通过了试车、试飞鉴定，不久后开始正式投入使用。但没想到的是，1963年7月，空军后勤部油料部反馈，大庆"2号喷气燃料"在储存过程中与铜接触时变成浅黄色。空军部门对使用国产航空煤油出现了疑虑，要求石油科学研究院解释变色的原因，并提出解决的办法。

石油科学研究院和空军后勤部油料部联合组成调查组，在侯祥麟直接领导下，定点对国产喷气燃料外场使用进行蹲点调查和跟踪调查。石油科学研究院重点针对喷气燃料对某些金属材料及橡胶的作用、与铜接触变黄等问题开展研究。

侯祥麟指出，想要提出解决问题的研究方案，首先要想办法模拟产生变色的过程，然后把这种黄色物质浓缩出来进行化验分析。汪燮卿[1]等人用了几十个三角烧瓶装油品，又用砂纸把铜片抛光后放到试验油中，在不同温度、湿度和时间条件下做模拟试验。试验发现，油品的颜色果然变黄了。但无论油品储存多长时间，滤纸上除一层浅黄色的痕迹外，根本无法得到黄色固体粉末。

侯祥麟与科研人员讨论后分析认为，由于油品数量太少、浓度太低，

---

[1] 汪燮卿（1933— ），浙江龙游人。我国石油炼制及分析化学专家，中国工程院院士，开辟了以重质油为原料生产轻质烯烃和高质量汽油的技术路线，率先主持开发催化裂解（DCC）技术、催化裂化多产液化气和汽油（MGG）技术。

而无法取得固体的染料样品。在这种情况下,他们采用了另外一种模拟方法——实际上是"反推法",即在油品中加入某种类似的黄色染料,而这种黄色染料的组成与油品的组成和铜材料有一定关联。通过对航空煤油组分进行分析,发现油品中的氮化物主要是碱性氮化物吡啶类和中性氮化物吡咯类,其中吡咯类化合物可与铜离子形成黄色的络合物。这一发现,为分析航空煤油的变色原因找到了初步依据。

1990年5月24日,侯祥麟(右)与汪燮卿(左)在浙江绍兴东湖

根据这个结论,侯祥麟等人提出了避免航空煤油在储存过程中变色的条件,即储存航空煤油应尽可能避免与铜接触,避免温度过高,避免有游离水。这些建议被空军后勤部油料部采纳后,解决了油品变色发黄的问题。

经过两年的工作,无论是外场的使用调查,还是实验室研究,均表明国产"2号喷气燃料"的质量不低于苏联TC-1标准航空煤油,完全可以满足使用要求。

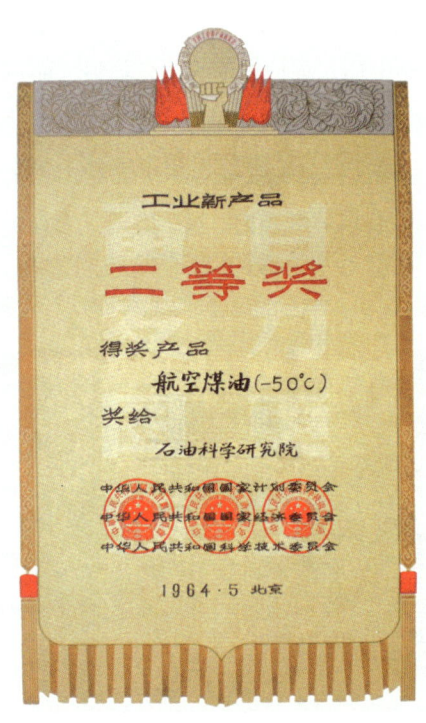

1964年航空煤油（-50℃）获全国工业新产品二等奖

"2号喷气燃料"的成功试制，使得我国航空煤油产量迅速增加，为保障国防需求作出了重大贡献。1964年5月，航空煤油（-50℃）被评为全国工业新产品二等奖。1965年6月28日，国产航空油料鉴定委员会向薄一波、罗瑞卿副总理报告：国产航空煤油的质量已经过关。数量除能满足需要外，还能储备一些。从此，我国不再进口航空煤油，实现了自给自足的目标。[1]

国产航空煤油的突破和发展，不仅满足了国防建设的需要，也为民用航空领域使用国产航空煤油创造了条件。1965年，为了证明国产航空煤油在民航飞机上使用的安全性，北京民航管理局组织石油工业部机关有关负责人、石油科学研究院主要科研人员和生产厂有关负责人共20多人，乘坐使用国产航空煤油的伊尔-18客机进行首次载人试航。这次为时3天、航程数千公里的试航取得圆满成功。从此，中国民航客机也开始使用国产航空煤油。

---

1 《余秋里回忆录》，解放军出版社，1996年，第823页。

第三章 "两弹一星"神助攻

新中国成立之初,曾经多次受到核大国的核威胁。在这种情况下,核弹(原子弹和氢弹)、导弹和人造卫星成为保家卫国的重要利器。"两弹一星"需要特种金属等多种新型材料,同样也离不开燃料油品和润滑油品。侯祥麟等人当时接受的任务是研制"两弹一星"所需的全氟碳油等系列油品,责任重大。

"两弹一星"决策出

1958年8月23日,福建前线,万炮齐发,轰击金门。与此同时,一百架战机飞临金门上空掌握了制空权。这次行动向全世界展示了中国守卫国家领土完整的信心和决心。9月4日,美国国务卿杜勒斯在美国新港发表声明说:"中共一旦发动进攻,美国将使用原子武器,轰炸大陆机场!"这是美国第三次向我国挥舞核大棒。多年后,美国一批解密的文件证实,20世纪五六十年代,在抗美援朝、台湾海峡危机、抗美援越战争中,美国都认真考虑过对中国实施核打击。

在遭到核威胁的同时,新中国还面临着西方列强的军事威胁。朝鲜战争期间,中国军队在军事装备上的落后显而易见,引起了国家高层领导人对军事工业发展方向的思考。在苏联大力援助中国之际,国家高层领导人的想法是,我们国家很大,不可能靠购买武器来支撑国防。从科学发展的趋势来看,技术越发展,保密性也越强。唯一的出路是借鉴外国先进技术和经验,走自己研制的道路。

1949年,苏联成功试爆第一颗原子弹,并于1953年又成功试爆氢弹,成为继美国之后世界上第二个成功掌握核弹研发和生产技术的国家。按照中国和苏联签署的《中苏国防新技术协定》，苏联应当向中国分享核武器的研发技术、材料和工业体系。因此，在苏联的帮助下，中国迈出了核武器研究的步伐。

毛泽东主席是中国研制原子弹的最重要决策者。他在1950年初访问苏联期间，曾经受邀观看苏联原子弹试验纪录片。归国后他说："这次到苏联，开眼界哩！看来原子弹能吓唬不少人。美国有了，苏联也有了，我们也可以搞一点嘛！"[1]

渴望中国拥有原子弹的并不只是国家领袖。1953年，中国科学院物理研究所所长钱三强，向中央提出了发展原子能事业的建议。该建议受到中央的高度重视。

1954年，地质部在广西发现了储量较可观的铀矿资源。苏联的援助和国内铀矿的发现，给了中国发展原子弹的信心。1955年1月15日，毛泽东主持召开中央书记处扩大会议，在听取李四光、钱三强等科学家关于发展原子弹的汇报后，做出创建原子能事业的战略决策。随后，苏联部长会议于1月17日发表声明，宣布苏联政府已经决定在促进原子能和平用途的研究方面，给予中国等国以科学、技术和工业上的帮助。

1956年4月，毛泽东指出，我们不但要有更多的飞机和大炮，而且还要有原子弹；在今天的世界上，我们要不受人家欺负，就不能没有这个东西。1958年5月27日，中央军委在北京召开的扩大会议上，毛泽东正式提出了研制、试验核武器的任务。从此，在中共中央、国务院的统一领导下，我国开始了原子弹的研制工作。

1958年9月，苏联援建的7000千瓦实验性重水反应堆和1.2米直径的回旋加速器在北京建成。10月，国防部航空工业委员会改组为国防部国防科学技术委员会（以下简称国防科委）。聂荣臻任国防科委主任，陈赓任副主任，万毅、刘亚楼、钱学森等22人任委员。不久，在聂荣臻领导下，又成立了导弹研究院和原子能研究设计院。钱学森、钱三强、王淦昌和郭永怀

---

[1]《叶子龙回忆录》，中央文献出版社，2000年，第186页。

等科学家成为这两大研究院的科研主力。自此,"两弹一星"的研制拉开了序幕。

但中国的原子弹试验并不顺利。20 世纪 60 年代初期,中国和苏联的外交关系因多种原因而急剧恶化。最终苏联单方面撕毁合约,并且撤走一切资料和专家,终止对中国的技术和工业援助。在苏联和国际社会均认为中国不得不放弃原子弹的研制时,中国却毅然决然地走上了独立自主研发之路。

研制原子弹、导弹是一项十分宏大的系统工程,是近代各项科学技术成果的高度结晶。它涉及方案理论研究、铀矿资源勘查和开采、高浓缩铀和核部件的生产、核武器试验、武器化的定型生产以及原子弹和导弹的兼容性等众多专业内容,其复杂性几乎牵涉国民经济所有生产部门和技术领域。

按照当时中国的工业体系状况,这些研究工作不可能由导弹研究院等几个部门独立完成,必须组织全国有关研究机构进行大协作。因此,大量课题被分配到中国科学院、各工业部门、各地方研究机构和高等院校,从而带动了一大批学科的发展,推动了我国科研事业的进步。资料显示,先后有 20 个省(自治区、直辖市),26 个部(院)和中国人民解放军有关单位的大量科学家和工程技术专家参加攻关会战。

1958 年 12 月 15 日至 1959 年 1 月 6 日,国家科学技术委员会(以下简称国家科委)科技规划会议在上海召开,重点讨论如何发展尖端武器的问题。主抓"两弹一星"的聂荣臻副总理在会上做报告之后,第三机械工业部部长宋任穷报告了发展原子弹方面的问题,以及找铀和筹备生产浓缩铀等方面的情况。中国科学院党组书记张劲夫提出发展人造卫星和火箭问题,要求早日实现卫星上天的目标。

侯祥麟代表石油工业部出席此次会议。几位领导的讲话使他了解了发展"两弹一星"对于国防建设的迫切性。明确认识到在解决常规武器需用油品的同时,尖端武器所需各种油品的研制必须尽快提上日程。作为一名中共党员,他一直盼望着中国的崛起与强大。如今,有机会助力原子弹研制,让国家走向军事强国，他深感责无旁贷。

原子弹是新式武器，需要用到特种金属、特种油品等多种新型材料。侯祥麟等人当时接受的任务是研制原子弹、导弹所需的油品。

全力攻克新材料

1959 年，军工部门领导层经过深思熟虑，认为中国武器装备科学研究方面的薄弱环节是新型原材料、精密仪器仪表和大型设备等几个方面。这些环节已成为发展尖端技术的主要障碍。如果没有各种耐高温材料、高能燃料和许多性能不同的特种材料，不仅"两弹一星"过不了关，军用、民用的大量电子元器件、精密仪器仪表等的研制也都难以取得较大进展。

在这种情况下，1959 年上半年，聂荣臻副总理向中央军委和党中央先后呈送了《关于在 1962 年左右基本解决新技术所需材料问题的报告》，建议在原材料方面，及早拟定金属和非金属材料研发生产规划。同年 7 月，毛泽东主席对聂荣臻关于组织各有关部门研制新型材料的建议作了"是一个重要建议，应当予以处理"的批示。中共中央在批转这一文件时再次指出，国防工业和尖端技术的发展一定要立足于本国原料、材料，必须下决心不失时机地解决这一问题。

1959 年 11 月，就新型原材料的生产试制问题，聂荣臻邀请有关部门负责同志开会。会议初步议定了两项任务：一是成立由国家科委牵头的新技术材料小组，成员由冶金、化工、石油、轻工等各部门掌管新技术工作的负责人组成；负责提出新型材料要求，安排科学研究、中间工厂试制和工业化生产。二是当前解决新型材料问题的关键，在于尽快纳入国民经济计划，在计划中排上队，以便尽快研究、试制或生产。随后，新技术材料小组向各单位提出了约 5600 种新型材料的生产或研究试制任务。

参加此次会议的国防科委副主任刘西尧于1959年11月10日组织召开会议，传达聂荣臻的意见，要求参会的七大部委均成立由一名副部长负责的新型材料领导小组，并指定各部的一名副局（院）长为联系人参加国家科委的会议。石油科学研究院是承担军工科研任务的单位之一。石油工业部决定由石油科学研究院副院长侯祥麟负责此项工作。因要求严格保密，研究院其他领导同志只知有此事，而不知其详，基层科技人员对此事更是一无所知。

1960年1月，石油工业部正式下发文件，宣布石油工业部新型材料领导小组成立。供应局局长董汉炳任组长、侯祥麟任副组长，成员有办公厅主任王志群、计划局局长刘康等人。小组主要负责动员各方面力量支持新型材料科研试制、生产、基建等工作。新型材料办公室设在石油科学研究院院内，作为具体联系、协调、服务等工作的场所。

作为副组长和一名炼油工程与技术专家，侯祥麟责无旁贷地承担起了科研和生产任务。石油工业部负责的油品虽然不是原子弹、导弹的主要部件，但是如果其中的一种油品不过关，原子弹就无法爆炸，导弹就不能上天。他知道石油科学研究院的任务不可替代，更知道自己的责任重大。作为一名老党员，他有条不紊地指挥石油科学研究院进行原子弹所需油品的研制工作。

在石油工业部的支持下，侯祥麟主持进行规模性的基础建设工作。石油科学研究院在20世纪50年代完成建院初期规划的基建项目以后，基本建设工作几乎停滞。要在短时间内完成多种产品的研制和生产供应，按正常流程是无法实现的。侯祥麟提出边建设、边生产、边研制的建议，力争做到多条战线齐头并进。该建议得到石油工业部党组的支持。

为按时完成科研任务，侯祥麟首先进行科室配置和人员调整，增加第三研究室的合成油组和添加剂组的力量，集中优势力量进行攻关；成立第十研究室，负责各类合成油的研制。1960年末，从第一至第九研究室抽调100多名年轻技术骨干，以增强第十研究室的科研力量，丰富航空煤油、合成油、润滑脂和添加剂等研制、测试、评定手段。1962年12月，他把燃料油和润滑油脂项目从第十研究室中分出,成立第十一研究室和第十二研究室。第十一研究室为航空煤油研究室。侯祥麟的爱人李秀珍在这个室的二组任组长。第十二研究室为合成润滑油脂研究室。

着力提升科研硬件设施,也是侯祥麟的重要工作内容之一。1962年,建成了专门用于军工产品科研、试制和生产的石油科学研究院东区的六幢科研楼和中型厂房,同时还建成了西区的润滑脂厂房、催化剂厂房、产品性能评定厂房和两座器材仓库用房。这些设施大大改善了科研、工作环境,为按时完成军用油品的研制创造了条件。"两弹一星"所需各种特殊油品的研制,全部是在这些新建的实验室和厂房内完成的。

从1963年起,新型材料研发的人员和设备搬迁到石油科学研究院的东区。东区六幢科研楼的建成,很好地贯彻了侯祥麟对军工油品生产管理的布局:东一楼是合成硅油的中试生产车间,东二楼是合成酯类油的中试生产车间,东三楼是航空煤油和合成润滑材料的研究大楼,东四楼是航空发动机台架评定燃烧试验厂房,东五楼是氟油研究和生产大楼,东六楼是航空煤油制备和生产车间。

1965年8月,为适应新的科研形势需要,新型材料研究部门从第十一、第十二2个研究室扩编成5个研究室。从第十一至第十五研究室分别为新型燃料研究室、合成油及添加剂研究室、特种润滑脂研究室、喷气燃料与特种润滑剂分析测试和评定室、特种润滑油(氟油)研究室。这些科室先后云集了中国炼油工业中一些顶尖的科学家,如闵恩泽、陆婉珍和汪燮卿等。

另外一项工作是建立油品质量标准。在任务紧急、要求不十分明确的情况下,侯祥麟十分清醒地认识到,再紧再急也要保证油品质量,这样才能保证原子弹、导弹和卫星用上石油科学研究院的润滑油后安全升空。因此组建了产品规格研究室,进行石油产品规格、产品质量检验方法和产品使用性能试验,并开展石油产品性能和规格标准研究。当时采用的产品规范和试验方法,主要参照苏联的相关标准和方法。在油品评定方面也参考了一些英国、美国的方法。石油科学研究院结合我国实际情况，建立符合国情并与国际标准接轨的评定方法。1963 年，国家科委指定石油科学研究院为国家标准化核心机构之一，负责石油产品及制备方法标准化工作。石油科学研究院还受石油工业部委托，承担石油产品性能评定仲裁中心的职能。到 1965 年，已建立 78 个国家标准和 64 个部颁标准。

1963 年 5 月，侯祥麟在为石油科学研究院起草的《1960—1962 年新型材料研究试制任务完成情况》报告中说，石油科学研究院正式承担项目 45 项，至 1962 年末，已研究试制成功并鉴定为可用而进行生产的有 24 项，已试制出符合要求的样品交予使用部门鉴定的有 15 项。以上两项占计划承担项目的 87%，取得十分可喜的阶段性成果。

全氟碳油汇众智

铀是制造核武器的主要原料，而氟油是铀分离过程中不可缺少的润滑材料。美国为了研制原子弹，首先在第二次世界大战期间研制了氟油。随后，苏联也开展了氟油的研究工作，取得较大的进展。到 20 世纪 60 年代，因涉及核武器的研究，氟油的制备技术在世界范围内一直处于绝密状态。

中国在原子弹研制初期，苏联曾提供过这种油品。其名称并非氟油，而是被称作"KC"。1959 年冬，侯祥麟作为观察员参加了在莫斯科召开的东欧国家技术合作组织会议。会议期间，他曾向苏方询问这种油的化学成分和结构。苏方高层的回答是一种塑料。作为炼油专家，侯祥麟知道苏方专家不肯透露技术机密。当时，侯祥麟已经下定决心，一定要尽早揭开这个秘密的真相。

20 世纪 50 年代后期，我国曾在苏联援助下建设了铀浓缩工厂。铀分离机组和仪表用特种润滑油脂全部由苏联供应。1959 年，在原子弹研制过程中，第二机械工业部向石油工业部提出研制铀分离机组和仪表用特种润滑油脂的要求。当时只简单说明"能耐元素氟的腐蚀，分离铀过程用"，没有任何技术指标及性能的具体要求。第二机械工业部曾在1960年向石油科学研究院送交过极少量的国外产品样品，但对油品制备的工艺技术和设备条件一无所知。

这是一项没有任何技术指标和性能要求的任务，其难度可想而知。氟油等石油尖端产品的质量要求很高，既要有良好的黏温性能、高温稳定性、低温流动性，又要能抗高负荷、高真空、高辐射，以及抗强氧化剂等化学介质的腐蚀。绝大多数产品无法单用天然石油生产，必须靠化学合成的特殊方法制取基础油以后，再加入多种不同的添加剂才能生产出来。这些产品的生产技术和工艺在每个国家都是高度机密。再加上当时世界强国对中国实行技术封锁，所以从接受任务时就注定一切都是从零做起。

1960年1月，国家科委预料苏联有停止供应氟油的可能，要求石油工业部加快研制步伐。果不其然，1960年夏，苏联停止对我国铀浓缩工厂供应润滑油脂。工厂面临停工的危险！国家科委再一次要求石油工业部加快研制工作。7月，进一步明确了研制工作的具体要求，就是要研制三种全氟碳油，即后来研制成功的4851号、4852号、4853号三种氟油。技术要求是必须能耐六氟化铀，以保证铀分离设备的轴承和仪表能长时间正常运行。

多年以后，在回忆这段往事时，侯祥麟说，他碰到的第一个硬骨头是用于浓缩铀工厂气体扩散机组的耐六氟化铀的三种润滑油。开始，只有任务，没有任何资料和样品，只能做一些文献查阅工作。后来苏联专家撤走，第二机械工业部从扩散机中取出少量样品，分别由石油科学研究院和上海有机化学研究所进行剖析，才确定以全氟碳油为主攻方向。

全氟碳油是含氟油品的第一代系列产品，主要生产过程有气相制粗氟碳油、液相制粗氟碳蜡等八个步骤，十分复杂。为了解决技术攻关中遇到的难题，1960年底，国家科委召开了第一次氟油研制协调会，决定由石油科学研究院等单位进行试制研究，原子能研究所承担样品分析、稳定性试验和使用研究。

在仅得到少量油样，不清楚其所含元素和分子结构，没有参考技术资料的情况下，侯祥麟组织陆婉珍、沈志鸿等科研人员，利用石油科学研究院较先进的仪器和分析方法对油样进行分析研究。在得到各类数据的情况下，侯祥麟便与总工程师林风及青年科技人员卢成锹、高清岚等一起探讨，确定了研制这些油品的技术路线、产品配方、添加剂和试验方案。

过去大多数科研人员都是从事天然油润滑材料研制工作的，对合成润滑剂涉猎较少。针对这种情况，侯祥麟集中了100多名青年研究人员，组成若干课题组进行技术培训。还让经验较为丰富、外文水平较高的研究人员，尽量收集有关资料、文献，供大家阅读。选择重要部分翻译成中文，使不懂外

青年研究人员技术培训（来源：中国石化石油化工科学研究院）

文的科研人员也能学习。经过刻苦学习，大家对适合做合成润滑材料的化合物，如硅油、氟碳化合物、脂类油及添加剂等的合成途径有了进一步了解。

侯祥麟带领石油科学研究院的技术人员自行设计、制作专用的电解槽、反应器等设备。经过反复筛选，他们找到了国内易得的氟化剂，并考察了各种反应条件、精制方法对收率和质量的影响，还就原料、半成品性质对最终产品性能的影响进行大量的分析对比研究。这为在实验室试制出合格的氟油产品找到了路径与方法。

这段时间，侯祥麟几乎没有节假日，每天都亲临现场，指导攻克一道道技术难关。就这样，在他和总工程师林风、项目带头人高清岚及科研人员共同努力下，石油科学研究院初步研制成功三种全氟碳油。经过中间试验，1964 年 4 月开始向第二机械工业部批量供货，满足了铀浓缩机组对氟油的急需，使铀浓缩生产顺利进行，为当年 10 月 16 日中国第一颗原子弹爆炸成功作出了重大贡献。

当时，新的实验室仍在建设之中，一切科研工作都在旧的平房中进行，条件简陋，没有完善的劳动保护设施，难免会导致一些同志中毒受伤。而且国家正处于困难时期，物资紧缺，科研人员常常在吃不饱的情况下，

《人民日报》报道《我国第一颗原子弹爆炸成功》

长时间超负荷在实验室、现场工作。在如此艰苦的条件下，全体研究人员在侯祥麟带领下，发扬爱国主义精神，不怕苦、不怕累，日夜奋战，终于取得成功。听到喜讯后，石油工业部部长余秋里很高兴，说："你们条件那么差，经过几个阶段的试验、研究，终于能给第二机械工业部提供氟油了，这是我们的一大胜利。"

在石油科学研究院进行实验室研究的同时，侯祥麟提出尽快建立生产工厂，以满足我国核工业的急切需求。1962年1月，上级部门根据侯祥麟的建议，将北京煤炼油示范厂划归石油工业部，并改建为生产新型材料的621厂。到1965年，621厂含氟油脂的生产能力达到并超过了设计水平，生产成本也大幅度下降。621厂也成为我国自行研究、设计和建设的第一个核工业专用油脂生产基地。

1965年，石油科学研究院开发的"气相法制造全氟油"获国家发明奖。1985年，中国石油化工总公司和核工业部对4851号、4852号、4853号三种氟油进行鉴定，认为"在非常困难的条件下，在较短的时间内研制出了全氟碳油系列产品，并投入批量生产，提供高质量的产品，使我国成为少数几个能生产全氟碳油的国家之一，满足了国家急需，为打破国外的核垄断、发展原子能工业作出重大贡献"。专

"气相法制造全氟油"获国家发明奖证书

家们对产品质量给予很高评价:"产品全项性能均达到了进口油质量水平,特别是一些关键技术指标和性能,超过了进口油。"[1]

特需油品再攻关

侯祥麟领衔研制的航空油品等特需油品,主要为飞机、原子弹、导弹、火箭和卫星用的滑润油、仪表油等,绝大部分为合成油。其中导弹用油研制较早,也占有很大比例。

20世纪50年代末,我国开始着手导弹研制。导弹研制部门最先向石油工业部提出的配套油料,是按苏联规格制造的9种系列润滑油脂、特211号润滑脂和特1号舵机液压油。其中的许多品种,既可用于导弹,又可用于新型飞机,都以合成硅油为原料。

石油工业部把研制任务交给石油科学研究院。1960年,侯祥麟根据有关部委的要求开始领导相关人员着手研制,围绕各种硅油、酯类油的合成研究和抗氧抗磨等添加剂制备及配方研究做了大量工作。针对使用单位所需产品的性能要求,采取了不同的解决办法。对已有样品的油品,首先进行分析研究,然后采用合成、混兑的方法试制,并加入添加剂,使生产的新油品与样品性能完全相同。对无样品但有明确规格标准的油品,则研制、选择合乎要求的化合物及添加剂配制产品。对无样品也无规格标准的油品,则根据产品使用部位、环境和条件制定临时标准,先制备样品,然后进行使用试验,再根据试验结果修订标准,最后进行改进试制……反复多次,直到研制的样品完全满足用户要求后,才将规格标准确定下来。1962年,侯祥麟率领有关人员研制成功了这些精密仪表润滑油和润滑脂。这些产品的质量性能与苏联同类产品相当,分别用于导弹仪表和飞机特种设备仪表或辅机。

---

[1]《中国石化长城高级润滑油公司志(1958—1996)》(内部资料),1996年,第58页。

1964年11月，根据国防部第五研究院的要求，侯祥麟领导科研人员试生产出1号合成齿轮油。国防部第五研究院认为，试制的1号合成齿轮油完全符合技术要求。至此，东风一号和东风二号导弹所需油料得到解决。

1965年4月，为了进一步满足我国发展新型地地导弹的要求，石油工业部甘宁、侯祥麟和第七机械工业部的有关领导共同商讨决定，由石油科学研究院承担有关润滑油脂研究和生产的全部工作。石油科学研究院承担试制3D液压油等12种产品，规定了研制进度，以满足东风三号、东风四号和东风五号等型号导弹的需要。

由于这些型号产品为我国自行设计的新型号，缺乏参考资料，使用单位对油脂的要求提不出具体指标，只能由研制单位与使用单位根据使用条件商定一个初步指标，然后进行试制。这些任务要求急、难度大，除一项是现成产品外，其他均要按照使用要求试制。为此，侯祥麟从各研究室抽调技术力量，交由高清岚指挥。1965年8月底，在有关院所的密切配合下，完成了14项配套油料研制任务中的11项，其中7项通过技术鉴定、4项进行使用试验，满足了导弹的研制需要。

1966年，侯祥麟带领有关研究人员升级东风三号、东风四号所需耐偏二甲肼和红色发烟硝酸的阻尼脂，成功研制了7804号脂和7805号脂，从而保障东风三号和东风四号发射成功。

1971年8月，在"五七"干校生活近两年的侯祥麟回到北京。此后，石油科学研究院拆分为石油化工科学研究院和石油勘探开发规划研究院。侯祥麟先后担任石油化工科学研究院副院长、院长。在此期间，他继续领导开展氟氯碳油的研制，利用直接氟化工艺试制出多种型号的氟氯碳油，以此取代4851号、4853号全氟碳油。1973年，他又领导宋启宏等人在实验室研究基础上，研制出全氟异丙醚系列产品。全氟异丙醚油脂相当于美国、苏联同类导弹和运载火箭所用润滑剂的水平，用于东风五号导弹和长征二号、三号、四号等卫星运载火箭发动机的润滑密封。它们的成功研制和投入使用，填补了国内空白。

从全氟润滑油到新型地地导弹和远程导弹所需的各类润滑油,侯祥麟等人圆满地完成了战略武器及火箭所需的专用油脂的研制任务。1987年6月,石油化工科学研究院因此获得了国家科技进步奖特等奖。

我国合成润滑油脂的科学研究,从无到有,不断完善,攻关研制成功了酯类、聚 α- 烯烃、烷基苯、聚烷醚、磷酸酯、硅油、硅酸酯、含氟润滑油、合成环烷烃等9大类合成油。产品质量基本达到国外同类产品的先进水平。同时,建立起一套研究、生产和评定体系,为今后研制和发展合成油脂新品种及其推广应用打下了良好的基础。

第四章 "五朵金花"绽炼塔

李大东院士讲述
侯祥麟事迹

提起中国炼油工业的发展历史,"五朵金花"立下的汗马功劳不容忽视。但很多人可能会有疑问,当时的中国炼油工业为什么盛开的金花是五朵,而不是四朵、六朵?鲜有人知的是,"五朵金花"的盛开,作为石油科学研究院主管炼油技术的副院长侯祥麟,功不可没。

花开五朵出香山

新中国成立之初,全国在玉门、延长、独山子、大连和锦西共有5个天然原油加工厂,原油年加工能力仅为17万吨,石油产品只有12种。国内的炼化技术只能生产56号汽油,而无法生产乙烯等石化产品。石油产品无论在数量上,还是在质量和品种上,都无法满足国内需求。我国的炼油工业被外国人讥笑为"小茶壶"式炼油。

1959年,发现大庆油田后,中国原油产量猛增,炼化行业进入发展快车道。以大庆原油为代表的国产原油,轻质油馏分少,汽油馏分辛烷值低,石蜡含量高。要多产汽柴油和润滑油就必须经过催化裂化、深度脱蜡等工序,才能更好地利用石油资源。当时,中国的炼油工艺相当于西方国家20世纪二三十年代的水平,二次加工能力严重不足。如果不迅速采用先进适用的新工艺,中国的石油炼制工业将长期陷于被动局面。

1961年9月,根据石油工业部副部长孙敬文的建议,石油工业部派出以基建司总工程师敖明模为组长、生产技术司副总工程师何振鹏等组成的专家考察组,到国外考察,收集整理炼油厂新型常减压蒸馏、流化催化裂化和铂重整等装置的技术资料。同时,又派出以石油工业部抚顺设计院副总工程师陈俊武为组长的考察组，考察国外炼油厂延迟焦化装置，基本上弄清了水力除焦系统的关键设备及操作情况。

两个考察组回国后，石油工业部领导听取了他们的汇报。1961年11月28日至12月2日，石油工业部副部长李人俊、孙敬文组织召开了技术座谈会。会议由考察组介绍出国考察的情况，重点分析、对比了国外炼油厂常减压蒸馏和流化催化裂化装置的设计和技术资料。石油工业部对国外的技术水平有了比较清晰的了解，也看到了与国外先进炼油技术的差距。

1962年初，石油工业部在香山召开科技座谈会。这次会议后来被称为"香山会议"。会议由主管炼油工作的副部长刘放主持。侯祥麟也参加了会议，和全国炼油领域的专家共同商讨如何发展炼油技术。会议决定集中各方面的技术力量，独立自主地开发炼油新工艺、新技术。最终确定研发流化催化裂化、催化重整、延迟焦化、尿素脱蜡及相关的催化剂、添加剂五个方面的工艺技术。当时正上映电影《五朵金花》，该电影主要讲述的是五位美丽、勤劳的姑娘。在刘放副部长的提议下，石油工业部把这五个方面的工艺技术形象地比喻为"五朵金花"。

这次会议能够确定"五朵金花"的具体内容，并不容易。作为石油科学研究院主管炼油技术的副院长和这几项炼油技术攻关的领导者，侯祥麟的意见起到了决定性作用。他在会上和设计科研人员对国内外炼油技术状况进行了对比、分析，指出除流化催化裂化和延迟焦化外，国际上比较先进的炼油装置还有催化重整和尿素脱蜡。[1]

从重要性来说，"五朵金花"中排在第一位的是流化催化裂化。流化催化裂化是以重质油为原料生产轻质油的工艺技术。利用该技术可将大庆原油中的重质蜡转化为比较轻质的汽油和柴油，解决了当时炼油工业的燃眉之急。

第二朵"金花"是催化重整。催化重整是在催化剂条件下，将轻汽油或

---

[1] 《孙敬文传》，石油工业出版社，1999年，第171页。

汽油中的部分组分转化为芳烃，既可作为高辛烷值汽油组分，又可作为化工原料。以铂为催化剂的催化重整也称为铂重整。由于中国不产铂，该技术是否列入重点开发项目，出现了不同意见。在侯祥麟的坚持下，铂重整最终得以进入"五朵金花"之列。后来铂重整对中国炼油工业起到了巨大作用，再次证明了侯祥麟的远见卓识。

第三朵"金花"是尿素脱蜡。因缺乏工业化的技术基础，生产低凝点油品的尿素脱蜡也引起了很大争论。当时国家急需低凝点的航空燃料油，而使用大庆原油只能生产凝点 -50 ℃左右的航空煤油。要生产凝点 -60 ℃左右的航空煤油必须进一步脱蜡。而尿素脱蜡是当时唯一的途径。正在配合军工部门进行航空燃料油研制的侯祥麟，讲清了这一原因。与会专家也纷纷表示赞同。

第四朵"金花"是延迟焦化。延迟焦化也是将重质油转变为轻质油的技术，是否应入选也争论得十分激烈。20 世纪四五十年代，延迟焦化在美国出现。到了 60 年代，流化焦化成为当时的最新技术。因此，大部分人建议采用流化焦化。但流化焦化要求原油焦炭含量高，采用大型装置和大的生产规模才会收到良好的经济效益。而我国炼油厂规模小，且大庆原油焦炭含量低，不能为反应提供足够的热量。因此，侯祥麟认为采用延迟焦化比较科学，适合中国国情。针对他的意见，大家经过认真研讨，最终确定了走延迟焦化的路线。

第五朵"金花"是催化剂和添加剂。催化剂是炼油工艺技术发展的主要条件，而添加剂则与石油产品质量密切相关。当时，炼油工业已经对"两剂"进行重点研究，并取得了卓有成效的进展。因此，"两剂"被列入"金花"是理所当然的。

"五朵金花"计划的实施，需要科研、基建、制造等各方面的配合，是一项系统性的社会工程。"香山会议"后，石油工业部迅速成立了炼油厂新技术核心领导小组，由孙晓风任组长，张定一任副组长，侯祥麟等为成员，统一负责规划和组织炼油新技术的开发应用工作。核心领导小组的成员主要包括石油工业部计划司、基建司、制造司等部门的领导。侯祥麟作为主管科研工作的领导和专家负责组织这场炼油技术攻关，肩上的担子自然更加沉重。

"五朵金花"项目确立后，石油工业部和国家科委于 1962 年 12 月制定《1963—1972 年石油炼制科技发展规划》时把上述战略部署纳入其中。侯祥麟认为，"五朵金花"能够被迅速开发成功，与当时立项较准有很大关系。"五朵金花"项目研发工作大多在石油科学研究院进行。当时军工任务虽是首要任务，但对应研发人员只占一小部分，因此大部分科研人员还是立足军民共用项目的研发。到 1963 年，大多数军工项目已有了眉目。"五朵金花"任务下达后，石油科学研究院已经能够集中优势力量进行科研攻关，并尽快实现工业化。

小型实验开先河

花开五朵，先表一枝。催化裂化是原油二次加工的重要工艺之一。它是将蒸馏和热加工所得到的重质油，在催化剂的作用下加热，从而使之发生裂化，变为汽油、柴油和裂化气体。由催化裂化装置生产的汽油，辛烷值比较高，可以满足较高压缩比的汽油发动机的使用要求；所产的裂化气含丙烯、丁烯、异构烃较多，是很宝贵的石油化工原料。另外，这种炼油装置生产过程比较灵活，可以根据需要采取多产汽油、多产柴油或多产气体等多种加工方案。20 世纪 30 年代以后，世界各国都很重视发展催化裂化工艺技术，把它作为提高炼油工业经济效益的重要手段。

20 世纪 50 年代建设兰州炼油厂时，中国曾从苏联引进了移动床催化裂化技术。1958 年，建成了第一套年加工量 20 万吨的催化裂化工业生产装置。但是，这种装置存在设备复杂、耗用钢材多、原料选择范围窄、处理量小等缺点，而且不适宜加工较重馏分油。而后，国内炼油科研单位便开始着手催化裂化工艺研究。

进入 20 世纪 60 年代后，一方面，国内经济建设和国防用油十分紧缺，尤其是汽油、柴油等轻质油品需求量很大；另一方面，由于大庆原油含轻馏分少，汽油馏分辛烷值低，含蜡量和重质油量高，所以原有的炼油工艺和设备已不能有效地加工大庆原油。因此，迫切需要开发能增产汽油、柴油的炼油新工艺。

1961 年底，石油工业部确定将流化催化裂化作为研发目标。这对经济合理地利用以大庆原油为主的石油资源、生产量多质好的轻质油品，以及提供石油化工所需气体资源等方面，均具有重大而深远的意义。

流化催化裂化工业装置的工程设计十分复杂，单纯依靠国内自己的力量需要相当长时间才能研发出来。当时得知古巴有一套美国人建设的流化催化裂化装置，而古巴刚取得革命胜利，于是，石油工业部委派陈俊武等工程设计人员去实地考察。历经千辛万苦，考察组带回了一些十分有价值的资料。参考这些资料，侯祥麟和武宝琛先在石油科学研究院建了一套小型的流化催化裂化实验装置，其主要目的一是可以测试国产催化剂，二是可以测试国内原油的适用情况，并为配合石油二厂 60 万吨/年流化催化裂化装置建设提供翔实的数据。

1964 年，侯祥麟等人建成了模拟工业装置仪表控制的处理量为 0.36 吨/天的小型流化催化裂化实验装置。在实验中，采用大庆原油作为流化催化裂化原料，进行温度、压力、空速、油剂比、产品质量的实验。经过 7 次实验，取得了 32 套数据，为石油二厂大型工业装置制订试运方案指明了方向，确定了合理的操作条件。

我国第一套流化催化裂化装置的反应器和再生器内温度较高，而且催化剂以流体状态流动会对其内壁造成严重磨损，所以必须采用耐热、耐磨的衬里材料。难度最大的是滑阀的研制。它是靠微小压力差控制的阀门，精度要求很高。石油工业部采取进口和国产设计"两条腿走路"的方式，经过艰苦努力，国产滑阀终于试制成功。不久，与英国、法国的两个公司合作试制的滑阀也已完成，运抵北京。经测试，合作研发的滑阀的灵敏度尚不及国产滑阀。

侯祥麟派技术人员参加了石油二厂流化催化裂化装置试运投产阶段的工作。在试运全过程的全面检查、单机试运、水联运、联合油运和负荷转换5个步骤中，技术人员参与分析研究问题，提供技术服务，为该装置的顺利投产起到了举足轻重的作用。

1965年5月5日，是中国炼油工业史上一个具有划时代意义的日子。经过不断调试和完善，我国第一套流化催化裂化装置在石油二厂投料试车成功。这套装置的轻油收率比当时古巴的那套装置还要高。当清冽芳香的汽油从装置里流淌出来的时候，在场的很多人流下了激动的泪水。更令人骄傲的是，这套装置完全由我国自行设计、自行制造、自行安装，打破了当时西方国家对炼油深加工技术的垄断，带动我国的炼油技术一举跨越20年，达到当时世界先进水平。

60万吨/年流化催化裂化装置在石油二厂投产（来源：中国石化石油化工科学研究院）

1965 年 9 月，第二套流化催化裂化装置在大庆炼油厂建成投产。从此，流化催化裂化技术迅速普及。到 1978 年，全国主要炼油厂都有了流化催化裂化装置，总的加工能力约占原油加工能力的 25%。

随着"第一朵金花"的绽放，我国炼油工业的发展从此进入快车道。在侯祥麟、陈俊武和武宝琛等老一辈科学家的带动下，经过几代人共同努力，我国催化裂化技术从一片荒芜到满园锦绣，无论是在工艺、设备、自动化控制、能量回收上，还是在催化剂的品种、质量上，都可以同世界各大石油公司媲美。这一技术成为我国炼油工业的关键技术。1997 年，我国催化裂化装置的年加工能力达 6000 万吨，居世界第二位。在这 6000 万吨 / 年加工能力中，除 5 套 520 万吨 / 年催化裂化装置是 20 世纪 80 年代引进国外技术建成的外，其余都是我国自行设计建造的。2023 年，我国建成投产的各种催化裂化装置已有 150 余套，总加工能力近 2 亿吨 / 年。中国成为世界瞩目的催化裂化强国。

激活"闲棋"铂重整

与流化催化裂化不同，铂重整是在有一定研究基础上确定入围的。侯祥麟在大连所工作期间，下了一招"闲棋"，为此后中国炼油工业的"五朵金花"之一——铂重整的诞生做好了铺垫。所谓"闲棋"，就是在下围棋时要长远布局，在空白较大的地方放一颗看似无关紧要的棋子，却可以在后来的对弈中起到决定性的作用。铂重整是侯祥麟下"闲棋"的产物。

世界上第一套固定床铂催化重整装置于 1949 年在美国问世。应用这种工艺可生产芳烃和高辛烷值汽油。1950 年，旅美科学家肖光琰来到大连所后，建议开展铂重整研究。当时，大连所已经在搞钼重整。侯祥麟以石油管理总局代表的身份，力主铂重整。经过多次讨论，最终决定在大连所进行铂重整项目研究。此后，在肖光琰等科研人员的共同努力下，实验室研究取得了宝贵的实验数据和经验，为铂重整研发取得成功奠定了基础。

"五朵金花"确定后，侯祥麟这步"闲棋"开始被激活。他们在大连所工作的基础上，全力进行铂重整试验。工艺上，由武宝琛主持进行了小型装置试验，由闵恩泽主持进行了催化剂实验。1958年6月，提出了单铂片状重整催化剂的定型配方和制备方法。催化剂定名为"586重整催化剂"。在实验室做出铂重整催化剂后，将其在武宝琛等人研制的装有四管绝热反应器的铂重整中型装置上，模仿工业条件进行了试验。这次试验在目的产品收率和质量等方面都取得了预期的效果。"闲棋"作用开始初步显现。

此时，工业化生产的问题提上了日程。侯祥麟考虑到生产经验尚不充足，有必要进行半工业化装置生产试验。1959年，他指派严可居负责建立一套每批生产10千克铂重整催化剂的半工业化装置，用工业原料进行催化剂生产放大试验。因随后要在抚顺石油三厂建设工业生产装置，故同时邀请石油三厂的技术人员和工人参加。该套装置试运行了很多次，解决了工业放大至生产中的一系列技术问题，生产出合格的铂重整催化剂300千克，供抚顺石油三厂2万吨/年铂重整工业装置试用。

接着，由北京设计院据此进行工业装置的设计。首先在抚顺石油三厂建立一套小型铂重整工业装置，做小规模的工业化试验。其结果比四管绝热反应器的中型试验更接近生产实际，所取得的数据也更可靠。在此基础上再做更大的工业设计，最终在石油三厂顺利投产。

侯祥麟等人的前期实验为大型装置的建设奠定了基础。1959年6月，北京设计院根据侯祥麟等人取得的中小型试验数据，自行设计了我国第一套2万吨/年工业试验性铂重整—溶剂抽提联合装置。石油科学研究院的技术人员参加了铂重整项目的全过程研究和设计。1960年7月，在石油三厂动工兴建这套装置。1965 年，预处理、重整、抽提、精馏四步工序全部建成投运。这套装置主要担负我国催化重整新技术、新工艺及新催化剂的工业试验任务，同时生产硝化甲苯、甲苯和混合二甲苯。这套装置建成投产后运行了近 20 年，为我国催化重整的工业化生产及工艺技术的发展创造了条件、培养了人才。

"五朵金花"之一的铂重整装置

1964年，石油工业部与意大利联系洽谈，决定购买一套意大利铂重整装置。同时，石油工业部也决定在大庆炼油厂建设一套我国自主研发的年加工能力10万吨的铂重整装置。这套装置采用我国自己的科研试验数据，参考国外一些资料，由北京设计院等单位自行设计、制造和施工安装。

1965年5月，在大庆炼油厂建成了我国第一套10万吨/年催化重整大型工业装置。这套装置比意大利进口装置提早几个月运转。原料经催化重整后，可得30%左右的芳烃，其中甲苯在15%左右。从此，催化重整工艺在我国炼油工业中普遍应用并不断发展。石油科学研究院、北京设计院、石油三厂、大庆炼油厂共同取得的成果"铂重整法生产轻质芳烃"被国家科委评为1965年科技重要成果。

当时，《人民日报》在头版刊发了大庆10万吨/年铂重整石油化工联合装置项目建成投产的消息。正在石油二厂参加施工安装的意大利人并不相

《人民日报》报道《我国铂重整石油化工联合装置投入生产》

信，怀疑中国的装置不可能建得如此之快。随后，当引进的意大利装置在石油二厂建成后，从大庆运去重整原料油进行第一次投料时，意大利人才信服了。

一步"闲棋"看似无用，但却盘活了中国炼油催化重整技术。1966 年至 1978 年，兰州炼油厂、东方红炼油厂、石油一厂、石油五厂、石油七厂、茂名石化公司等，先后建成了年加工能力为 10 万～15 万吨的 12 套催化重整工业生产装置。

"金花"朵朵次第开

延迟焦化是侯祥麟在石油科学研究院主持的第三个"金花"项目。该项目的工艺技术是在原间歇釜式焦化技术基础上发展而来的。20 世纪 50 年代末、60 年代初，国外已经实现了工业化。延迟焦化能把渣油加工成轻质馏分汽油、柴油，以及中间馏分和工业上不可缺少的石油焦。生产过程连续性好，加工能力强，轻油收率高，操作劳动强度低。

我国原油重质馏分较多。为了充分利用石油资源，除了发展流化催化裂化工艺，还要发展渣油加工先进工艺。攻关期间，石油科学研究院首先协助石油二厂成功改造了一套年加工能力 10 万吨、用钢丝绳出焦的延迟焦化工业试验装置。在大庆减压渣油延迟焦化小循环比中型试验中，取得了大量技术数据，为石油二厂建设 30 万吨/年延迟焦化装置提供了可靠的支持。

石油二厂 30 万吨/年延迟焦化装置是石油科学研究院等多家单位联合攻关的重点项目。在攻克水力出焦的技术难关时，科技人员冒着焦炭塌落的危险，出入焦炭塔 100 多次，取得可靠的数据，保证投产前的准备工作万无一失。1963 年底，石油二厂 30 万吨/年延迟焦化装置一次投产成功。1964

年，石油科学研究院又协助大庆炼油厂 60 万吨 / 年延迟焦化装置建成投产。1964 年，石油科学研究院、抚顺石油设计院、石油二厂共同研发的"延迟焦化新工艺"，被评为国家级成果。

继石油二厂和大庆炼油厂之后，胜利、南京、长岭、荆门、茂名、独山子等多个炼油厂分别建设了延迟焦化装置。至 1978 年，全国延迟焦化装置的年加工能力增至 485 万吨。

30 万吨 / 年延迟焦化装置在石油二厂建成投产（来源：中国石化石油化工科学研究院）

尿素脱蜡工艺技术能从中间馏分中分离出可用作化工原料的石蜡烃，同时制得国家急需的低凝点油品，使脱蜡油凝点达到 −50℃以下。因此，石油工业部把尿素脱蜡新工艺也列入重点发展的新工艺项目。该项目是针对大庆原油蜡含量高、凝点偏高的特点而进行的，主要目的就是提高航空燃料的产率。

尿素脱蜡工艺技术在被列入"五朵金花"之前，国内已经在该项研究中取得了一定进展。1962年，石油科学研究院将尿素脱蜡技术研究数据与苏联交换，取得了苏联异丙醇尿素脱蜡法研究资料。如何利用苏联的技术，研究适合中国炼油工业的脱蜡流程，成为主要任务。侯祥麟和黎树勋、林正仙等人商量后，决定采用与苏联不同的干法尿素脱蜡工艺，用不同活化剂、不同工艺发展自己的技术。

1962年末，侯祥麟等人在石油科学研究院内建成一套日处理1吨的连续式乙酸乙酯中型尿素脱蜡装置，以玉门和大庆的原油生产的航空燃料馏分为原料，进行工艺研究和试验。到1964年初，已为建设工业装置提供了整套设计数据。

1965年，与石油五厂、北京设计院合作，采用异丙醇溶剂沉降法，在石油五厂建成了年加工能力3万吨的尿素脱蜡装置，生产凝点为-50℃的柴油，并副产轻、重液体石蜡。石油科学研究院等单位共同研发的"异丙醇尿

3万吨/年尿素脱蜡装置在石油五厂建成投产（来源：中国石化石油化工科学研究院）

素脱蜡"被国家科委评为 1965 年科技重要成果。

第五朵"金花"是应用于炼油工艺的催化剂和用于油品的添加剂。由于炼油催化剂的品质对产品收率、质量、装置处理能力等有极其重大的影响，所以一些工艺技术能否实现工业化，所用催化剂的品质好坏往往起着决定性作用。侯祥麟也十分重视这项工作的进展，和同事们投入了很大精力进行研究和开发。当时国外对一些重大工艺技术的关键性催化剂，或是封锁不售，或是定价过高。经过侯祥麟、闵恩泽等人的共同努力，在催化裂化催化剂、催化重整催化剂和磷酸叠合催化剂等炼油催化剂方面取得了突出成果。除铂重整催化剂外，用于移动床催化裂化的小球硅酸铝催化剂、用于流化床的微球硅酸铝催化剂等产品陆续问世，震惊了世界催化剂行业。"小球硅酸铝催化剂"和"微球硅酸铝催化剂小型试制"分别于 1964 年和 1965 年被评为国家级成果。

根据我国原油的特点，单凭加深油品精制的程度已经不能满足生产需要，还需要使用油品添加剂作为提高产品使用性能的重要手段。对于大部分添加剂首先要在石油科学研究院进行研制，取得一定成果后，再推广并放大到生产一线的工业装置上。

石油科学研究院开发最早、影响重大的燃料添加剂，是侯祥麟亲自参与研制的"33 号添加剂"。该项成果一举结束了我国不能生产航空燃料的历史，于 1964 年被国家科委评为国家级成果。同时，侯祥麟率领石油科学研究院的科研人员，还先后研制了用于航空液压油的增黏剂 BB-2；与兰州炼油厂等单位合作生产了 1104 号、1107 号、1108 号、1109 号烷基酚盐系列的内燃机油清净分散添加剂；与上海炼油厂、玉门炼油厂合作生产了 1201 号、1202 号、1205 号、1206 号、1207 号石油磺酸钙盐系列内燃机油清净分散添加剂；用于加工炮兵特种部队所需液压油的氧化白油防锈剂；用于二次加工汽油的 5 号防胶剂等。

光彩熠熠耀尘寰

1963年至1965年,"五朵金花"相继开放。四项工艺技术的工业化装置分别在大庆炼油厂(催化重整)、石油二厂(流化催化裂化、延迟焦化)、石油五厂(尿素脱蜡)先后建成投产。各种催化剂、添加剂也投入生产和应用,使我国炼油工业技术水平和世界水平的差距大大缩小。这些科研成果转化为直接生产力后,取得了巨大的社会效益和经济效益,改变了中国炼油工业的面貌。

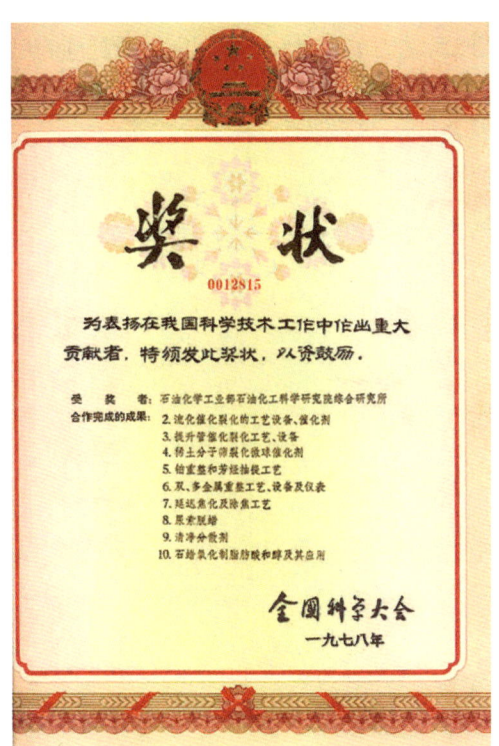

1978年,石油化工科学研究院综合研究所获全国科学大会奖奖状

1965年底,全国原油年加工能力达到1423万吨,原油加工量突破1000万吨,汽油、柴油、煤油、润滑油的总产量达到617万吨,石油产品的品种累计达到494种,石油产品自给率达到100%。中国石油产品实现了当时供给水平上的全部自给。[1]

以"五朵金花"为龙头,石油科学研究院在炼油领域的科研工作取得巨大进展。截至1966年底,石油科学研究院的科研成果获得国家发明奖2项,国家重要科技成果奖7项,国家科委成果公报项目32项。1964年,在全国工业新

---

[1] 《余秋里回忆录》,解放军出版社,1996年,第836页。

产品展览会中获得18项奖励。每一项成果，都不同程度地凝聚着侯祥麟的心血。

1978年，全国科学大会在北京召开。体现石油化工科学研究院建院以来的重要成果和发展水平的29项科研成果荣获了"全国科学大会奖"。这些成果包括防锈剂和防锈油、聚全氟异丙醚润滑脂、降凝剂、稀土分子筛催化裂化微球催化剂、4109合成航空润滑油及镍铬合金烧蚀理论等。

获奖成果的重头戏是"五朵金花"。石油化工科学研究院代院长侯祥麟、总工程师闵恩泽出席了大会。侯祥麟在大会上发言，并介绍了研究开发"五朵金花"炼油新技术和各种军用油品的经验和体会。在那一刻，很多人才知道什么是"五朵金花"炼油技术，以及它们在改变人们生活方面所起到的巨大作用。

第五章　精忠报国赤子情

在经历了起起伏伏的人生之后，侯祥麟更加坚定了为党工作、为国奔忙的信念。不管是在任还是退休，不管是勃发青壮还是白首暮年，他从未停止对中国石油工业发展的思考。如果说"五朵金花"是侯祥麟科学实践的伟大产物，那么"新四朵金花"则是他的科学思想结下的硕果。

"十大会战"细甄别

1954 年，侯祥麟从大连回到北京。1954 年至 1966 年，是他科技人生最为灿烂的一段时光。他先后组织、领导、参与并完成了军用航油、航空润滑油研制和"五朵金花"等众多科研项目，为国家的航空航天、军工装备、工业建设事业作出了巨大贡献。但是在 1966 年，也就是在国务院任命他为石油科学研究院院长兼党委书记的一年之后，侯祥麟和很多知识分子一样，跌入了人生谷底。他先是被迫退出了石油科学研究院的领导岗位，然后被迫去郊区农场参加劳动。1969 年 11 月，在 57 岁之时，他被送至湖北潜江"五七"干校农场进行劳动改造，翌年被送至湖北天门县农村继续接受教育。

1970 年 9 月，他被石油科学研究院的军管小组召回。军管小组提出，只要他能够按要求认罪悔改，就可以结束改造生活回到北京。但是倔强的侯祥麟拒绝认罪，于是又被送回干校继续改造。尽管蒙受不白之冤，侯祥麟仍然信念坚定："作为抗战时期加入中国共产党的一名老党员，作为一名科学工作者，我始终认为，历史的大趋势最终还是前进的。我对马克思主义的信仰，对共产主义社会一定能实现的信念从未动摇。"

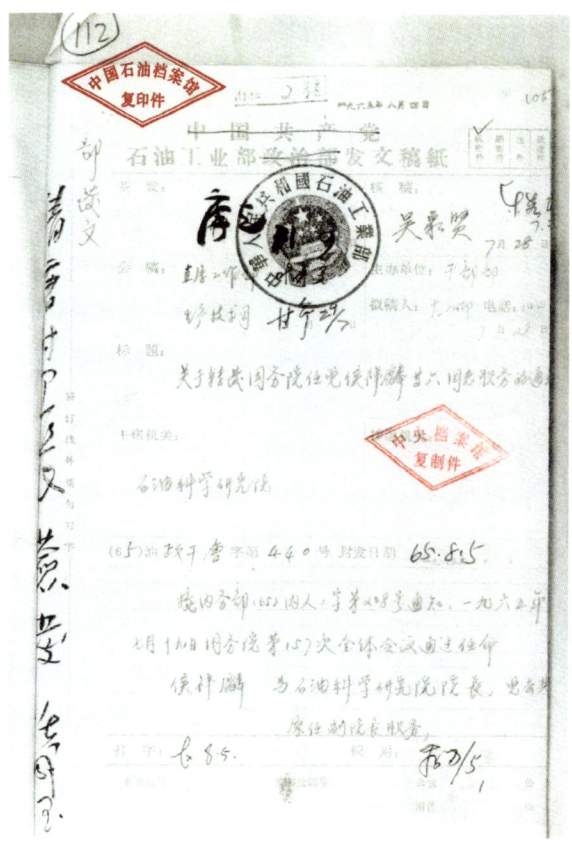

1965年，石油工业部关于转发侯祥麟任石油科学研究院院长的通知
（来源：中国石油档案馆）

1970年6月，国家整合石油工业部、煤炭工业部等部委，成立了燃料化学工业部。1971年5月，康世恩担任燃料化学工业部革命领导小组第一副组长。8月，在康世恩提议下，侯祥麟重新回到了石油化工科学研究院，担任院革命领导小组副组长。

燃料化学工业部调侯祥麟回来，并不仅仅是恢复了他原来的工作这么简单，而是另有特殊任务需要他去完成。新成立的燃料化学工业部，亟须制定未来一段时间的生产和科技发展规划，而在炼油方面，侯祥麟是不二人选。

我国石油化工行业的科学技术发展虽然在20世纪60年代有了一定成果，但因多种因素的干扰而陆续停止。眼下发展石油化工的技术、装备和人才严重不足，短期内搞发展规划难度极大。

在计划的制订上，清华大学地质系毕业的康世恩对侯祥麟说，炼油方面他没有具体的意见，一切以侯祥麟的想法为主，组织上相信侯祥麟。此时在侯祥麟身边，很多技术专家不是被下放，就是已经调离了工作岗位，能用的技术骨干少之又少。虽然困难重重，但规划必须要搞，否则石油化工行业的发展只能是盲人摸象。

1971年9月，在北京前门饭店召开了研究制定石油化工发展规划会议。各地报上来的规划大都规模庞大，不切实际。侯祥麟实事求是地结合现有的石油产量、技术装备情况，建议各省市对上报项目进行压缩，以求更加合理。正是在侯祥麟的主持下，这次规划的制定才避免了陷入浮夸的境地。他的意见和建议，为一年后向中央科技工作会议提交《1973—1978年科研发展规划》起到了很大作用。

康世恩交给侯祥麟的第二个任务，是尽快解决中国炼油工业大会战中遗留的问题。20世纪60年代末至70年代初，石油工业部提出炼油工业"十大会战"[1]，设定了一些偏离科学常识的目标。比如把常减压装置的炼塔放倒，横着装进山洞，以实现所谓的"靠山、进洞、分散、隐蔽"的战备要求。

康世恩决定改变这种混乱的局面。但是他在炼油方面不是专家，无法判定鱼龙混杂的"十大会战"项目哪些应该继续，哪些应该下马。1971年，侯祥麟从干校回来之后，康世恩便将甄别重任交给他，并对他说："把'十大会战'的事交给你去办，哪些上，哪些撤，由你定。"

---

1 十大会战：20世纪60年代末至70年代初，石油工业部提出的十项炼油项目，主要包括常减压塔进山洞、抚顺"三氢会战"、兰州炼油厂润滑油加氢"一顶三"等。1971年，侯祥麟从干校回来后，在他主持下依次进行了裁撤。

侯祥麟深知此事无论在政治上还是在科技上都不是小事，不仅要小心谨慎，更要科学合理。他决定在北京市委党校以举办学习班的名义，将各会战项目负责人和一些技术人员聚集在一起，让大家畅所欲言。侯祥麟对他们说："你们都不要怕，决定撤销与否与你们个人没关系，责任由我来负。将来谁要批就批我好了。反正我挨批挨多了，再挨一次也不要紧。"

在广泛倾听了大家反映的各种意见后，结合自己多年的生产和科研经验，侯祥麟最终向燃料化学工业部提出了建议，裁撤部分不切实际、违背科学的会战项目，而对发展生产尚有成效的项目予以保留。他的意见经过燃料化学工业部的讨论后得到了落实。

1972年8月，燃料化学工业部副部长李苏担任石油化工科学研究院院长兼党的核心领导小组组长，侯祥麟担任第一副院长兼党的核心领导小组副组长。李苏就是抗战初期侯祥麟在重庆进行地下工作时，与他单线联系的张宝庆，后因身份暴露去了延安。李苏的到来使侯祥麟的工作环境有所改善，政治压力明显减小。

位高不改赤子心

1978年3月，中华人民共和国第五届全国人民代表大会第一次会议决定撤销石油化学工业部[1]，分别设立化学工业部和石油工业部。

1978年4月，66岁的侯祥麟被任命为石油工业部副部长，同时兼任石油化工科学研究院院长和党委书记。12月，中共十一届三中全会作出了把党和国家工作中心转移到经济建设上来、实行改革开放的战略决策。侯祥麟很受鼓舞，感受到石油炼化工业正在重新扬帆起航。

当时，国家经济建设正在迅速展开，社会对石油产品的需求量日趋增

1　1975年2月，燃料化学工业部拆分为煤炭工业部和石油化学工业部。

长，但是石油勘探后备储量不足，原油产量无法快速提升。石油工业部上下感受到了极大的压力。上游产量暂时上不来，下游怎么办？侯祥麟作为主管炼油工业的副部长，审时度势，结合实际进行改革，完成了两件大事。

第一件事是增效节能。当时正值全球性能源危机，油价直线上涨，炼油厂面临的形势十分严峻。世界上许多国家都在开辟利用其他能源的途径，研究采用各种提高燃烧效率、节约能源的技术和措施。多年来，由于国内油价较低，所以炼油厂节约理念薄弱，导致能源消耗很大。加工每吨原油消耗的能源比国际标准高出 50% 以上，令人触目惊心。侯祥麟以炼化司为主要管理部门，开展了对各炼油厂能源消耗情况的深入调查，分析高消耗的原因。在调查中发现，能源浪费严重的主要原因之一是疏于管理。基于此，侯祥麟从抓管理和增效节能入手，多次主持全行业增效节能会议，组织各路专家研究制定《挖潜增效节能十项措施》，推广至全国实施。实施一年后，能耗问题有了很大改观。侯祥麟主持召开了现场会，介绍节能经验，表彰先进。除了管理问题，技术装备落后也是自身能耗高的主要原因之一。侯祥麟向石油工业部部长宋振明和副部长李天相提出了设备更新的建议。最终，石油工业部拨款 1150 万美元，支持石油化工科学研究院、抚顺石油化工研究院等科研院所，采购了一批当时世界上最先进的实验设备，并派出科技人员出国学习培训。高等院校、科研院所与各炼油厂积极合作、进行技术攻关，在原油蒸馏等多个环节采取节能措施。经过几年的不懈努力，能耗下降了约三分之一，即每加工一吨原油的综合能耗由 1979 年的 105.5 万千卡[1]降到 1984 年的 71 万千卡。6 年共节约燃料折合原油 930 万吨。有些炼油厂的原油蒸馏装置能耗标准还达到了世界先进水平。

第二件事是提高润滑油质量。随着国内原油产量的逐年上升，润滑油产品出口创汇成为石油工业部的期望所在。但是，当时国内炼油厂调和润滑油的技术水平和质量均较低，与国际品牌润滑油相比缺乏竞争力。侯祥麟认

---

[1] 1 千卡 =4.18 千焦。

为，要出口润滑油，首先要提高的是基础油的质量。在他亲自指挥下，石油七厂以大庆原油为原料做基础油，采用经过改造的工艺，生产出了质量上乘、可以调配高级润滑油的基础油，从而实现了基础油出口的目标。润滑油的添加剂和科学的配方也是提高质量的重中之重。侯祥麟便鼓励科研人员进行攻关。最终，他们研制出了具有自主知识产权的配方和添加剂。有了基础油和配方，还要有生产工厂，才能生产出高品质润滑油。1980年，侯祥麟率团赴法国、英国、德国、荷兰四国参观考察炼油厂。其中英国一家润滑油调和厂给了他很大的启发。回国后，他向石油工业部建议，改变国内润滑油生产体系，成立与市场对接更为紧密的润滑油调和厂。这个建议最终获得了同意。正是因为有了侯祥麟的努力与建议，石油工业部才将一直以军工油品为主的621厂改造为如今蜚声中外的长城润滑油公司。

侯祥麟在担任石油工业部副部长兼石油化工科学研究院院长及党委书记期间，站在战略发展的高度，要求石油化工科学研究院的研究工作从跟踪模仿走向创新。为此，他建议石油化工科学研究院成立基础研究室，探索从科学认识的深化去开发创新性技术，并委托当时已任副院长的闵恩泽负责此项工作。这一建议为石油化工科学研究院的很多基础研究项目奠定了基础。

1980年2月27日，任向文接替侯祥麟担任院长一职。侯祥麟继续担任院党委书记。同年8月29日，焦万海接替68岁的侯祥麟担任院党委书记。这一天，他依依不舍地离开了工作了20余年的石油化工科学研究院。

1982年2月，石油工业部召开科技工作会议。侯祥麟在会上作了题为《实现"六五"科技规划，把石油科技推进到一个新水平》的报告。这是侯祥麟在石油工业部副部长任上最后一次也是最集中一次谈及科学技术的引进与创新。他反复叮咛与会人员，不管引进何种国外技术，一定不要忘记自主研发。字字句句充满了战略科学家的智慧与远见。

这次会议召开一个月后，已经70岁的侯祥麟从石油工业部副部长的职位上卸任，但仍保留了石油工业部科学技术委员会主任一职。

顾问无薪有作为

作为优秀的石油战略科学家，侯祥麟善于从战略和全局的高度，紧跟时代步伐，思考和研究根本性、宏观性、前瞻性问题，适时向国家提出意见和建议。翻开新中国石油化工发展的史册，很多重大决策里都有他的贡献。[1]

中国石油化工总公司成立前，陈锦华[2]和侯祥麟商量成立一个技术经济顾问委员会，作为总公司的咨询机构。成员包括退休的副部长，以及有关的专家教授。1983年中国石油化工总公司成立时，技术经济顾问委员会便宣告成立。侯祥麟任该委员会首席顾问，并推荐了许多中国科学院学部委员担任委员。从此，他便开启了又"顾"又"问"但无薪无酬的顾问生涯。

作为一名顾问，他已经不再出入研究室从事具体的科研工作，但却为中国石油化学工业的发展提出了许多建设性意见和建议。

中国石油化工总公司成立时，国内石油化工行业人才缺乏。国内理工科大学缺少办学资金，基础建设较差，但师资力量较为充足。在这种情况下，侯祥麟向总公司建议，不要耗资费力地兴建新的大学，而是通过向现有大学投资，合作培养学生。总公司听从了侯祥麟的建议，通过和华东石油学院、华东化工学院和天津大学等高校合作，在短期内迅速地建立起人才培养的渠道，并节省了大量的人力、物力、资金。

针对中国石油化工总公司工程建设力量薄弱的现状，侯祥麟建议成立自己的工程建设公司，实现工程建设的独立自主。当时，我国石化工业基础十分薄弱，缺少必备的技术和设备制造能力。工程管理难以达到建设大型石化项目的要求，因此只能从国外引进成套技术装备，并由国外工程公司总承

---

1 周济：《侯祥麟：时代的先锋，伟大的精神》，《光明日报》2012年4月6日。
2 陈锦华（1929—2016），安徽青阳人。曾任纺织工业部、轻工业部政策研究室主任，上海市副市长，中国石油化工总公司总经理，国家经济体制改革委员会主任，国家计划委员会主任，第九届全国政协副主席等职。

包，提供"交钥匙"工程。侯祥麟认为发展我国石化工业，不能长期依靠成套引进，更不能让国外工程公司总承包，一定要实现技术、设备的自主化和国产化。因此，他提出建议，成立自己的工程建设公司，从工程设计和建设入手，实现全面国产化的目标。在他的建议下，中国石油化工总公司成立了三家石化工程建设公司。经过三代人的奋斗，历经体制改革和业务重组，工程建设能力不断提升，业务范围从国内拓展到海外。三家石化工程建设公司均具备了承包大型石化工程项目、负责工程设计与建造、提交数字化"交钥匙"工程的能力。

在改革开放持续推进、经济建设全面铺开、石化工业快速发展的新形势下，侯祥麟准确地判断国内建设市场对合成树脂原料的需求将不断扩大。因此，他建议中国石油化工总公司成立合成树脂研究机构，加大合成树脂研究力度，并为客户提供技术服务。侯祥麟的建议得到了中国石油化工总公司相关下属企业的响应。它们相继成立了多家服务于塑料企业的合成树脂研究机构。在经济建设不断深入的形势下，合成树脂研究机构和工程建设公司一样，发挥了巨大作用。后来，中国石油化工总公司又相继投资建设了合成树脂、合成纤维、橡胶加工应用研究中心，为客户提供了更多高品质原料和更好的技术服务。这些再次验证了侯祥麟当年对合成材料工业发展的远见卓识。

1985 年，中国石油化工总公司董事会被撤销。部分董事进入技术经济顾问委员会。中国石油化工总公司原董事长李人俊任主任，孙敬文、孙晓风和李正光等原副董事长任副主任，侯祥麟任常务副主任。顾问委员会下设技术组、人才组和经济组。技术组由侯祥麟负责，每年召开不同议题的会议，研究分析石化科技进步中的重大问题，并提出项目实施规划；组织一些技术组委员到炼油厂、石化厂进行参观、考察，提出意见和建议。这些已经退休的技术专家，在没有报酬的情况下，为中国石油化工总公司的发展作出了很大贡献。

1993 年，中国石油化工总公司成立的技术委员会代替了原来的技术经济顾问委员会，继续开展技术咨询活动，并聘请侯祥麟为高级顾问。侯祥麟此时已经是 81 岁的老人，不再经常下厂矿去搞调查研究，而是更多地注重为企业的技术发展和经营管理提供思路和建议。

20 世纪 80 年代中期以来，一些国家的科学技术和工业产品与我国竞争日趋激烈。推进科研创新和工业技术进步对我国石油石化行业的生存和发展至关重要。侯祥麟担任顾问以来，为多个技术项目的立项、研发和工业化提出了思路、意见和建议。这些项目中最为重要的是后来被中国石油化工总公司称为"新四朵金花"之一的催化裂解技术。

20 世纪 80 年代，"新四朵金花"中的催化裂解装置（来源：中国石化石油化工科学研究院）

催化裂解出国门

20世纪末,世界石油工业生产乙烯并副产丙烯的技术,主要是石油烃蒸汽裂解和催化裂化。在我国,催化裂化生产的丙烯占总产量的39%左右,而蒸汽裂解生产的丙烯占总产量的比例约为61%。由于我国原油偏重,轻烃和石脑油资源贫乏,而催化裂化生产丙烯技术具有可加工重质原料、产品中丙烯和乙烯比例高以及生产成本低的优点。在这种情况下,侯祥麟一直想开发生产一种新的技术,以便让国内的重油转化为更多的乙烯和丙烯产品。

1975年,他在兰州化学工业公司参观时,看到了苏联专家设计的砂子炉裂解生产乙烯装置。该装置技术落后,规模很小,却让兰州化学工业公司成为中国第一家能够生产乙烯的企业。当时,侯祥麟就萌发出了一个大胆的想法:采用流化催化裂化的流态化床代替砂子炉裂解,一定会大大提高乙烯和丙烯的生产效率。

回到北京后,他将自己的想法告诉了石油化工科学研究院的有关领导,让科研人员开始着手研究,并由石油六厂配合进行相关实验。观察到的情况是:催化裂化装置反应温度为500℃左右,再生温度也不超过600℃,但裂解制乙烯需要800℃以上高温才能达到一定的乙烯收率。很显然,这种温度是流化催化裂化装置难以承受的。如果用有活性的催化剂且降低试验温度,乙烯和丙烯的收率也随之降低。因此,就生产工艺来讲,流化催化裂化当时存在一个难以调和的矛盾:不用催化剂,温度太高装置受不了;使用催化剂,乙烯和丙烯产量少,得不偿失。这次实验虽未达到预期目标,但获得了宝贵的裂解经验。

20世纪80年代中期,我国重质油资源日趋增多,而蒸汽裂解生产乙烯和丙烯所需的原料轻烃及轻质油供应困难。流化催化裂化主要采用重质油为原料,其生产的产品以汽油为主。侯祥麟再次思考蒸汽裂解带给他的启发：我国在流化催化裂化装备和催化剂方面已经积累了丰富经验，能否通过工艺和催化剂的革新，将流化催化裂化升级成为一种多产乙烯和丙烯的新技术？

在1986年召开的中国石油化工总公司技术经济顾问委员会会议上，思路已经十分清晰的侯祥麟提出了借助流化催化裂化经验，用流态化技术从事重质油生产烯烃的建议。该建议得到了委员们的一致赞同。石油化工科学研究院副院长兼总工程师武迟，以及闵恩泽等专家参加了会议。他们把这一任务带回院里，并将其列入该院"七五"科研发展规划中。院领导安排炼油专家汪燮卿、李再婷等人承担该项研究试验任务。他们开始积极研制能多产烯烃的催化剂，并进行了小型裂解试验，取得了良好效果。后来，又以大庆减压馏分油为原料，在低于600℃的条件下进行裂解。烯烃收率在40%以上，其中一半为丙烯。这些数据验证了侯祥麟思路的正确性。听到这个好消息，侯祥麟十分高兴，并将这项技术命名为"催化裂解"。

1987年12月10日，侯祥麟召集中国石油化工总公司有关部门和石油化工科学研究院、北京设计院的科研人员就催化裂解试验问题进行研讨。参会的有侯芙生、卢成锹、汪燮卿、徐承恩等人。会上，石油化工科学研究院介绍了最近的工作安排：为了准确测定裂解生成气的组成，正在配制标准气样；大庆原油各种工艺条件的小试已基本结束，近期可提出试验报告；大港原油的小试正在进行，中试装置的改建即将完成，春节后可以试车；1988年1月要研制出一批供中试使用的催化剂等。这些工作安排是侯祥麟写给李人俊和陈锦华的信中记叙的内容。可以看出这个顾问不仅是"顾"和"问"，更是这项研究的领导者、参与者。

小试成功后，化学工业部规划院对此进行了详细的技术经济评估，决定进行中试。1988年9月，催化裂解工艺通过了中国石油化工总公司的技术鉴定。对中试结果的鉴定意见为：工业试生产的催化剂能满足使用要求，可以定型进行工业生产；中试数据齐全，可作为工业装置的设计依据，可以借鉴成熟的催化裂化技术尽快建设工业装置。[1]

中试结果验证了小试数据的准确性。于是，进行工业化生产的问题提上日程。当时国际市场上丙烯紧缺，很多炼油厂都想增加丙烯产量。得知这项技术问世之后，很多炼油厂纷纷要求建设工业生产装置。侯祥麟和李人俊沟通后，决定先做小型工业试验。他们选定济南炼油厂一套闲置的小型催化裂化装置，将其改造为催化裂解装置，进行工业生产试验。经过石油化工科学研究院、北京设计院和济南炼油厂的共同努力，这套小型催化裂化装置最终被改造成为世界第一套年处理能力 6 万吨的催化裂解装置，并于 1990 年 11 月投产。工业化试验生产结果良好，达到了预期目标。济南炼油厂随即将该装置的生产能力扩建到 15 万吨／年。

催化裂解技术把以生产汽油为主的催化裂化技术，发展为可生产高辛烷值汽油和低碳烯烃的新技术，开创了一条以重质油为原料、直接制取低碳烯烃的新途径。由于催化剂的使用，其反应温度比传统蒸汽裂解低 $200\sim250$℃。同时，该技术还可以灵活调整操作，实现丙烯产量最大化。由于烯烃产品中杂质含量低，因此不需要加氢精制即可得到聚合级产品。工业化生产获得成功后，该技术在全国进行了推广。随后，国内陆续建成了规模不一的 3 套工业化装置，均获得了预期收益。不久，还将此技术转让至泰国，在 TPI 公司建成生产能力 75 万吨／年的装置并顺利投产。这是中国对外出口的第一项化工技术，具有重要历史意义。催化裂解技术引起了世界科技界和石油化工界的重视，很快在中国、美国、欧洲和日本等国家和地区获批专利，并成为我国炼油技术中第一个被世界权威期刊《烃加工手册》收录的技术。这项成果于 1991 年获得中国专利发明创造金奖、国家技术发明奖一等奖、中国石油化工总公司科技进步奖特等奖等奖项。

催化裂解技术之所以能在几年内实现从探索试验到工业应用，得益于借

---

1 石油化工科学研究院，中国石油化工总公司北京设计院，济南炼油厂：《催化裂解工艺的工业应用》，《石油炼制与化工》1991 年第 9 卷。

鉴和吸收了已经成熟的流化催化裂化技术。在过去的科研经验中，很多创新技术未能实现工业化，主要原因是装备不过关，而采用或借鉴已有装备进行改造后，实现工业化生产的成功率却极高。侯祥麟之所以提出用流化催化裂化技术来发展催化裂解技术，就是要避开研发新装备这个难题，利用现有成熟技术开辟出了一条全新的低碳烯烃生产路线。

催化裂解技术的成功还有一个不可忽视的因素，即市场急需丙烯。侯祥麟瞅准了这个机会，开发出以重质油为原料生产丙烯的途径，从而创造了市场需求与技术研发相结合的创新案例。

重大装备促国产

担任中国石油化工总公司技术委员会顾问期间，侯祥麟的另一贡献是促进石油石化装备的国产化。当时，国内石化设备大多数为成套进口，投资巨大。例如，一套30万吨/年乙烯的生产装置加上配套设备就要花费百亿人民币之巨！因此，从石油工业部到各大石油公司，都在思考重大技术装备国产化的问题。

研究重大技术装备的国产化主要有两种意见：一种是先从技术含量低、容易入手的技术装备进行；另一种是以侯祥麟为代表，支持抓大放小，集中力量攻关重大技术装备。最终，第二种意见成为大家的共识。重大石化设备分布于各个学科、各个领域。从哪里抓起、从何时开始，仍然是需要讨论的问题。最终，侯祥麟的技术组提出的意见是：乙烯装置是石化企业的"龙头"，不仅技术最为复杂，投资也最大，而裂解炉又是乙烯装置的"心脏"，因此建议先从乙烯裂解炉的国产化入手。一定要自行研究、设计，并最终形成示范性工程。侯祥麟等人的意见得到了中国石油化工总公司的赞同，并开始付诸实施。

1983 年，中国石油化工总公司把裂解技术的开发列为石油化工重要项目，并于 1984 年 9 月成立了南北两个裂解炉开发小组。侯祥麟十分关心和支持裂解炉技术，多次找到负责技术研发的袁晴棠询问有关情况。1984 年，开发小组试制的一种实验性的 CBC 型裂解炉获得成功。担任鉴定委员会主任的侯祥麟非常欣慰但并未一味地表扬，而是在认真考察分析的基础上，指出了可能存在的问题及改进方向。

1985 年，在侯祥麟等人的参与下，中国石油化工总公司提出了乙烯裂解炉"北方炉"的设想方案。1987 年 5 月，经过论证后，国务院重大技术装备领导小组办公室和中国石油化工总公司正式批准，在辽阳石油化纤公司化工一厂建设一台年产 2 万吨乙烯的工业试验裂解炉。经过紧锣密鼓地建设，于 1988 年 10 月建成，11 月开始投油试运行。经过 1989 年全年的运行、测试、标定，1990 年 1 月，该裂解炉通过国家级认定，其主要技术指标达到了同类型产品世界先进水平。这台裂解炉就是中国乙烯工业史上赫赫有名的 CBL 型"北方炉"，是我国第一台自行设计、自行制造、自行安装的乙烯裂解炉。

"北方炉"的成功研发，结束了我国裂解技术长期依赖进口的局面，实现了裂解工艺技术和装备的国产化。而且其价格只有引进技术和装备的三分之一到二分之一，创造了良好的经济效益，带动了国内制造业的进步。同时，由于关键设备材料实现了国产化，大大降低了乙烯裂解炉的生产成本和设备维护费用。CBL 型乙烯裂解炉相继获 1991 年国家科技进步奖二等奖、国家重大技术装备表彰项目特等奖和国家"七五"科技攻关重大科技成果奖。

乙烯裂解炉研制成功的消息传来后，侯祥麟和李苏、陈冠荣等搞了一辈子石油化工的老同志专程赶到辽阳石油化纤公司参观。尽管已近八十高龄，侯祥麟还是颤颤巍巍地爬上了 35 米高的裂解炉平台，这摸摸、那看看，高兴得像个孩子。

此后，CBL-Ⅱ、CBL-Ⅲ、CBL-Ⅳ型裂解炉陆续推出。2021 年，中国石油化工集团有限公司已经能够制造年产 30 万吨乙烯的 CBL-R 型裂解炉，形成了中国石油化工集团有限公司独具特色的具有自主知识产权的乙烯裂解技术，奠定了 21 世纪我国自主开发百万吨乙烯成套技术装备的基础。

侯祥麟参与的另外一项重大设备国产化项目是研制 80 万吨/年的镇海炼化加氢裂化装置。长期以来，该项技术设备一直从国外引进，分别在茂名石化、南京石化、上海石化等公司安装运行。但是，研制该重大设备并非易事。大型加氢裂化装置国产化是一项复杂的系统工程。除了要研发循环氢压缩机、裂化反应器、高压换热器等尖端设备外，还面临研制耐高温（400 多摄氏度）、耐高压（200 个大气压）反应器等世界性难题。侯祥麟带领技术组经过调查研究，认为有能力实现国产化。他们的建议得到了中国石油化工总公司的积极回应。1988 年，中国石油化工总公司决定在镇海项目中，放弃引进国外技术，转而进行自主设计建造。

在建设过程中，原定在富拉尔基重型机械厂制造的重达 560 吨的高压加氢反应器，因装备太大无法运输，改在上海锅炉厂和上海重型机器厂进行制造。经过数年努力，中国石油化工总公司如期建成了镇海炼化高压加氢裂化装置。1993 年开工后，生产出第一批航空煤油、柴油和石脑油等产品，不仅节省了大量资金，也为中国加氢裂化技术的发展起到了巨大促进作用。该技术获得了 1997 年国家科技进步奖一等奖。

加氢裂化是生产航空煤油、优质重整原料和优质轻柴油的有效手段。可是，开发重油加工新技术、建设生产轻质油品的新装置需要大量时间和资金。在 20 世纪 90 年代，把减压馏分油加氢脱硫装置改造成缓和加氢裂化装置，成为很多企业的新选择。缓和加氢裂化比加氢裂化的压力低、氢耗小、建设快。日本千代田化工建设株式会社从 1982 年起，开始进行缓和加氢裂化的建设。该技术可以增加 20% 的轻油收率。在侯祥麟等人的推荐下，这项技术也在中国石油化工总公司"站稳了脚跟"，受到了炼油企业的重视。

1987 年，抚顺石油化工研究院开发了缓和加氢裂化的催化剂，实现了该工艺技术的重大突破。1988 年，中国石油化工总公司将齐鲁石化胜利炼油厂的加氢精制装置，改建为缓和加氢工业试验装置。1989 年 2 月，该套装置投料生产，获得成功，取得了可观的经济效益。

催化裂解、乙烯裂解、重油高压加氢裂化和缓和加氢裂化四项新技术装备，被中国石油化工总公司誉为 20 世纪 80 年代中国石油工业璀璨绽放的"新四朵金花"。"五朵"开罢"四朵"开，每一朵"金花"都浸透着侯祥麟的心血，饱含着他内心对祖国与石油化工事业的挚爱。

1987 年，有媒体记者采访侯祥麟，问他如何评价自己为中国炼油化工工业所做的贡献时，他谦虚地说："我只是一个过渡性人物。石油化工事业的发展，还要寄希望于中青年人。"正是这个虚怀若谷的老人，创造了一个个改变中国炼油化工工业面貌的奇迹。

大公无私报国心

侯祥麟一生当中，捐献给国家和社会组织的钱物难以计数。他大公无私的品行，与他自小受到父母的影响不无关系。

侯家子女多，经济负担很重。侯母是家中最辛苦的人。她起早贪黑照顾全家的饮食起居、子女读书，还要赶做一些抽纱、童装、小手工之类的活计以补贴家用。在侯祥麟的记忆中，母亲还是一位很有爱心的人。她常常帮助、接济有困难的亲友。无论是在侯家早期经济拮据的境况下，还是在后来比较富裕时，她对别人的帮助始终如一。

父亲是一位老师兼牧师，对侯祥麟慷慨性格的形成也有很大影响。侯家子女纷纷出外工作后，侯家生活条件日渐丰裕。父亲就在汕头外马路盖了一座三层小楼。小楼后面是一个花园，取名"镇园"。不久，父亲又在揭西县鸿江乡老家捐资建了一所小学，以祖父之名命名为"德智学校"。为了维持学校的日常开支，侯父还买了一些地，将全部地租贴补给学校作为办学经费。

父母亲对于社会和亲人的捐助行为，无形中影响着侯祥麟。母亲生前一直牵挂侯祥麟还没有成家，决定把房子留给他。20 世纪 50 年代，侯祥麟到北京工作后，认为老家的房子并无用处，与其闲置，不如捐给社会，用于公益事业。这所在当地小有名气的"镇园"曾长期被当成抽纱厂办公楼等用房。目前，该房产已被列为汕头市文物保护单位。

父亲在老家揭西县鸿江乡也有一处房产，叫作"乙初别墅"，在当地称为"青厝顶"。1981 年，揭西县政府为侯氏家族落实政策，归还了"乙初别墅"、花园等房产。老家的侄辈、侄孙辈来京，请求侯祥麟签字，以期收回后，分一部分归他们使用。侯祥麟与当时尚健在的二嫂和侄子商量后，回复说：国家百废待兴，教育先行，房产宜办教育，全部给国家。他毫不犹豫地向当地政府捐出这座价值不菲的西洋风格别墅，并希望能作为办学场地使用。

两次共计捐献房产 40 多间，价值百余万元。这在当时是一笔巨款。他在捐献房产时，获得了姐姐、嫂子、侄子、侄孙等人的理解。妻子李秀珍也特别支持他的捐献行为。

侯祥麟在捐房产的同时，也经常捐款。1986 年 7 月 8 日，侯祥麟在意大利获颁恩里科·马太依国际科学技术奖。他是第一位获得该奖的中国科学家。颁奖仪式在意大利罗马的巴比里尼宫举行。当他从意大利阿吉普公司董事长手中接过一尊"征服宇宙"的铜雕和获奖证书时，心情非常激动。意大利总统科西加亲自向他表示祝贺。回国后，侯祥麟将 2.5 万美元奖金全部捐献给国家，用作国家购买国外科技图书的专项基金。

1996 年 10 月 17 日，侯祥麟又获得一项大奖：何梁何利基金科学与技术成就奖。获奖后，侯祥麟首先想到的是要为培养石化高层次人才出力，决定捐出 50 万元奖金。在中国石油天然气总公司、中国石油化工总公司的支

侯祥麟获恩里科·马太依国际科学技术奖

侯祥麟获1996年度何梁何利基金科学与技术成就奖

持下，这笔捐款被设为侯祥麟基金。该基金的宗旨是：为实施科教兴国战略，鼓励优秀青年报考我国高等院校和科研院所石油加工领域本科学习深造，激励我国高等院校和科研院所石油加工专业领域的研究生和青年科技人员，立志献身于祖国的科学技术事业，学风优良，积极进取，攀登高峰，在学习和研究工作中做出优异成绩；培养造就高层次、高质量、高水平的现代专门人才，促进我国石油石化工业的发展。

他希望通过建立这个基金，吸引更多的优秀毕业生投身炼油工业。此次捐款，李秀珍不仅十分赞同，还是整个捐献行为的实际运作人。1998年，第一届侯祥麟基金奖颁奖大会在中国石化石油化工科学研究院举行。侯祥麟亲自向获奖的中国科学院大连化学物理研究所杨树武博士、石油大学（北京）卢春喜博士和高金森博士颁发了获奖荣誉证书和奖金。颁奖之后，侯祥麟说："我毕生的一个强烈愿望就是为教育做一件事，侯祥麟基金的建立使我实现了这个愿望。"此后，获得侯祥麟基金奖成为石油学子们向往的荣誉。2000年，该基金改为侯祥麟石油加工科技奖。这充分彰显了侯祥麟这位科学家奖掖后学、重视人才的科学家精神。

第一届（1997年度）侯祥麟基金奖颁奖大会（来源：中国石化石油化工科学研究院）

第三篇
战略擘画

> 八小时工作成不了科学家。一个科技人员下班就把科研工作放到一边,去卡拉OK厅,是搞不成科研的。要创新,必须要甘于寂寞,承受失败。只有不怕失败,执着追求,才能有所成就。

第一章　大国科技当高参

新中国成立伊始，百业待兴、百端待举。国家重整科技力量，建立中国科学院和其他科研机构，着力发展科技事业，并强调科技与经济社会相结合。1953年5月，国家计划委员会开始着手研究国民经济十五年（1953—1967年）远景规划的制定问题。8月3日，中国科学院向国家计划委员会报送了《关于国民经济建设长期计划意见的报告》，并附上了一些重要产业部门的专题研究报告。但一系列经济发展规划的制定和实施，都需要科学技术的发展做支撑。在这种情况下，从国家层面制定科技发展规划已经迫在眉睫。

科技强国先绸缪

1955年1月，中国科学院院长顾问柯夫达（В.А.Ковда）提交了《关于规划和组织中华人民共和国全国性的科学研究工作的一些办法》，提出了关于学科建设、科研机构布局等多项建议。其中最重要的建议是规划中国的科研工作、编制十五年科学发展远景规划，以解决经济建设中提出的最重要的科技问题。

2月12日和4月7日，中国科学院党组和院长郭沫若先后向周恩来总理和陈毅副总理汇报了柯夫达的建议。同时，郭沫若认为由于该建议涉及范围广，建议由国家计划委员会、中国科学院、高等教育部及其相关各部组成"全国科学研究工作计划委员会"，统筹制定全国五年与远景科研工作规划，并在国家计划委员会下设管理科学计划的专门机构——科学研究工作计划局。[1]

---

[1] 《中国科学院编年史（1949—1999）》，上海科技教育出版社，1999年，第52页。

4月22日，中共中央政治局讨论了柯夫达和中国科学院的建议。刘少奇同志指出，柯夫达的建议很重要，值得重视，并责成国家计划委员会、中国科学院和有关部门提出实现这些建议的具体意见，再提交中央讨论解决。[1]

毛泽东主席和中共中央高度重视编制科技发展远景规划。1955年7月，毛主席指示：全面规划，加强领导，这就是我们的方针。根据这一指示，国家计划委员会主任李富春要求中国科学院牵头组织科学远景规划编制工作。9月15日，中国科学院组织各领域专家，在认真研究"一五"计划、各学科的发展状况、各地区的科研机构和力量的基础上，着手制定中国科学院十五年发展远景规划。该规划为国家层面科技规划的制定积累了经验。

1956年1月14—20日，中共中央召开关于知识分子问题的会议。毛主席在1月20日到会并发表了重要讲话，讲话虽不长，但分量很重，给与会者留下了深刻印象。[1]每一个字都寄托着毛主席对包括科技专家在内的知识分子的深切希望和尊重，让大家备受鼓舞。

1月25日，毛主席再次强调："我国人民应该有一个远大的规划，要在几十年内，努力改变我国在经济上和科学文化上的落后状况，迅速达到世界先进水平。"[2]毛主席的讲话，明确指出了制定远景规划，使国家科技迅速达到世界先进水平的重要性。不久，在众人期待中，经国务院批准，国家启动编制《十二年科学技术发展规划》。

制定这样一个科学规划，是新中国成立以来的第一次，也是中国科学技术工作者的一项艰巨而光荣的政治任务。周恩来总理作出明确指示："这个远景规划的出发点，是要按照需要和可能，把世界科学的最先进成就尽可能迅速地介绍到我国来，把我国科学事业方面最短缺而又最急需的门类，尽可能迅速地补充起来，根据世界科学已有的成就来安排和规划我们科学研究工作，争取在第三个五年计划期末使我国最急需的科学部门能够接近世界先进水平。"[3]周恩来总理的指示最终成为我国科技工作者们制定《十二年科学技术

---

1 《若干重大决策与事件的回顾》上卷，人民出版社，1997年，第524—525页。

2 《毛泽东文集》第7卷，人民出版社，1999年，第2页。

3 《中国科学院编年史（1949—1999）》，上海科技教育出版社，1999年，第67页。

发展规划》的总体指导思想和依据。

这次规划编制工作的规格之高、人员之多、速度之快、涉及面之广,均是新中国历史上前所未有的,而面临的困难也是空前的。中共中央十分重视《十二年科学技术发展规划》的编制,决定由周恩来总理亲自主持这项工作,陈毅和李富春具体组织实施。参加编制工作的人员主要是自然科学领域的中国科学院学部委员以及相关行业的知名专家,共计600余人。部分在华苏联专家也被邀请参加并指导编制工作。

任务带动学科走

科学技术的发展离不开石油,因此,规划里也必然有石油科技的一席之地。

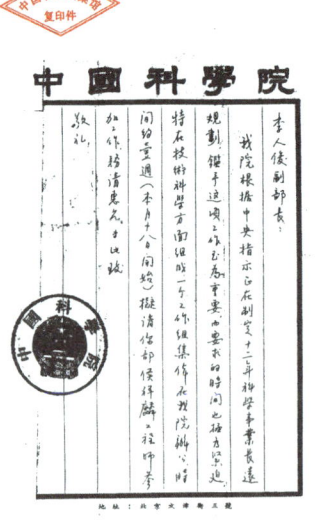

中国科学院向石油工业部调用侯祥麟的函(来源:中国石油档案馆)

石油科技规划的编制工作由哪些科学家承担?刚刚当选中国科学院学部委员的侯祥麟进入了规划编制领导小组的视野。中国科学院专门发函,向石油工业部提出调人申请,点名请侯祥麟参加这项工作。接到文件后,李人俊副部长找到侯祥麟,通知他立刻前往北京西郊宾馆报到。要求他坚决服从上级的安排,全力做好石油科技规划这篇大文章。

侯祥麟在接到通知后,心中难掩激动!他深知,接受这个任务,使命光荣,责任重大!国家的需要就是最大的需要!他一点儿也不敢耽搁,和同时被邀请参加编制工作的翁文波等人迅速收集石油地质、炼油能力和工业需求等基础资料，然后带着国家重托和石油工业的期待，以石油赤子之心投入到这场大国科技蓝图的擘画之中。

一月的北京，虽然天寒地冻，但是碧空如洗、万里无云。西郊宾馆内鸿儒联袂，群英云集。钱学森、钱伟长、侯祥麟……来自全国各条战线的科技巨擘，集结在国家富强的伟大理想之下，兵分多路，挑灯夜战。每一位科学家都热情高涨、干劲十足。在资料缺乏、技术受限的情况下，他们发挥集体智慧，战胜一切困难，开始了新中国第一份科技规划的编制工作。

《十二年科学技术发展规划》编制工作分为两个阶段。首先是大家集中研究选出大的门类目录，其次是由各行各业的代表编制本行业的科技发展细节。在规划编制过程中，遇到的第一个争论比较激烈的问题是编制的原则问题：以学科为主还是以任务为主。

1956 年 5 月，科技规划编制小组开会讨论规划纲要（来源：中国科学院）

参加编制工作的中国科学院很多学部委员来自所属的研究所。此时中国科学院正大力提倡搞基础理论研究，所以有相当一部分科学家坚持认为应当以学科为主，学科研究取得进展后，就会促进国民经济和国防建设的发展。另一种观点认为，当前国家迫切要进行经济建设，应围绕当前迫切需要实施的重大任务和生产发展情况来制定规划。二者出发点不同，争论比较激烈。

侯祥麟曾经在美国学习生活了 5 年，深切体会到欧美发达国家的先进石油科技是推动经济发展的内在动力。回国后，他又在石油战线工作了 5 年多。从生产一线到研究机构的工作历程，提升了他的思考能力，丰富了他的科研经历。进入燃料工业部机关工作之后，他还多次出访苏联、捷克斯洛伐克等国家，到相关炼油企业和科研机构参观，了解了东欧国家的科技规划和制定方略。这些经历和认识，让他站在了"任务带学科"的原则一边。

他和一些专家认为，新中国经济建设任务艰巨，根据国民经济和国防建设对科学技术所提出的任务来制定《十二年科学技术发展规划》，目标方向更明确，更有实际意义，能更好解决新中国面临的经济建设问题。而按学科制定《十二年科学技术发展规划》，虽然科学家按照自己学科的专长和已有的科研机构，可以更容易地编制规划，但在我国现有条件下却存在两大缺点：一是部分科学家不能系统地了解国家对科学技术的需要，按学科编制规划无法达到理论和实际的有机结合，即使能够取得一批单项科研成果，但综合起来却很难解决国民经济和国防建设中迫在眉睫的科学技术问题；二是中国科技发展现状很不平衡，重要的空缺和薄弱环节很多，如果有哪一类科学家、有哪一类机构就规划哪一类学科，那么许多空缺和薄弱环节就不可能得到填补和加强。

周恩来总理在听取汇报后说：要尽量采用世界先进技术，瞄准新兴科学、新兴技术，不失时机地"迎头赶上"；同时又要看到国力有限的客观实际，要"重点发展"，避免力量分散，拖延时日。[1] 从而确定了"重点发展，

---

1 《周恩来年谱（1949—1976）》上卷，中央文献出版社，1997 年，第 580-581 页。

迎头赶上"的编制方针。《十二年科学技术发展规划》编制领导小组遵照中共中央的意见，形成了以任务为主，以任务带学科，同时规划里要体现出学科的编制原则。这样，对规划编制的方针、原则等的争论，经周总理协调后，终于逐步达成一致。

在确定"任务带学科"后，仍有人担心最后弄成任务"代"学科，不是带动而是代替。于是，周总理又指出，在大力发展应用科学研究的同时，必须加强基础理论研究。如果我们不及时加强对长远需要和基础理论工作的注意，那么，我们就要犯很大的错误。[1] 周总理提议，可以在56项任务之外，再单独增加一项自然科学基本理论若干领域发展的重点任务。最后，在周总理直接指导下，科技规划编制中增列了"现代自然科学中若干基本理论问题的研究"，并且把它列为重点之一。这才使这场争论平息下来。

基本明确"任务带学科"原则之后，规划编制工作进入第二阶段。科学家们认真学习国家计划委员会制定的《国民经济长期计划草案》以及各部门拟订的生产和科技规划，按工业、尖端科学、农业、交通运输等不同部门，逐步提出和讨论57项任务。在每项任务下，对中心问题、科研课题、负责单位、召集单位和进度要求分别进行细致部署。几百名科学家分成几十个规划小组，按照列出的任务，讨论起草文字说明、规划提纲和附件等。每个规划小组负责一个领域。每一位组长都带头冲锋在前，带领本领域的专家认真研究，精心谋划。

石油院士献鸿猷

《十二年科学技术发展规划》中涉及石油工业的有两项，即57项任务中的第17项《扩大石油和天然气资源》和第18项《扩大液体燃料及润滑剂的

---

[1]《周恩来传》，中央文献出版社，1998年，第1210页。

来源》。第 17 项主要内容为石油天然气资源勘探与开采，第 18 项主要内容为石油炼制与利用。可以说这两项规划基本涵盖了石油工业的上游、下游整体业务，所以这两项规划的编制，关乎石油工业的未来，关乎国家现代工业体系建设，其重要性可想而知。

翁文波牵头，与侯祥麟一同主持了第 17 项《扩大石油和天然气资源》的编制任务。此项任务涵盖了探索中国境内油田和气田分布规律，研究不同地质条件下，油田和气田的各种性质、地球物理勘探的合理方法，改进钻探方法以提高钻井速度及深度，合理开发和开采油气田，提高采收率和开发速度，以及对油气的合理储运等油气地质、勘探开发的关键问题。

《十二年科学技术发展规划》完成情况及 1958 年夏季提出的跃进指标（部分）（来源：中国石油档案馆）

侯祥麟牵头，与张大煜、傅鹰一同主持了第 18 项《扩大液体燃料及润滑剂的来源》的编制任务。此项任务的主课题由侯祥麟负责，中心题目分别由侯祥麟、张大煜、傅鹰、朱葆琳、彭少逸等负责执笔。编制过程中，侯祥麟积极贯彻"任务带学科"的方针，参照当时所了解的国外最新技术，一直围绕生产中存在的重大技术难题和国家对能源的重大需求进行。在组织大家经过详细、周密的研究后，他认为编制该项规划的目的是扭转原油产量低、大量产品依靠进口的局面，明确规划编制要围绕生产任务进行。

《十二年科学技术发展规划》执行情况简表（部分）（来源：中国石油档案馆）

同时，他广泛听取石油工业部抚顺石油研究所、北京石油炼制研究所及多家生产单位的专家和部分在华苏联专家的意见，邀请他们参加对中心题目的反复讨论。最终确定了三个方面的工作：一是发展人造石油技术；二是提高原油加工技术，充分利用原油资源；三是生产国民经济和国防建设所需产品。侯祥麟之所以把重点放在人造石油上，是因为当时天然原油产量很低，人造石油项目攻关是增产的主要方向。当然，他们在天然石油加工方面也规划了一些项目。由于多种原因，本规划并未明确写入军用油品。但针对国内需要，编制小组广泛参考国外相关案例，也列出了航空燃料、润滑油和硅油、氟烃等合成润滑油研制项目。

侯祥麟与各位专家吃在一起、住在一起，在房间、会议室、餐厅……他们夜以继日研究、讨论、编写，最终完成了这两项规划的编制。其中，第18项规划对后来炼油工业技术发展起到了重要的指导作用，也为军用油品的研制工作打下了坚实的基础。

世异时移，如今回首，侯祥麟针对石油行业作出的规划，在考虑解决当时存在问题的同时，又富有前瞻性和预见性。可以说，这两项规划是聚全国石油行业研究团队之英才、汇全体石油行业科研人员之智慧、集石油工业部上下各方之力量，凝结出的心血之作。

规划完成亮神州

1956年6月14日，在规划编制的紧要时刻，毛泽东主席与周恩来、朱德、陈云、林伯渠、邓小平、聂荣臻等党和国家领导人在中南海接见了参与规划编制的一大批科学家，并合影留念。这无疑是对规划编制工作的最大认可。多年后，侯祥麟深情地回忆说：这是他第一次与党和国家领导人合影，情景历历在目！毛泽东主席高大伟岸的形象深深印刻在他脑海中。周恩来总理还在中南海怀仁堂设宴招待了各位科学家，同大家一一握手，亲切问候。第一次这么近距离地见到周恩来总理，侯祥麟被总理的儒雅气度和人格魅力所感染。

1956年8月，《1956—1967年科学技术发展远景规划纲要（修正草案）》全部编制完成。共计确定了57项科技发展任务和616个科研课题，包括1956—1967年国家重要科学技术任务、任务的重点部分、基础科学的发展方向、科学研究工作的体制、研究机构的设置、科技干部的使用和培养、国际合作等九部分内容。该规划还对全国科研工作的体制、现有人才的使用方针、培养干部的大体计划和分配比例、科研机构设置的原则等作了一般性规定,是一个集项目、人才、基地、体制统筹安排为一体的规划。

1956年12月22日,中共中央同意《1956—1967年科学技术发展远景规划纲要(修正草案)》作为试行方案付诸实施。科技规划编制速度之快、效率之高,实属罕见。更为可贵的是,规划高屋建瓴、立足实际,即使在今天看来也科学合理,经得住时间的考验。参与规划编制的聂荣臻元帅曾回

《1956—1967年科学技术发展远景规划纲要(修正草案)通俗讲话》一书

忆道:这份《十二年科学技术发展规划》勾画出了中国科学技术发展的蓝图,确定了中国科学技术发展的重要领域,并具体化为课题,从而统一了思想,统一了步伐,使攻关有了明确的奋斗目标。通过制定规划,我国也初步摸清了当时国际上先进科学技术的状况和自己的"家底"……通过制定和执行规划,还初步制定了若干科研工作政策,为党如何领导好科研工作积累了一些经验。[1]

规划的制定和实施,不但对我国科学技术的发展起到了重要的推动作用,而且对我国科研机构的设置和布局、高等院校学科及专业的调整、科技队伍的培养方向和使用方式、科技管理的体系和方法以及我国科技体制的形成起到了决定性作用。

---

1 《聂荣臻元帅回忆录》,解放军出版社,2000年,第620页。

落实规划站排头

《十二年科学技术发展规划》编制完成之后，各部门、各行业均需尽快部署安排实施，时间紧，任务重。侯祥麟等人归来后，石油工业部迅速启动石油工业各方面的落实措施和工作计划。

1956 年 9 月，侯祥麟被任命为石油工业部技术司副司长，并同时担任国家科委石油炼制组及可燃矿物综合利用小组副组长。石油工业部党组根据国家的科技部署，组织了以侯祥麟、翁文波等人为核心的规划制定小组，提出了石油领域需要研究的 11 个中心问题，制定了石油工业部《1956—1967 年石油科学研究远景规划初步方案纲要及草案》。该规划提出的石油工业主要工作目标是：地质勘探方面，1962 年全国储量 12.5 亿吨，原油产量 2600 万吨；1972 年全国储量 50 亿吨以上。为达到这一目标，对地质勘探、钻井、采油等方面均提出了具体要求。在人造石油方面，应开展利用页岩和煤生产液体燃料方面的研究工作。研究及掌握干馏颗粒及粉末油页岩的新炉型，争取到 1967 年油页岩能被全部利用。研究页岩及煤的新型干馏炉型、高压加氢技术。在原油加工方面，争取到 1967 年加工量超过 70%。特别应研究掌握提高喷气机燃料产率的技术，润滑油、脂及添加剂的制造以及催化裂化、气体加工等方法。应进行工业使用的油类、气体制造燃料和化学品综合利用研究，使主要化工原料，特别是甲苯和乙烯，能满足各部门的需要。

石油工业部的远景规划，在地质勘探、钻井、采油采气、人造石油和天然油加工、煤和页岩的液体燃料、石油机械、建筑安装等 13 个方面布置了 107 个研究课题。为组织全面攻关，石油工业部又建立了 11 个研究机构，规模达到 1 万人。在这 11 个研究机构中，就包括北京石油地质勘探研究所和北京石油炼制研究所筹建处。1956 年 7 月，石油工业部根据国务院第三办公室的批复，成立了两个筹建处。1958 年 11 月 15 日，石油工业部石油科学研究院成立，张俊任院长，翁文波任主管石油地质勘探的副院长，侯祥麟任主管石油炼制的副院长。石油科学研究院是落实国家发展规划的生力军，不仅在石油勘探开发领域发挥了重要作用，而且在研发炼油新工艺、新技术、新产品方面起了主导作用。

侯祥麟不但参与制定规划，更是以身作则，带头落实规划。从石油工业部技术司副司长到石油工业部石油科学研究院副院长，侯祥麟发挥自己在炼油生产和技术方面的专长，经常去炼油厂调研并参加石油工业部科技、生产、计划、思想工作等方面的各种会议。这使得他对当时的生产情况和存在问题以及今后发展方向有了较深了解。

1962年10月，侯祥麟在北京香山参加编制《1963—1972年科学技术发展规划（石油炼制）》；1963年，负责起草编制《1963—1972年科学技术发展规划（石油新型材料、特种润滑剂测试技术）》；1972年9月，主持编制《1973—1978年科研发展规划》；1989年1月，担任国务院《中长期科技发展纲领》专家组成员……侯祥麟持续对学科发展战略和中长期目标提出建议，对重要研究领域和研究机构的学术问题进行评议和指导。

与此同时，侯祥麟还先后当选为中国化工学会理事、中国工程院院士、中国石油学会理事长以及全国政协委员。在这些广阔的舞台上，侯祥麟成为祖国科技发展战略谋划的"大国高参"。他以战略科学家的远见卓识，不断描绘着规划中的中国，而后躬身于白纸之上，将一个个规划化作现实，演绎出新中国科技发展的一项项人间奇迹。

第二章　石油学会忙筹建

20世纪40年代，在美国留学期间，侯祥麟对美国石油学会发挥的作用记忆尤深。回国进入石油工业部技术司工作不久，他和著名化工专家侯德榜协商，于1957年8月推动成立中国化工学会，并担任常务理事兼秘书长。1962年10月，石油工业部在北京香山召开会议，"五朵金花"研制正式提上日程。侯祥麟无暇顾及学会工作，遂辞去中国化工学会秘书长一职。这些工作经历使侯祥麟积累了丰富的经验，为他日后筹建和管理中国石油学会奠定了坚实的基础。

组建学会大事成

1978年，中国迈入改革开放新时期，石油工业技术人员对国内外石油领域科技交流的渴望与日俱增。与此同时，国外石油技术人员也急切期望通过行业团体等组织与中国石油行业进行深度交流。侯祥麟敏锐地洞察到这种需求。然而，单纯依靠相关国家机构组织进行，已然难以适应改革开放的新形势。有着多年学会工作经验的侯祥麟深知，解决这一问题的最优途径，便是尽快成立一种社团组织，畅通各种交流渠道，在行业与政府间架起一座桥梁，激发石油行业的创新力。

一天，已担任石油工业部副部长的侯祥麟与闵豫[1]，聊起成立中国石油学会之事，认为条件已经成熟。他们决定带头发起，尽快将中国石油学会建立

1　闵豫（1934—1999），江苏昆山人。1961年加入中国共产党。历任新疆石油管理局地质处主任地质师，大庆油田石油会战指挥部副总指挥兼总地质师，大庆油田革委会副主任，石油工业部副部长；中国石油学会第一届、第二届副理事长。

起来。他们商量了一些细节之后,就起草了一份报告上报石油工业部。二人的意见得到了石油工业部的支持。1978年6月27日,石油工业部以〔(78)油科教字第210号〕文件《关于申请成立中国石油学会的函》,正式向中国科学技术协会提出成立中国石油学会的申请。10月5日,石油工业部副部长张文彬和中国科学技术协会副主席裴丽生共同签发〔(78)油科字第617号〕〔(78)科协发学字077号〕文件《关于中国石油学会办事机构人员编制的请示报告》,并联合发文报请国务院,请示批准成立中国石油学会。在这两份文件中,初步确定新成立的中国石油学会下设石油地质、石油工程和石油炼制三个专业委员会,以及中国石油学会的办事机构和人员编制等事宜。不久,余秋里、耿飚、王震等中央领导人先后批复同意意见。由此,中国石油学会应运而生,使侯祥麟和闵豫等人的心愿得以实现。

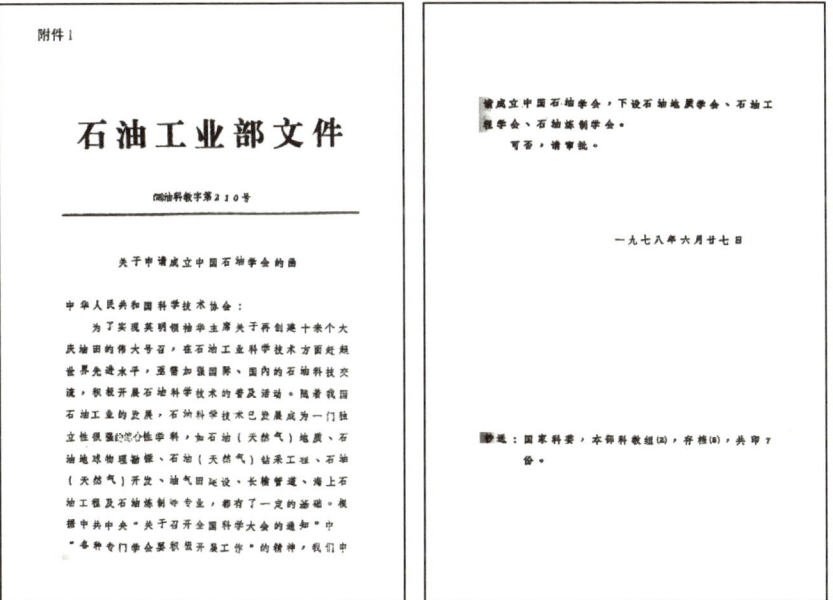

石油工业部《关于申请成立中国石油学会的函》文件(来源:中国石油学会)

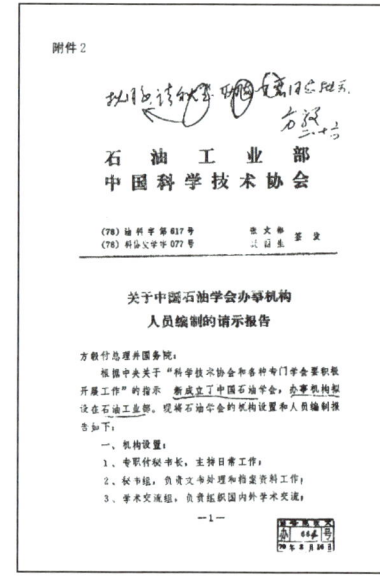
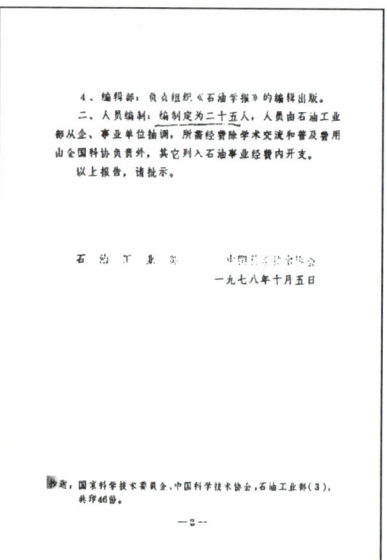

石油工业部、中国科学技术协会《关于中国石油学会办事机构人员编制的请示报告》文件（来源：中国石油学会）

中国石油学会的筹建工作由侯祥麟具体负责，并由石油工业部科技司的蒋其垲具体落实。1978年9月，蒋其垲结束了近一个月的国外考察，下飞机后，工作人员告诉他，石油工业部领导给他安排了一项新的工作——协助筹备成立中国石油学会。接手筹建工作后，蒋其垲成了侯祥麟的得力助手，他开始马不停蹄地到中国科学技术协会等部门，协商沟通配备专业工作人员、设置相关职能部门、推举理事会成员等事宜。

1978年12月，中国石油学会临时理事会成立。临时理事会设秘书组、学术交流组和《石油学报》编辑部三个部门，人员编制定为25人。任命蒋其垲为秘书长。办公地点设在当时的石油工业部，即北京市西城区六铺炕。临时理事会的首要任务，就是筹备中国石油学会第一次全国代表大会。这并不是一个简单宣布中国石油学会成立的仪式，而是要确定中国石油学会的管理制度、组建形式、服务宗旨、发展方向及会员管理办法等重要问题的大会。

在会议筹备期间，侯祥麟、闵豫与蒋其垲等秘书组工作人员一起，从方针政策到第一次全国代表大会召开的细节，逐一讨论、确定。最终将相关方案向石油工业部汇报并得到确认。

办会理念旗帜明

1978年12月13日，《人民日报》刊登了中国石油学会即将成立的消息以后，石油工业部收到了美国、英国、日本、瑞士等国家友好人士的来信来电。他们纷纷向侯祥麟和闵豫等人表示祝贺，并希望与侯祥麟建立联系，进一步了解中国石油学会建设的进展。还有不少美籍华人寄来了国外石油学会和科研进展的资料，并申请成为中国石油学会留美会员。热烈的社会反响增强了侯祥麟等人办好学会的信心。

1979年4月10日，中国石油学会第一次全国代表大会在四川成都召开。大会连续开了7天。来自石油科技工作各条战线的正式代表和列席代表共351人参会，代表了全国5400余名学会会员。闵豫致大会开幕词。大会选举侯祥麟为第一任理事长，闵豫等8人为副理事长。中国石油学会下设石油地质、石油工程和石油炼制三个专业委员会。16个省（自治区、直辖市）也随之成立了地方石油学会。会议期间还召开了首次常务理事会，讨论并确定了学会的性质、任务，研究学会的组织机构等。这标志着中国石油学会正式成立。

侯祥麟在闭幕式上作了题为《办好学会，促进石油科技发展》的报告。这份报告和本次会议召开的形式都集中体现了侯祥麟开展中国石油学会工作的思想。他提出了今后一段时期的主要任务，包括建立健全各级学会的组织机构、大力开展学术活动、积极进行国外学术交流、认真办好《石油学报》和抓好石油科普工作等。

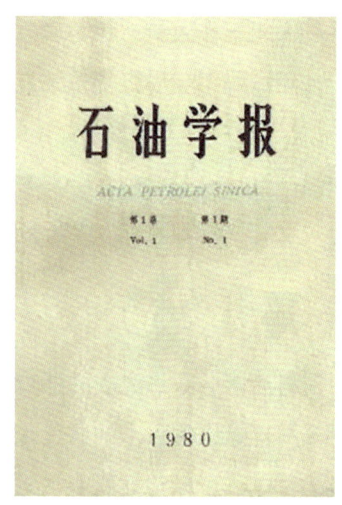

1980 年出版的《石油学报》

学术交流是重中之重。在筹建阶段，侯祥麟多次提出中国石油学会不仅要有自己的学术期刊《石油学报》，还要开展丰富多彩的学术交流活动。这次大会切实落实了侯祥麟的办会理念，用 80% 以上的时间进行了广泛学术交流。在专业大组、专业小组和书面交流中，共推出了 265 篇学术论文。他还提出"两年举行一次年会，研究学会工作，并进行一些重点论文报告的交流和讨论……"[1]。"将学术交流作为学会的核心工作来抓"的理念确定了学会开展工作的基本定位，并一直被中国石油学会贯彻至今。

科普工作要持之以恒。侯祥麟主导确定了"学会科普工作主要任务是面向广大会员，推广石油科学新技术，加快知识更新，同时向广大职工、青少年普及石油科学知识"。侯祥麟指出的路径是通过培训、报告会、图书、期刊、影像、科技夏令营等多种方式，"让更多的人了解石油科学技术知识，更多的人来支持和参加石油工业建设"。[2]

广开言路靠实践验证。侯祥麟认为科学研究是一项创造性工作，一定要解放思想，千万不能被各种各样的"框框"限制住。他提倡学术讨论一定要广开思路，提倡自由探讨，最后由实践检验得出结论。侯祥麟的这些理念都得到了有效落实，使中国石油学会形成了风清气正而又活泼宽松的学术交流氛围。

开放包容并走向国际。学会筹备之时，侯祥麟的目标之一就是要助力中国石油工业"加强国内外石油科技交流和科普活动，适应世界科技发展潮

---

[1] 摘自 1979 年 4 月 17 日，侯祥麟在中国石油学会第一次全国代表大会上的讲话《办好学会，促进石油科技发展》。

[2] 摘自 1983 年 11 月 7 日，侯祥麟所作的题为《面向经济建设，发展石油科学技术，开创学会工作新局面》的第一届理事会工作报告。

流，赶超世界先进水平"。他的意见是"要有计划有重点地开展一些活动，摸索经验，搞好国际学术交流和对外联系"。在对待国外先进技术方面，"要大力提倡学习一切先进的科学技术，但是学习是为了认识它，掌握它，超过它，在前人的基础上再前进一步"[1]。从这些论述中可以看出，侯祥麟推动建立中国石油学会的目标之一，就是要通过国际间的交流使中国石油的科技发展方向与世界科技发展潮流紧密联系在一起。

培养人才须面向未来。在1989年召开的中国石油学会第三次全国代表大会上，侯祥麟在报告中指出，中国石油学会应该把为广大石油和石化科技工作者创造大展宏图的社会环境，作为重要职责；要帮助科技工作者了解当代最新科技成就和发展动向，促进青年科技人才的迅速成长；要在学术活动中发现人才、广举人才，不断使石油石化科技队伍年轻化、新知识化。[2] 目前，中国石油学会形成的完善的人才培养机制，与侯祥麟的办会理念有着千丝万缕的联系。

为油发展践言行

在中国石油学会学术交流活动中，侯祥麟一直倡导为石油行业提方法、为政府决策提建议。他要求学术活动要针对中国石油工业存在的问题和短板提出建言。1982年12月21日，中国石油学会核测井学术讨论会成功召开。1984年至1988年，中国石油学会联合中国地质学会、中国地球物理学会，举办了塔里木盆地油气资源座谈会。根据研讨成果，学会向地质矿产部、石油工业部提出了宝贵建议，为核测井技术的应用和沙参2井的钻探等课题提

---

1 摘自1979年4月17日，侯祥麟在中国石油学会第一次全国代表大会上的讲话《办好学会，促进石油科技发展》。
2 摘自1989年5月30日，侯祥麟在中国石油学会第三次全国代表大会上的工作报告《深化改革，振兴经济，为加快石油天然气和石油化工科技进步贡献力量》。

供了参考。

组织重大战略性技术问题的讨论，是侯祥麟部署中国石油学会进行的重要工作之一。1978年，我国的原油年产量突破一亿吨，但对有着近10亿人口的中国而言，又显得太少。如何用好一亿吨石油资源，充分发挥其应有的经济效益，成为一个重要课题。为了探讨合理利用一亿吨原油的途径，侯祥麟先后组织召开了"用好一亿吨石油研讨会"和"用好一亿吨石油综合论证会"。各领域专家从我国能源实际出发，提出了具体建议，例如将炼油过程中的烧油改造为烧煤，再把节约的石油搞化工及其终端产品；大搞石油的综合利用，将原油出口改为成品油出口，或再进一步加工成石油化学品、纺织品等，可创造更多的经济效益。这些建议为形成最终的"如何用好一亿吨原油"方案打下了坚实的基础。

在中国石油学会发展进程中，国际学术交流活动逐年增多。中国石油学会已与国际勘探地球物理学家学会、美国石油工程师学会、日本石油学会等签署了学术交流合作协议，共同开展多项活动，形成了经常化、固定化的双边活动。

1983年侯祥麟会见美国石油同行

在某次国际石油工程会议中，我国石油科技工作者了解到美国在增产措施方面，重点研究的是水力压裂技术，特别是大型压裂装备及相关技术。美国预计将有一半原油产量要通过大型压裂装备从致密油气藏中获得。这一信息给了我国石油科技工作者及工程技术人员很大启示，为我国低渗透油气藏的成功开发提供了借鉴。

在中国石油学会工作的10年里，侯祥麟经常以中国石油学会理事长的身份撰写文章，通过媒体和会议等方式，为中国石油工业的发展献计献策。1985年3月，《石油学报（石油加工）》创刊。他撰文指出，石油加工工业虽为传统工业，但在新的产业革命过程中仍具有十分重要的地位。为了适应新形势的要求，我们必须研究各种新兴技术（如计算机及信息处理、系统工程、高性能的新材料、生物工程等）在石油加工工业中的应用，以利于革新、改造石油加工技术。他提醒科研人员，提高能源利用效率对于石油加工工业仍是一个重要的课题。要进一步深入开展试验研究，实现流程最优化、加热过程中的热量回收最大化；要着眼于国际市场，根据我国原油的特性，研制生产出有竞争能力的产品；为了研制高水平的新产品，必须研究有关的理论基础、厘清产品结构与产品性能的关系，探索新的加工方法；在开展试验方面，必须采用和发展新方法、新技术……这些意见，在今天仍然发人深省。

1992年，中国石油学会召开首届青年学术年会。侯祥麟应邀出席并讲话："随着知识产权保护的日益深化和我国在关税贸易总协定成员国地位的恢复，今后以模仿为主的途径难以保持。为了进入国际市场进行竞争，除必要的引进外，新技术、新产品应主要由我们自己开发，必须不断地搞出有较大幅度创新的技术，有较高水平的科技成果。"为了搞好科技创新，他希望全社会要为进行创新工作的科技人员创造必要的条件，要允许失败，要允许科技工作者有一定的选择科研题目的自由；要给他们必要的工作条件和生活

条件，以及足够的鼓励……[1]

侯祥麟对中国青少年的成长同样进行了深入思考。1983年7月，全国青少年石油夏令营开营时，他莅临开营仪式，并与青少年们亲切交谈。他说："我们必须把经济发达国家普遍采用的、适合我国国情的科学技术，逐步在我国石油工业中推广应用。当然，推进技术进步，归根到底要靠掌握技术的人。因此，抚育、培训、教育青少年是培养社会主义现代化建设后备军、共产主义事业接班人的伟大战略任务，是全社会的共同事业……希望你们之中将来有更多的人成为石油战线上的生力军，加入石油工作者行列，共同来开发'黑色金子'，输导'工业的血液'，为发展我国石油工业做贡献。"一字一句，满怀对中国青少年的殷切期望。

行深致远学会情

1979年至1989年，侯祥麟连续担任两届中国石油学会理事长。10年时间里，在侯祥麟的领导下，在全体工作人员的共同努力下，中国石油学会取得了一系列成就，完成了从奠定基础、走向成熟到稳定发展的历史跨越。

1979年4月10日，中国石油学会第一次全国代表大会在四川成都召开时，中国石油学会拥有5400余名会员和石油地质、石油工程、石油炼制三个专业委员会，在16个省（自治区、直辖市）成立了地方石油学会。在侯祥麟的办会理念影响下，这次大会确立了中国石油学会的运行模式、工作内容，为中国石油学会在改革开放的新时期里持续发展奠定了基础，被称为"奠定基础"的大会。

---

[1] 摘自1992年6月24日，侯祥麟在中国石油学会首届青年学术年会上的讲话《青年科技工作者要为石油努力拼搏奉献青春》。

1983年11月7日，中国石油学会第二次全国代表大会在江苏南京召开时，中国石油学会拥有20000余名会员和21个地方石油学会，增设了石油储运、石油物探专业委员会和石油防腐、石油经济专业学组。一个全国性的石油科技工作者的学术组织已经初具规模，预示着中国石油学会逐步走向成熟和发展之路。

1983年11月10日，中国石油学会第二届理事会合影（来源：中国石油学会）

1989年5月30日，中国石油学会第三次全国代表大会在辽宁大连召开时，中国石油学会拥有36300余名会员、12个专业委员会和1个专业学组，并在《石油学报》的基础上增加了《石油学报（石油加工）》。全国已经有26个省（自治区、直辖市）建立了地方学会组织。中国石油学会和地方石油学会一起，构成了层次分明的科技传播格局。此时的中国石油学会已经拥有稳定发展、不断完善的良性循环体系。

10年间,在侯祥麟的领导下,中国石油学会组织召开了全国性学术会议198次,收到学术论文近万篇。参加会议人数累计达2万余人次。通过各类培训、展览、讲座和石油夏令营等形式,持续传播石油科技知识。1985年,他希望学会出版一本科普期刊的愿望得以实现。在石宝珩[1]等人的努力下,中国石油领域唯一的科普期刊《石油知识》正式出版发行。此外,中国石油学会还组织或参与编写出版了《炼厂安全问答》《石油加工》《漫话石油》等科普读物。这些书刊起到了很好的石油科技传播作用。

在此期间,他一直在思考中国石油学会建立何种管理模式,才能更好地适应改革开放的新形势。1988年2月,他在《关于加快学会自身改革、适应科学技术发展需要的意见》[2]一文中,结合学习党的十三大文件精神,提出了自己的设想:一是逐步走自筹经费的道路。中国石油学会成立8年多来,活动经费主要依靠拨款。随着改革的深化、政企分开,企业严格实行经济核算,拨款、资助的路越来越窄。他认为可以通过开展技术咨询服务和推广新技术、新产品,以及广泛组织国际性的学术交流和新技术成果展览等方式,实现经费

1985年,《石油知识》创刊后发行的第一期

自给。二是学会要有独立地进行国际交流的条件。限于经费和审批流程,中国石油学会成立以来,只同美国、英国、日本和加拿大4个国家石油学会组织建立了联系。而对于石油科学技术先进的部分西欧石油生产国家,还没有能够建立联系。他建议立足我国实际,放眼世界,选准发展的方向

---

1 石宝珩(1938—2015),石油地质专家。
2 此文是侯祥麟在中国科学技术协会第三届第三次全体委员会会议上的发言。

和重点，积极推广国际交流合作，借鉴世界先进工艺技术来推动我国现代化建设，振兴国民经济。三是在尊重挂靠单位基础上，按照群众性学术组织的特点开展工作。他认为科学技术协会所属的学会组织，要发挥政府的"纽带"和"助手"作用，要按群众组织的特点组织工作、组织活动。

1989年，在中国石油学会第三次全国代表大会上，侯祥麟作了《深化改革，振兴经济，为加快石油天然气和石油化工科技进步贡献力量》的报告。这是他在理事长岗位上所作的最后一次学会工作报告。他总结了学会近几年工作之后，叮嘱到会人员，一定要加强智力开发，为科技人才的成长发展服务；一定要组织好青少年科技活动，让更多的青少年投身到我国石油工业建设中来；一定要努力办好《石油学报》《石油学报（石油加工）》《石油知识》，不断提高三个刊物的质量和水平……

他在报告中指出，5年多来的学会工作，成绩值得肯定，但也有不足之处，归纳起来有以下几个方面：一是民主办会力度不够，在各项活动中，发挥广大会员的作用不够充分，发挥各级组织和理事的作用也不够充分；二是没有积极兴办公益事业和开展有偿科技服务活动，经费完全依靠拨款，学会工作缺乏必要的自我发展和自我调节的活力和机制；三是调查研究总结学会工作的经验不够，缺乏系统总结突出典型案例，以指导、推动各项工作的发展。侯祥麟这样说，并不是在责怪别人，而是77岁的他在反思自己多年来负责的学会工作中存在的不足，或者说是离任前，发现有那么多尚未完成的工作而深感遗憾。

中国石油学会第三次全国代表大会召开之后，侯祥麟退居幕后，成为名誉理事长。他虽不再直接参与中国石油学会的管理和建设工作，但仍有需即到，与大家讲真话、聊心里话。在中国石油学会的学术交流或科普活动中，每当大家看到这位瘦弱微伛、白发苍苍但精神矍铄的老人坐在主席台上时，似乎看到了干事创业的主心骨，看到了中国石油科技之魂，便浑身充满了力量。

第三章　发起成立工程院

在人类社会的发展进程中，工程技术始终扮演着关键角色。20 世纪，工业生产的需要和技术科学的迅速发展，为工程技术赋予了坚实的理论支撑，使其在工农业生产及社会经济发展中发挥着越来越大的作用。众多国家已纷纷设立工程院等学术机构，然而中国的工程院直到 1994 年才在张光斗、王大珩、师昌绪、张维、侯祥麟、罗沛霖等人的倡议下千呼万唤始出来。

入选技术科学部

早在中国工程院成立之前，已经有中国科学院及中国社会科学院两家学术机构。中国科学院创立于 1949 年，是仿照苏联模式建立的具有指导性质的学术机构。1955 年 6 月 1 日，中国科学院举行学部成立大会，成立物理学数学化学部、生物学地学部、技术科学部和哲学社会科学部四个学部，共遴选 233 名学部委员（后改称院士）。中国科学院成立四个学部，是发展我国科学事业的一个重要措施。

在此次大会上，共选出 40 名技术科学部委员，严济慈为主任。侯祥麟为技术科学部委员之一，并担任技术科学部常委。技术科学部成立后，侯祥麟等人组成的学部常务委员会，首先讨论确定了下半年的工作要点，并建立了冶金、燃料化工、机械电工、土木建筑水利四个学科小组。技术科学部的工作便正式开展起来了。

根据这次学部大会的决议，技术科学部于 1955 年底开始酝酿科学发展长远规划，接着大部分学部委员直接参加了国务院科学规划委员会主持的《十二年科学技术发展规划》的编制工作。1962 年，又投入到《1963—1972

年科学技术发展规划纲要》的编制工作中。

新中国成立以来，中国广大工程技术人员努力提高工程技术水平和设计、施工能力，建成了一大批重大工程和基础设施，为促进经济建设和国防事业发展作出了卓越贡献。在建设实践中，中国的工程技术在某些领域形成了自己的特色和优势。一大批优秀的工程技术人才成长起来，他们既有从事技术科学研究的，也有从事技术工程工作的。1979年中国科学院恢复活动时，1955年与1958年两届学部委员只剩下117人。因此，中国科学院首要任务就是增选学部委员。但是，这些在工程技术领域卓有成就的专家却无法进入中国科学院。从这时起，侯祥麟便萌生了成立中国工程院的念头。

此时正是改革开放之际，中国方方面面都在与世界接轨、对话、交流、合作。侯祥麟同样无比渴望发出工程技术圈的中国声音。作为中国科学院学部委员，侯祥麟每次参加国际工程与技术科学院理事会会议，只能列席而不是正式出席，更不能参与会议讨论和相关事务。这更加坚定了侯祥麟推动设立中国工程院的信心和决心。

侯祥麟认为，成立以工程技术界优秀专家为主体的中国工程院，对肯定工程技术界的业绩，提高工程技术界的社会地位，进一步调动工程技术人员的积极性，并发挥其整体优势，加速中国工程技术的发展，都将产生重要而深远的影响。更重要的是，建立这样一个专门的国家级学术机构，是响应"科学技术是第一生产力"重要论断的举措，具有重要里程碑意义。

侯祥麟多次与同在中国科学院技术科学部的师昌绪、王大珩等人交流成立中国工程院的想法。英雄所见略同，师昌绪也在心中酝酿许久，期待着以技术科学部为核心，成立中国工程院。他们一致认为：国家已经全面实行改革开放政策，在政治、经济、文化和科技诸多方面，为国际间的交往敞开了大门。"两弹一星"的绝大部分工作属于工程技术工作，其成功研制使工程技术工作者在社会上的地位相应提高了。很多发达国家都在既有国家级科学院的基础上，建立起国家级工程院。此时，中国所处的政治、经济和社会环境，对于促成这项有战略意义的决定十分有利。[1] 可以说，中国经济建设的迅猛发展呼唤着中国工程院的建立。

1981年，侯祥麟等十几位中国科学院技术科学部的学部委员聚于吉林长春，讨论增选技术科学部学部委员的事宜。鉴于技术科学部覆盖学科面广人多，而每次增选都受名额限制，使得不少优秀的工程技术专家遗憾落选。在讨论会上大家一致认为，应该酝酿成立一个中国工程技术专家的最高荣誉机构，以提高工程技术人员的社会地位，扩大中国工程技术界在世界上的影响力。此时，成立中国工程院的动议已经具备了较为广泛的群众基础。

正是在这种情况下，侯祥麟、师昌绪、张光斗、王大珩、吴仲华等人开始呼吁成立中国工程院。

政协委员鼓与呼

从1978年开始，侯祥麟连续三届当选中国人民政治协商会议全国委员会委员；1982年，他当选为中国共产党第十二次全国人民代表大会代表；1988年，他又担任中国人民政治协商会议常务委员会教科文组织文卫专业委员会副主任……这一系列职务促使他更加关心国家和社会大事。建立中国工程院一直是他萦系于心的大事之一。他在多个场合以全国政协委员和全国人大代表的身份频繁提出建议，为推动中国工程院的建立起到了重要促进作用。

1986年4月7日，侯祥麟和茅以升、罗沛霖、钱三强等85位政协委员联名给全国政协写了一封题为《关于工程技术工作在国家事务中的地位》的

---

[1] 王大珩：《回顾与期望：写在纪念中国工程院创建十周年的时候》，《办公自动化》，2012年第S1期。

建议书。他们建议,"党和国家领导把工程技术工作放在整个科学技术范围中的特别重要位置,改变当前工程技术工作严重薄弱,束缚经济潜力发挥的问题"。侯祥麟等人指出,工程技术在经济建设中发挥了巨大作用,但"根据我国经济发展还很差的现状和社会基础结构十分薄弱的事实,工程技术受到的重视还很不够,而这个情况几乎没有被反映出来。我国在中央改革的决策和对外开放、对内搞活的方针指导下,几年来经济有了很大的发展。尽管如此,我国在经济上还存在巨大的潜力。但是如不大力改变上述情况,则新产品的投产、工程质量的提高和保证,引进技术的消化、吸收、开发、创新,高新技术的研究发展,将受到严重的限制,以致会出现某种程度的停滞,从而损害经济效益的增长;我国社会与经济受到严重束缚,使我们的四个现代化的高速度发展受到莫大影响。我们认为这是一个关系到国家兴盛的重大问题"。提出问题还要找到解决问题的方法。侯祥麟等人在分析美国、日本等发达国家工程院所起的作用后,提出建立中国工程院的建议,认为"我国也应有这样的组织,可以根据国内情况参照外国经验和办法组建"。

1989年,在全国政协七届二次会议上,侯祥麟和张维、陶亨咸、钱保功、罗沛霖、王大珩、陆元九、陈永龄等8位全国政协委员再次提交了成立中国工程院的提案。这一次,他们首先具体谈及工程院成立的重要意义:"工程技术上的重大成果对于经济建设和社会建设具有直接的重大意义。尽管工程技术上的重大成果往往不可能像科学发现那样长久地被引用,但是所起的社会历史的作用是不可代替的。一个大发明家或一个有重大成就的工程技术专家和一个大科学家相比,只能说他们的素养适于不同性质的工作,却无高下之分。"随后,他们首次回答了为什么要在科学院之后再成立工程院,认为:"中国科学院中设有技术科学部,所包含的范围是应用基础科学,不是工程技术,遴选成员的标准主要是在学术上的水平,而不是工程上的成就或技术方面的成果。在技术科学部内有几个著名的工程技术专家,也都是以他们的学术地位而当选的。因此，中国工程院和中国科学院应当是可以并立的国家级组织。"在具体实施的步骤上，初步考虑"在1989年上半年即开始筹备，遴选30个左右有积极性的国家级工程技术专家作为核心，负责筹组和遴选首批成员的工作。在1990年六七月争取正式成立，届时应拥有成员200人上下。到1995年应发展到和中国科学院各学部同等的规模。初步考虑，成员中应包括：在工程技术上有重大贡献者；在应用基础科学方面，有在工程技术上直接利用的重大成果者；在组织指导重大工程技术发展或重大工程项目上做出卓越贡献的专家；在工程技术教育方面做出卓越贡献的教育家……"[1]

1992年3月，在全国政协七届五次会议上，王大珩、侯祥麟等10多位学部委员又一次向上级部门提出关于成立"中国工程与技术科学院"的建议，提出的方案与前两次内容基本相同。成立中国工程院的建议又一次引起有关方面的高度关注。

鸿儒上书党中央

纵观中国工程院的成立过程，起到历史性关键作用的一份文件是1992年侯祥麟与张光斗、王大珩、师昌绪、张维、罗沛霖等6位中国科学院院士联名呈报给中共中央、国务院的一份建议。

在1992年4月召开的中国科学院第六次学部委员大会上，侯祥麟和张光斗等6人对近几年呈给全国政协等的提案进行了补充，进一步完善中国工程院成立后的任务、工作方式、机构设置、发展方向等内容，最终形成一份

---

[1] 摘自1989年3月23日，侯祥麟和张维、陶亨咸、钱保功、罗沛霖、王大珩、陆元九、陈永龄等8位全国政协委员在全国政协七届二次会议期间共同提交的提案《建议建立与中国科学院并立的中国工程技术院》。

具体实施方案——《早日建立中国工程与技术科学院的建议》(以下简称《建议》)。6人将这份《建议》直接上报中共中央、国务院。

倡议成立中国工程院的6位发起人,左起:王大珩、张维、侯祥麟、张光斗、师昌绪、罗沛霖(来源:《中国工程院年鉴(1994—1997)》)

侯祥麟等人首先分析工程技术对社会发展所起到的推动作用,介绍一些发达国家建立的工程院对本国科学技术发展所起到的巨大影响,然后真挚地写道:"鉴于我国还是发展中国家,工程技术和技术科学的发展还很不够,产业技术水平还很差,从落实'科学技术是第一生产力'出发,贯彻'服从于经济''服务于经济'的方针,我们建议从速建立中国的工程与技术科学院,以促进经济建设与国防建设的发展。"同时指出,中国工程院成立后的中心任务是"为国家、为政府的重大工程技术和技术科学决策以及技术经济问题提供具有权威性的咨询、论证和评议,对特别重大的工程技术和技术科学成果做鉴定"。并建议以中国科学院技术科学部以及其他学部的部分委员为基础,吸收科学院学部以外的在工程技术方面有重大发明的人员组成筹备委员会。

最后,6位发起人动情地写道:"我们相信,建立这个工程与技术科学院就是为国家提供在技术、经济方面决定重大方针政策,审议重大工程科技项目的设想、计划和成就等方面的一个强有力的参谋和助手。这一定会对科学技术面向经济建设,经济建设依靠科学技术,和解决好产业基础结构薄弱、技术与管理水平低、质量差、投产慢起巨大作用,也可促进科技成果迅速转化为生产力。这也必然对我国国力的增强,国家经济、社会、文化、国防的现代化,人民生活水平的提高起巨大的作用。"

《建议》虽只有短短的 1000 余字,却对我国科学体系的建立具有重要影响。1992 年 5 月 8 日,《建议》在中共中央办公厅第 54 期《综合与摘报》刊登出来后,被更多的人所熟知。《建议》涉及中国工程院成立后的任务、工作方式、机构设置、发展方向等具体内容,是一份十分成熟的方案。《建议》的基本思路和原则构想成为后来中国工程院建章立制的重要基础。

5 月 11 日,时任中共中央总书记、国家主席江泽民阅毕《建议》,作出批示:"家宝同志:此事已提过不少次,看来要与各方面交换意见研究决策,请酌。"自此,成立中国工程院一事得到了国家层面的肯定。于是,中国科学院技术科学部会同学部联合办公室的同志,开始了中国工程院建院方案的起草工作。

7 月,中国科学院学部主席团决定,成立"中国工程院问题研究小组",发起倡议的侯祥麟等 6 位学部委员及技术科学部负责人参加研究工作。至此,这些资深科学家们 10 余年的呼吁与建议有了初步结果。研究小组走访了能源、核工业、化工、冶金、航空、航天、机械、农业、中国科协等 10 多个国家产业部门和团体,倾听各方意见,研究组建中国工程院的实施方案。

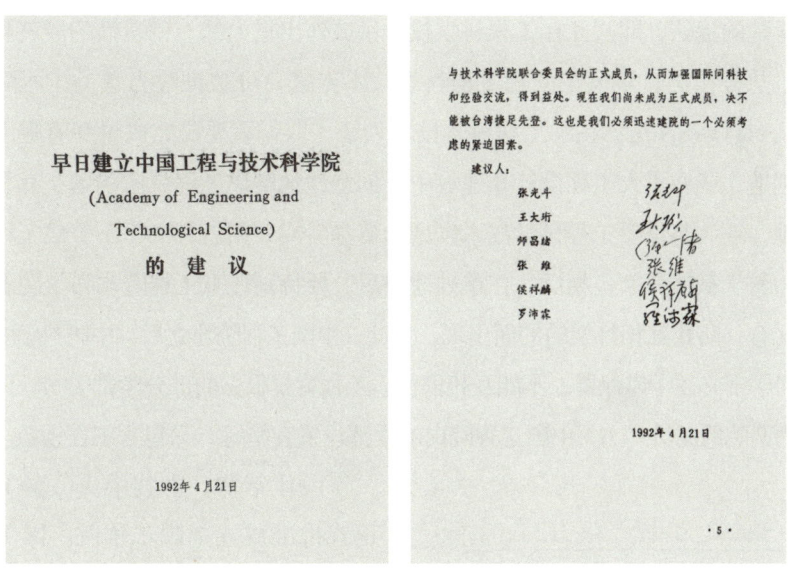

张光斗、王大珩、师昌绪、张维、侯祥麟、罗沛霖等 6 位科学家报送的《早日建立中国工程与技术科学院的建议》

1993 年 10 月 19 日上午，国务院第十一次常务会议审议了关于建立中国工程院的有关问题，并做出"原则同意建立中国工程院"的决定。侯祥麟等人得知此消息后，于 1993 年 11 月 8 日再次上书中共中央、国务院，就成立工程院的目的、形式和院士遴选标准等谈了几点看法。(1) 建立中国工程院的目的在于促进我国工业建设，提高我国工程科技人员的学术水平和素质，并提高工程科技人员的社会地位，同时加强与各国工程院的联系和交往，以提高我国工程科学技术在国际上的地位并进行学术交流。(2) 中国工程院应是一个虚体（不下设研究所、设计院与开发实体），是我国工程科技界最高荣誉性、咨询性的学术机构，是受政府领导和支持而对外为民间性质的组织。其院士应是以工程师为主体的工程科学技术专家，而中国科学院学部委员则是以科学家为主体的科学技术专家。(3) 中国工程院应该是直属于国务院的事业单位，其办事机构应相对独立。(4) 同意国家科委和中国科学院的提法,即"凡在工程科学技术领域作出重大的、创造性的成就和贡献,热爱祖国,学风正派的工程科学技术专家,可被推荐当选为工程院院士"。具体条件是:在某工程科学技术领域,取得重要研究成果和有重大发明创造,或在重大工程设计和建设中,创造性地解决工程技术问题,有重大贡献,或为某重要工程科学技术领域的奠基者或开拓者。(5)不赞成工程技术与科学截然分家,相反,在单独建院后,要特别注意工程院与科学院的密切配合,防止互相打架的局面出现。为此,中国工程院建立后,中国科学院技术科学部必须予以保留,不能互相取代。工程背景很强的部分学部委员,可以成为两院的成员。(6)中国工程院内的学部设置宜精练,只包含工程领域。[1]

1994年初,中共中央、国务院正式批准成立中国工程院。国务院批转了国家科委、中国科学院关于建立中国工程院的请示报告。时任国务院总理李鹏在中华人民共和国第八届全国人民代表大会第二次会议的政府工作报告中,正式宣布这一决定。这在全国科技界特别是工程技术界反响强烈,认为这是推动我国工程技术以及科学技术全面发展,促进优秀人才成长的有力举措。

在筹备过程中,对于中国工程院将来的领导班子建设,侯祥麟也提出了富有建设性的意见。1994年2月,国务院批准成立由国务委员宋健为组长的45人筹备领导小组。

1993年11月8日,张光斗、王大珩、师昌绪、张维、侯祥麟、罗沛霖等6人联名给宋健并转江泽民总书记、李鹏总理、朱镕基副总理的《有关组建中国工程院的一些意见》

---

[1] 摘自1993年11月8日,张光斗、王大珩、师昌绪、张维、侯祥麟、罗沛霖等6人联名给宋健并转江泽民总书记、李鹏总理、朱镕基副总理的《有关组建中国工程院的一些意见》。

侯祥麟在中国工程院筹备领导小组第一次会议上提出："我们要意识到筹备领导小组的责任，一定要把好遴选首批院士人选的关，不要过多去考虑遴选分组的名称，以及由谁来召集，这些都不是最关键的问题，最关键、最主要的，是要考虑怎样产生首批院士人选，而产生的人选是要符合条件的，因为遴选院士不是选派代表。"[1] 几个月之后，他又提出将来选出的工程院领导的责任"主要是要给工程院干活的，这是最基本的要求，不要引导去看重职位，也没有必要考虑又照顾部门，又照顾行业，如果那样考虑人选就不一定合适了"。[2]

3月，中国工程院筹备领导小组召开全体会议，聘请30名中国科学院院士为中国工程院首批院士。侯祥麟就是这30名院士之一。宋健高度评价了这30位院士的双院士行动。他说："应该特别感谢30位中国科学院院士，慷慨响应中国科学院学部主席团的提议，同意兼任中国工程院的首批院士。这是对新成立的中国工程院的重要支持，为两院在今后的工作中密切合作创造了有利的条件。"[3]

精研学术铸贤炉

1994年6月3日，中国工程院在北京正式成立，掀开了我国工程科学技术事业发展的新篇章。侯祥麟当选中国工程院首届主席团成员。中国工程院的建立，打破了地域与部门的限制，为中国工程技术的发展提供了重要保障。成立大会后，中国科学院学部委员也统一改称为院士。中国两院院士制度就此形成。

1　摘自1994年1月15日，侯祥麟在中国工程院筹备领导小组第一次会议上的发言。
2　摘自1994年5月18日，侯祥麟在酝酿中国工程院及其学部领导成员座谈会上的发言。
3　《中国科学院院刊》，1994年第3期。

中国工程院成立大会（来源：中国工程院）

中国工程院成立后的首要任务是确定首批院士的选拔制度与人选。中国工程院院士的选拔标准与方法要求在保证质量的同时，必须坚持公开、公平、公正的原则。但由于第一届中国工程院院士选举时，积压了一大批有真才实学、有经验、高水平的工程技术专家与学者，其资质足以评选院士，但数量又远多于首批院士选拔的人数。究竟选谁？怎么选？成了难题。

侯祥麟对院士选拔标准的制定功不可没。他认为，首批中国工程院院士人选评选，应在中国科学院学部委员自愿参与选举的基础上，还要增加非学部委员的学者参与选举。这个提议得到大家的一致认可。这一举措很大程度上加强了两院院士的团结合作，互学互鉴，并为两院长期密切合作奠定了良好基础。此后，两院作为大国智库，共同创造了科学技术与工程技术携手并进的美好未来。

中国工程院院士选举情况较为复杂，评选难度较大。侯祥麟作为中国工程院第一届道德委员会副主任，始终"坚持标准，一如既往，不被左右"，一旦发现有人请客送礼，侯祥麟会建议取消其评选资格。侯祥麟的这种"不近人情"，正是体现了他遵守学术道德、恪守学术规范、坚持品行为立身之本、勇于与不良风气做斗争的刚正不阿品德。[1]

作为两院院士，侯祥麟参与了中国工程院的筹备、组建、完善，多次提供重大咨询决策，贡献了智力支持和切实方案，多次出访参与外事活动，也多次受到党和国家领导人、各级领导的关怀和表彰。1998年，时任中共中央书记处书记温家宝代表中共中央、国务院向侯祥麟祝贺新春。1999年，时任中国工程院院长宋健看望资深院士时，第一个来到的就是侯祥麟的家中。

侯祥麟等老一辈科学家的高瞻远瞩，促进了我国工程技术事业的高速发展，完善了我国的人才培养机制。作为中国工程院筹备小组成员，师昌绪回忆自己从1960年见到侯祥麟第一面以来，两人并肩作战的经历时，动情地说："从他的身上，我们看不到他个人的利益。他心里装着的，只有国家的明天和民族的未来！"[2]

---

[1] 据2024年10月24日中国工程院一局局长徐进在本书审稿会上的发言整理。

[2] 摘自2005年9月16日，师昌绪在侯祥麟同志先进事迹报告会上的报告《我所认识的侯祥麟》。

第四章　写好亿吨大文章

国家制定的《一九七八年国民经济计划的安排》中提出,要充分发挥煤、油、电等企业的潜力,努力增加新的生产能力,逐步改变石油产品等供应紧张的状况。根据中国石油工业新形势、新发展的情况,1981年,国家实施了"一亿吨原油包干"政策,充分调动油田企业的积极性,确保全国原油年产量稳定在一亿吨以上。但是,如何合理利用这一亿吨原油,为国家创造更大的经济效益,成为侯祥麟等科学家需要认真思考的问题。

产量破亿不容易

1978年,中国原油产量突破一亿吨大关,1979年达到1.06亿吨。但在1980年,原油产量却徘徊不前。出现这种情况的主要原因是,前期勘探投资和勘探工作量不足,储量增长速度跟不上原油产量的增长速度;老油田产量自然递减加快,因受资金限制,油田调整和增产措施一时又跟不上。如何保住一亿吨原油产量,石油工业部感受到前所未有的巨大压力。

国家计划委员会得知情况后,上报国务院。国务院领导迅速召集有关部委领导开会,专门讨论石油生产计划安排。会上,与会的石油工业部副部长侯祥麟秉承实事求是的原则,将石油年产量递减的前因后果作了详细汇报。国务院副总理兼国家能源委员会主任余秋里作出指示:"1981年原油产量一亿吨就一亿吨,现在国家有困难,石油工业部要有革命精神,要解放思想,敢想敢干，要采取有效措施，充分利用现在国际高油价的背景，原来没有效益的资源现在可以干，总之就是要积少成多、一本万利！"[1] 会议决定由石油工业部研究制定解决石油产量递减问题的方案。

稳住刚达高峰的一亿吨原油年产量，是摆在石油工业部面前的艰巨任务。石油工业部部长康世恩主持召开专项研讨会。经过调查研究，反复论证，石油工业部党组向有关部门提出了稳住一亿吨原油年产量的解决方案。在此基础上，国家能源委员会、国家计划委员会、财政部、石油工业部共同向国家提交了关于稳住一亿吨原油产量的工作报告。1981年6月3日，国务院办公厅转发国家能源委员会《关于协调组织石油部超产原油、成品油出口安排问题报告的通知》。至此，"一亿吨原油包干"的政策方案正式出台，"中国工业第一包"登上历史舞台！[2]

"一亿吨原油包干"政策的主要内容包括：石油工业部承包年生产原油一亿吨，超产原油可按国际市场价格出售，价差收入由石油工业部留用。同时，石油工业部对下属油田企业实行再包干，对企业超产和节约原油的价差收入按二八分成。油田分成所得收入的85%作为勘探开发基金，其余15%作为企业的集体福利和奖励基金。这是一项具有战略意义的重大举措，能否成功，不仅决定中国一亿吨原油年产量是否可以完成，更是关系到国民经济能否高速发展，意义重大，影响深远。

千头万绪，从何起步？石油工业部党组经过认真分析后，决定优选胜利油田进行试点，积累宝贵经验后再进行全面拓展。胜利油田原油年产量于1978年达到1946万吨后，由于资金不足，导致勘探工作量减少、新增探明储量较少。1978年至1980年，新增探明石油地质储量仅为6563万吨，

---

[1] 《康世恩传》，当代中国出版社，1998年，第359页。
[2] 摘自1981年5月，康世恩在东部地质勘探工作座谈会上的讲话《实行一亿吨原油产量包干政策筹措石油发展资金》。

加上原有探明储量，平均每年动用储量达 3000 万吨，而新增可采储量仅为 1000 万吨，年年低于采出油量。[1]

胜利油田滨海采油指挥部内部承包合同签字仪式（来源：《中国石油工业（1949—1989）》）

1981 年 6 月，石油工业部副部长焦力人率领工作组来到胜利油田，在油田领导的积极配合下，经过 1 个月的工作，初步拟订了胜利油田的包干方案。8 月，石油工业部正式下达《关于胜利油田实行原油产量包干的通知》，确定在胜利油田实行原油年产量 1600 万吨试点包干。8 月 10 日，石油工业部在北京召开动员大会，"一亿吨原油包干"正式拉开序幕。后来的实践证明，该政策极大地解放了生产力。工人的积极性空前高涨，胜利油田的原油产量止跌回升。"一亿吨原油包干"初战告捷后，该政策在全国十几个油田全面实施，成就不断扩大，成功实现了全国原油年产量保持一亿吨以上的目标。

---

1 《中国工业史 石油工业卷（上册）》上卷，中共中央党校出版社，2021 年，第 494 页。

"一亿吨原油包干"政策,是国家第一次以包干形式对一个重要工业行业进行的重大改革,也是在国家经济体制改革初期采用的一种过渡性改革措施,成为石油工业发展史上继大庆会战之后的又一个里程碑。[1] 这一政策的全面推行,引发了石油工业生产机制的系列深刻变革,促进石油工业走上市场经济轨道,并获得较快发展。1978年至1988年间,新增探明石油地质储量69.4亿吨,天然气地质储量2776亿立方米。到1985年底,全国21个省(自治区、直辖市)找到253个油田、78个气田;新投入开发油田161个、气田52个,陆上建成17个油气勘探开发生产基地,海上建成4个油气生产基地。1981年至1985年,石油工业部的原油年产量由1.01亿吨提高到1.25亿吨。1981年至1994年,通过超产留成共筹集勘探开发基金783亿元,加大了石油勘探开发的资金投入,引进了国外先进技术和装备,增强了自我积累、自我改造和自我发展能力,促进石油工业走上良性发展的道路。

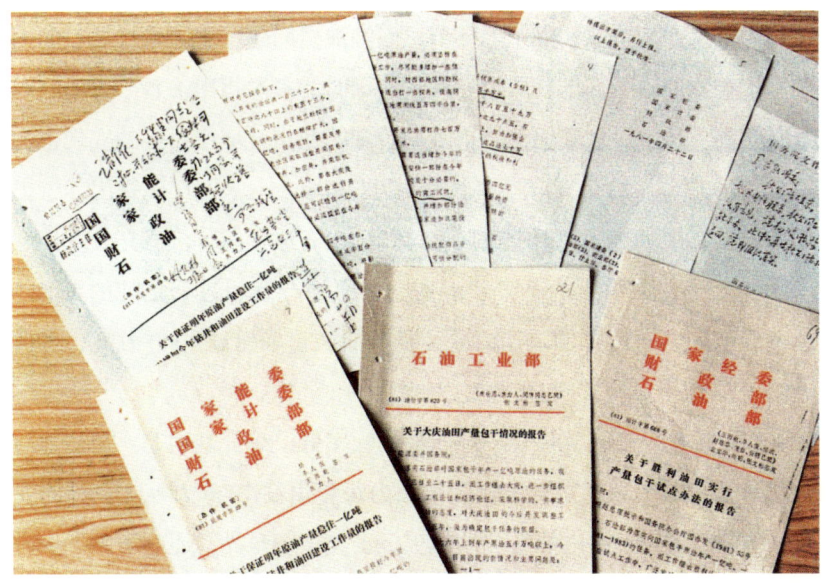

石油行业原油产量包干的有关文件

1　吕建中:《一亿吨原油包干的历史性选择及启示》,《中国石油报》2018年11月30日。

政策出台不易，一亿吨原油更加来之不易。那么新的问题又摆在了侯祥麟和众多炼油化工和石油经济专家的面前：如何用好这一亿吨原油？

用好亿吨落实地

如果说达到一亿吨原油的生产目标，是石油地质和勘探开发等上游企业的主要业务，那么如何科学、合理、高效地使用一亿吨原油，石油炼制和石油化工等下游企业则担负着更大的责任。而作为石油工业部主管炼油业务的副部长，侯祥麟责无旁贷。就在一亿吨原油生产目标实现后，侯祥麟开始思考如何科学合理地使用这来之不易的一亿吨原油。他察觉到国民经济的发展对石油的需求日趋高涨，而在原油加工和利用过程中还存在着很多不合理的地方。

首先是生产、运输和加工等环节，原油浪费问题严重。侯祥麟在向国务院副总理兼石油工业部部长康世恩反映问题时，多次指出浪费严重的问题必须及时解决，否则一亿吨原油将得不到合理的使用，增产目标的实现也会大打折扣。1981 年 10 月，在中国科学院能源座谈会上，侯祥麟指出，过去多年，我们没有很好地认真研究如何用好我国的石油资源，没有充分发挥它的经济效益，造成使用上的不当和浪费。在原油产量超过一亿吨的 1978 年，全国各行业的窑炉烧掉的重油、原油和柴油加起来超过 4000 万吨，占商品原油的 40% 以上。[1]

其次是炼油厂加工深度浅，轻质油品收率低，综合利用差。用油部门和用油工具普遍效率低、单耗高。我国国内每年用油 7800 万吨，烧掉的就达约 4000 万吨。若把这 4000 万吨油加工成各类精细产品，还能解决不少内燃

---

[1] 摘自 1981 年 10 月 26 日，侯祥麟在中国科学院能源座谈会上的发言《能源的预测、合理利用与节约》。

机燃料问题。要从我国的工业结构和国情出发,开发和节约都要抓。

再次是炼油化工技术装备亟须更新换代。侯祥麟认为,炼油工艺水平和设备效率比较低,影响了产品的收率和质量,许多炼油厂在国际上缺乏竞争能力。因此,要完成稳产一亿吨原油、用好一亿吨原油和搞好海上勘探三项任务,就必须把我国石油工业的科学技术水平再向前推进一大步。

还有就是价格和税收也存在需要解决的问题。侯祥麟了解到国内原油和柴油、商品燃料油、沥青等价格远低于国际价格,与其他石油产品和石油化工产品的比价极不合理,比价不加调整仍然是个问题;价格的不合理和税收的不适当,导致了长线产品利润高,短线产品利润低。这不但不能引导企业生产国民经济所需的短线产品,往往还起了相反的作用,对压缩烧油也起不到应有的促进作用。[1]

1981年上半年,为贯彻中共中央的改革方针,上海一些单位提出,把地处上海高桥地区的炼油厂和几家化工、化纤、电力厂实行联合经营或合并。国家有关部委十分重视此事,成立联合调查组,由侯祥麟带队到上海炼油厂等企业进行调查研究。在调查过程中,侯祥麟发现了诸多问题需要解决。归来后,他向国务院副总理康世恩进行汇报,指出条块分割现象严重,跨部门管理效率较低是造成石油资源和产品无法实现综合利用,进而造成很大资源浪费的原因之一,严重地限制了石油加工的发展。侯祥麟等专家的意见反馈到国务院后,起到了很大作用。1981年9月,国务院在高桥召开会议,批准将原来分属于石油、化工、纺织、电力和地方的8家企业合并,组建上海高桥石化公司。

1981年12月,在全国政协五届四次会议上,作为全国政协委员的侯祥麟提出大力发展石油化工工业的建议:为了出口和降低能耗,应提高产品质量,增加品种。现在的产品结构不合理,导致我国柴油价格不到汽油的一

---

[1] 摘自1980年3月12日,侯祥麟在全国炼油工作会议上的总结讲话。

半，所以大家都用柴油，造成柴油需求量很大。现在每生产 1 吨汽油，就会相应生产 1.6 吨柴油，大家仍觉得柴油产量太少。要搞好综合利用，要让石油多创造价值，需要发展石油化学工业。他指出，日本的石油加工量和我们差不多，但产值比我们高几倍。所以我国存在产品结构问题和能源使用效率问题。[1]

对拥有十亿人口的中国来说，年产一亿吨原油确实十分有限。将一亿吨原油用到最需要、最重要的地方，同样是中共中央、国务院密切关注的问题。1981 年末，中华人民共和国第五届全国人民代表大会第四次会议的政府工作报告中指出：我国一亿吨石油所创造的价值同工业发达国家相比较，相差很远，这是巨大浪费，需要大力改进。政府工作报告中多处关于原油使用的内容，都隐现着侯祥麟的声音。

1981 年 9 月 30 日，国务院成立了"石油炼制、石油化学、化纤工业统一规划综合利用"规划小组。康世恩任组长。侯祥麟作为小组主要成员，负责组织进行用好一亿吨原油的研究。在国家相关部委的高度重视和支持下，在侯祥麟等人的推动下，"一亿吨原油包干"政策实施从此进入了一个更深层次发展的阶段，即"如何用好一亿吨原油"。1981 年至 1985 年间，在中国科学技术协会、石油工业部、中国石油学会等单位和社会团体组织下，"如何用好一亿吨原油"的大讨论开始在多个行业、多个社会层面有序进行。作为用好一亿吨原油大讨论的组织者和多项建议的提出者，侯祥麟和诸多专家围绕一亿吨原油加工的深度和广度、正确评价石油化工的经济效益、积极采用经实践证明有效益的新技术和制定合理的石油出口政策[2]等提出了意见和建议。

---

[1] 摘自 1981 年 12 月，侯祥麟在全国政协五届四次会议上的发言材料。

[2] 参见《如何用好一亿吨油座谈会》(《化学世界》，1983 年第 11 期)、《中国石油学会在无锡召开首次石油经济学术讨论会》(《江苏化工》，1982 年第 3 期)和《石油化工学会召开如何用好一亿吨石油学术讨论会》(《石油化工》，1983 年第 11 期)等相关报道。

康世恩（前排右一）与侯祥麟（后排右一）等讨论石油行业发展问题

　　这项研究一直持续到 1982 年他卸任石油工业部副部长、退居二线并担任石油工业部技术委员会主任之后。1983 年 11 月，侯祥麟在南京以中国石油学会理事长的身份组织召开"如何用好一亿吨原油"座谈会。会上，专家们充分交流，提出了若干影响合理利用一亿吨原油的问题，形成了多项有价值的建议。会议之后，在侯祥麟的带领下，经过两年多的攻关研究，并进行集中深入讨论后，最终形成《关于合理利用一亿吨原油的若干建议》。

　　该建议包括五大部分：一是石油产品应首先考虑满足交通运输的需要，满足内燃机用油和石油化工用油的需要。石油产品作为移动机械的液体燃料，在相当长一段时间内是其他能源难以替代的。二是要继续贯彻节约用油和压缩烧油的方针。这是一项长期任务，自国家颁布相关政策以来，取得了一定成绩，但是任务还相当艰巨，必须坚定不移地贯彻下去。三是从宏观经济效益出发，制定石油进出口政策。侯祥麟认为在可以预见的将来，国内石油需求紧张的现状不可能获得根本解决，石油不应作为我国的出口优势产品。石油应首先满足国内市场需求，在此基础上再确定石油及其产品的出口量。四是原油、石油产品的价格和比价要有利于用好一亿吨原油。石油调价要基于适应国内市场供需关系，有利于发挥经济杠杆作用，并与国际价格挂钩的原则，及时进行调整。五是要从我国一次能源的综合平衡出发，研究用好一亿吨原油的最优模式。[1]

《关于合理利用一亿吨原油的若干建议》中，除了上述五大部分的建议，还提及了石油工业体制问题，即建议重新将成立国家管理的以石油炼制和石油化工为主的公司列为重要内容。侯祥麟组织石油工业部、纺织工业部、化学工业部有关人员，在深入研究中国石油工业体制建设情况存在的问题和积累的经验后，慎重提出了该建议。该建议主张打破地区、部门、行业界限，对所有炼油厂和以石油为原料的化工厂，实行统一领导、统一计划、统一经营、统一对外、统一劳动工资等。

侯祥麟组织相关社团组织和科研机构讨论并形成的《关于合理利用一亿吨原油的若干建议》，以其长远的战略分析、极强的可操作性而受到业界好评。上报给中央和有关部门之后，成为国家高层进行决策的重要参考依据。

体制改革求效益

围绕一亿吨原油的合理使用，侯祥麟认为，国家对石油工业的管理体制是一个十分重要的问题，必须刨根问底，认真加以解决。为此，他对中国石油工业的管理体制改革也进行了思考，并提出了很多有益建议。这些建议不仅促成了上海高桥石化公司成立，也为中国石油化工总公司的诞生铺平了道路，进而重新塑造了中国石油工业上下游的产业格局。

1981年9月，侯祥麟作为"石油炼制、石油化学、化纤工业统一规划

---

[1] 参见1985年1月26日中国科学技术协会组织编写的《关于合理利用一亿吨原油的若干建议》。

综合利用"规划小组成员，按照国务院要求，带队到上海石化总厂、南京炼油厂等企业进行调研，为体制改革提供意见和建议。在汇总、研究各地区的情况后，侯祥麟等人提出将全国以油气为原料的炼油、石化、化纤、化肥等企业，实行集中领导、统筹规划、统一管理、联合经营，并成立一家主营石油化工业务的国家石化公司的方案。这是针对中国石油石化工业管理体制进行改革的重大建议。这一报告直接呈报给国家相关领导，受到了高度重视。

　　1983 年 2 月 10 日，中共中央、国务院作出重大决策，决定成立中国石油化工总公司。7 月 7 日，经中共中央、国务院批准，中国石油化工总公司正式挂牌成立。已经退居二线的侯祥麟，被聘为中国石油化工总公司技术经济顾问委员会首席顾问。在"新四朵金花"的研制进程中，以及中国石油天然气集团公司和中国石油化工集团公司两大集团的战略重组过程中，侯祥麟都提出了诸多意见和建议。他做到了"又顾又问"，奉献了他的辛劳和智慧。

1983 年，中国石油化工总公司成立大会

实践证明，侯祥麟等人的建议极具前瞻性和战略性。从中国石油化工总公司成立，到中国石油化工集团公司的重组，均充分发挥出了集团化和联合的优势，取得了令人瞩目的成绩。2024年，该公司成为世界第一大炼油公司、第二大化工公司，也是国内最大的成品油和石化产品供应商。

除了中国石油化工总公司的成立，炼油企业与石化企业大联合的趋势已经形成。1982年1月7日，经国务院批准，成立由南京炼油厂、栖霞山化肥厂、南京烷基苯厂、南京化工厂、钟山化工厂、南京长江化工厂和南京塑料厂联合组成的金陵石油化学总公司。同年3月17日，经国家经济委员会批准，成立由抚顺石油一厂、抚顺石油二厂、抚顺石油三厂、抚顺市化学纤维厂和抚顺市化工二厂等5家企业联合组成的抚顺石油工业总公司。之后，天津、辽宁锦州等地的石化企业也相继实现联合。广州石油化工厂、浙江炼油厂、安庆石油化工总厂和石家庄炼油厂等一批新的炼化企业也相继建成投产。全国22个省（自治区、直辖市）有了炼油厂。以油气为原料的石油化工产品生产快速发展，炼油化工产品比例持续提高。这些公司成立后，不仅促进了炼油企业和化工企业生产潜力的充分发挥，而且推动了综合经济效益的稳定增长，又显示了联合的优势。

随着"如何用好一亿吨原油"的提出和贯彻实施，在大联合形势的推动下，中国石油工业的炼油产业快速发展，油品数量、品种满足了国民经济和国防用油的需要。1978年，石油工业部恢复之初，全国原油年加工能力为9290多万吨。1985年，全国原油加工能力突破1.1229亿吨。此后，全国炼油能力持续提升、石化产品日趋丰富，炼油化工联合体式的石油企业呈现出蓬勃的生机。1989年12月20日，国务院总理李鹏与中国石油化工总公司部分经理（厂长）座谈时指出：石油化工是一个新兴的行业。自从这个行业建立以来，对我们国家的贡献是很大的，支援了工业，支援了农业，向国家上缴了大量利税，培养了一支石油化工队伍。现在来看，走集团化的道路就石化总公司来讲，是成功的。[1]

　　"一亿吨原油包干"政策和《关于合理利用一亿吨原油的若干建议》的落实之所以能够成功，一是靠政策，二是靠管理，三是靠科学技术水平的提高，四是靠"登泰山过十八盘"的精神。不过需要指出的是，"一亿吨原油包干"政策随着1988年三大石油公司相继成立，完成了其历史使命，正式退出历史舞台。而用好一亿吨原油的建议，不管是其中的技术方案方法，还是科学合理使用的理念，一直贯穿到今天石油工业发展进程的各个领域中。

　　后来，多家媒体曾经将"如何用好一亿吨原油"比喻为一篇大文章。认为这篇大文章不仅书写着计划经济时期中国经济建设的伟大成就，也对此后中国石油工业发展起到了不可忽视的作用。

---

[1]《中国石化史》，中国石化出版社，2023年，第83页。

第五章 "石油奥运"争举办

1993年4月23日,在"音乐之都"奥地利维也纳,一场全球石油界的"奥林匹克"盛会——世界石油大会申办争夺战正进入最后的投票冲刺阶段。在世界著名音乐家贝多芬《命运交响曲》的音乐声中,耄耋之年的世界石油大会中国国家委员会主席侯祥麟,与中国代表团的成员们,盛装出席,不疾不徐步入会场。当世界石油大会执行局主席宣布,中国获得24票的绝对优势票数,取得了第十五届世界石油大会的主办权时,全场掌声雷动,各会员国代表们纷纷涌来与侯祥麟握手祝贺![1] 回首这场马拉松式的申办活动,曲折艰难,惊心动魄。

融入世界大家庭

1978年12月,党的十一届三中全会决定,中国实行对内改革、对外开放的政策。这一年,66岁的侯祥麟被任命为石油工业部副部长。此时的他对中国石油工业发展进行了战略性思考,意识到中国的石油工业已经与世界石油工业脱节太久了。"中国什么时候能有自己的现代化石油工业体系?中国石油工业什么时候能与国外大石油公司'论伯仲、比高低'?中国石油企业什么时候能够走出国门、走向世界?"这三个问题始终牵动着侯祥麟的心。

侯祥麟敏锐地意识到,中国石油工业要发展,就必须融入世界石油工业大家庭中!在大江大河里学会游泳,在"与狼共舞"中"强身健体"。侯祥麟

---

[1] 侯祥麟:《热烈祝贺第十五届世界石油大会在北京召开》,《石油炼制与石油化工(英文版)》,1997年第5期。

前瞻性地认识到，石油界的"奥林匹克"——世界石油大会，正是我国石油工业走出去、将国外先进技术和理念请进来的最佳切入点。

世界石油大会每三年或四年举行一次。每届大会都对石油工业上下游进行历史回顾、现状评价和未来展望。中国首次参加世界石油大会是1937年举办的第二届。会议于1937年6月14日至19日在巴黎国际博览会新楼举行。来自全球27个国家的1840人参会，当时是由国民政府派出代表参加的。1979年以前，在世界石油大会上，中国国家委员会的席位一直被中国台湾地区所占据。中华人民共和国虽然进行了多次申请，并要求更换，但一直没有成功。

1979年9月，第十届世界石油大会在罗马尼亚的布加勒斯特召开。为了能正式参加这届大会，石油工业部与外交部共同起草报告，报经国务院批准，成立了世界石油大会中国国家委员会。报告批准石油工业部副部长、中国石油学会理事长侯祥麟任主任委员，中国石油学会副理事长李天相、闵豫任副主任委员。委员会由石油工业部、地质矿产部和中国科学院的有关人员组成。在会上，世界石油大会中国国家委员会正式向常任理事会和执行局提出恢复中华人民共和国席位的申请。经过激烈辩论，最终通过决议，承认中国国家委员会为中国唯一合法的国家委员会，并接纳中国为常任理事会成员。以中国国家委员会副主任、中国石油学会副理事长闵豫为团长的三人代表团，出席了会议的闭幕式。闭幕式那天，代表团三人远远看到中华人民共和国的五星红旗悬挂在大会会议厅，内心的感动与激动不言而喻。他们三人立即来到属于中国的办公室宣示主权。这是中华人民共和国成立后第一次组团参加世界石油大会。此后，每届世界石油大会都能听到中国代表团响亮的声音。

世界石油工业不能缺少中国，中国石油工业更离不开世界。伴随着改革开放的大潮，中国石油工业借助世界石油大会这个舞台，开始融入世界石油工业的大家庭！

"一中"原则不动摇

科学无国界,科学家有祖国。作为战略科学家,侯祥麟心系祖国,放眼全球。从1979年起,身为中国石油学会理事长的侯祥麟便频频出访美国、日本、加拿大等国,与国外学术团体广泛交流。1983年8月,侯祥麟作为世界石油大会中国国家委员会主席率领中国石油代表团出席了第十一届世界石油大会。此后1987年第十二届、1991年第十三届,都由他率团参加。在与国外石油界同行的交往中,他赤心向党,坚定地执行中国政府的外交政策,大力宣传中国政府关于发展石油石化工业的方针、中国石油石化工业所取得的成就以及未来发展的良好前景,为增进我国与世界石油石化界的友好合作,扩大我国的影响,作出了重大贡献。

1983年,侯祥麟(左三)率中国代表团参加第十一届世界石油大会(来源:《当油气遇见光明:翟光明传》)

如果说抱朴含真、为国分忧是侯祥麟的人格精神魅力所在，那么他"坚持一个中国"的政策底线，则体现了一位有几十年党龄的中国共产党党员的坚持与担当。

1983年，第十一届世界石油大会在伦敦召开。参加大会的9名来自中国台湾地区的个人代表佩戴的胸卡上标明了"台湾"字样，在大会印发的与会者名单中也列为来自"台湾"。侯祥麟意识到这是一个不能含糊的原则性大问题，立刻向中国驻英国大使馆作了汇报。根据使馆的指示，中国石油代表团与大会组委会进行交涉，并明确地指出，中国国家委员会是中国唯一合法的国家委员会，而台湾地区只是中国的一部分，不能单独列出。世界石油大会组织秘书长佩恩接到反映后，立即认识到这是一个严肃的表述性政治错误。经过调查，发现这个错误是由于大会工作人员根据与会者自己填写的信息录入到计算机中造成的。佩恩立即写信给英国大会组委会，指出世界石油大会组织在1979年即已通过决议，只承认中国国家委员会为中国唯一合法代表，出现"台湾"一词是极不妥的，应把这些代表列为中国人。同时要求会议服务公司、出版公司、新闻处都绝对遵守这项原则。在新闻发布会上对各国代表团正式发布时，这些内容必须予以更正。

时间紧迫，侯祥麟深感问题的严重性，两次率团找到中国台湾地区与会代表，强烈要求他们把与会者名单及胸卡上的"台湾"改为"中国台北"。经过反复协商，佩恩写信给各国国家委员会，说明大会与会者名单"台湾"一词改为"中国台北"的情况，并请大会组委会改发了写有"中国台北"的新胸卡。大会印发的与会者补充名单中重新刊登了9名来自中国台湾地区的与会者信息，把他们列为"中国台北"。侯祥麟等人坚决捍卫了国家主权和一个中国的原则。[1]

1993年，世界石油大会在维也纳召开执行局会议时，中国台湾又申请参加世界石油大会。会议讨论过程中，侯祥麟对世界石油大会主席和秘书处

---

1 《侯祥麟自述：我与石油有缘》，石油工业出版社，2012年，第158页。

提出严正声明，参加这个会的都是国家委员会，台湾地区是中国的一部分，不能以地区名义参加。在大会的招待晚宴上，台湾石油公司副总经理带着夫人来参加会议。侯祥麟主动与台胞代表同桌，大家坐在一起有说有笑，气氛融洽。

令人出乎意料的是，到了第二天正式开会时，台湾石油公司副总经理也出现在了会场。按世界石油大会章程规定，台湾地区代表不是成员国代表，是不能参加正式会议的。侯祥麟密切关注事态的发展。指导委员会主席在大会上介绍了申请参加世界石油大会的情况，结果讲到了台湾地区参加。侯祥麟反应迅速，立刻与中国代表团成员翟光明讲，"你得赶快表态，不然要出大问题"。翟光明没有丝毫犹豫，立即抢断发言，声音洪亮地说："刚才主席介绍的情况有误，'台湾'从来就不是一个国家，而是中国的一个省，台湾地区没有资格参加会议。"指导委员会主席当场承认了错误。

会议期间，台湾石油公司副总经理试图发言，可是直到会议结束，主席也没给他发言的机会。就在主席宣布会议结束时，台湾石油公司副总经理还是抢着走向主席台，趁着代表们还没走出会场发表了一通"台独"的言论。看到这种情况，侯祥麟马上带领中国国家委员会成员站起来离开会场，其他国家的代表也纷纷站起来陆续离开会场，根本就不听他的发言。会议结束后，指导委员会的代表真诚地向中国国家委员会道歉，说指导委员会不应该允许这个人参会，没有意识到这种情况的严肃性。同时又有点奇怪："侯主席啊，看到头一天你们和和气气相处得那么好，后来你们怎么闹得那么凶？"侯祥麟严肃地说："平时是平时，政治是政治，政治上不能有半点含糊！"

侯祥麟深知："心止于一中者，谓之忠！"他在会议期间也努力做好台湾同胞的工作，告诉他们在中国国家委员会至今还保留着台湾省委员的一个名额，欢迎台湾省的同行派人参加。

1987年，中国代表团参加第十二届世界石油大会（左起：胡见义、翟光明、侯祥麟、李德生）
（来源：《当油气遇见光明：翟光明传》）

道阻且长向远方

在连续参加几届世界石油大会后，侯祥麟又在思索：中国能不能举办一届世界石油大会？成功举办世界石油大会有什么利好？如何才能申办成功世界石油大会？侯祥麟身为战略科学家，考虑得更长远。首先，中国举办世界石油大会可提供一个世界了解中国的机会。通过参加会议、展览和参观、交流，可使国外石油界人士对中国石油工业的形势有第一手的了解。百闻不如一见，亲身体会会加深世界石油界对中国的印象。通过会议期间的相关活动和会后的考察等，还可使参会人员对中国传统文化和现状有进一步的认识。其次，世界石油大会还可以提供促进国际合作的机会。世界各大石油企业都有高层人士参加大会，许多人对进入中国市场，与中国进行各种形式的合作有着浓厚兴趣。会议期间，中外专家学者交流、商务洽谈，会加速双方合作，落实具体项目。再次，世界石油大会也可提供国人了解世界的机会。以前参加世界石油大会，我国每次派出的代表都只有几人，因此交流接触面很有限。历次大会后，侯祥麟都组织代表进行书面和口头传达，翻译印发大会论文集，但了解终究有限。如果在我国举办世界石油大会，预计本国参会代表可达1000人。这样，除了参加会议，中国代表还能与各国代表进行广泛接触。这对中国石油行业相关人员了解世界石油工业情况，会更深入、更全面、更直接。最后，世界石油大会在中国召开，对我国石油行业的广大从业者也是一个鼓舞。

侯祥麟的观点至今看来仍具有全局性、前瞻性，这是因为他始终站在时代前沿思考问题，谋事、谋势、谋当下、谋未来。

谋定而后动！侯祥麟本想在1987年美国休斯敦世界石油大会上申请申办世界石油大会，但考虑到当时中国的住宿和开会条件还达不到标准，所以迟迟没有行动。为了争取到世界石油大会在中国召开的机会，1989年，侯祥麟邀请世界石油大会执行局委员们来北京开会。侯祥麟动了心思，花了功夫。会议期间，中国举办了"世界石油大会北京周"等活动，向他们介绍中国，让世界了解中国。侯祥麟还分批邀请了一些国家的国家委员会负责人和常委会成员到北京参观人民大会堂、国际贸易中心以及其他省市会议和住宿地点，展示中国实力。

1990年，中国成功举办了第十一届亚运会，已完全具备举办国际性会议的条件。为此，侯祥麟便牵头起草报告，向国务院提出申请，准备申办第十四届或第十五届世界石油大会。国务院很快批复同意。1991年在阿根廷召开的第十三届世界石油大会上，侯祥麟正式提交中国申办第十四届世界石油大会的申请，并事先准备了发言，带去了国务院总理李鹏的亲笔信。可是挪威早在第十二届世界石油大会时就已经提出申办，中国还是晚了一步。最终表决时,挪威得了 22 票,中国得了 11 票,遗憾落选。但这并未使侯祥麟灰心。身为科学家,侯祥麟身上最不缺的就是百折不挠、锲而不舍的精神。第十四届世界石油大会没有申办成功,就接着申办第十五届!

1987 年,中国石油代表团在第十二届世界石油大会参会期间与外国代表交流讨论(来源:《当油气遇见光明:翟光明传》)

1992 年,在委内瑞拉召开的世界石油大会执行局会议上,侯祥麟提出:中国石油工业已有一定规模,原油产量和加工量已名列世界前茅,与国际合作的机会很多;亚洲是世界上经济发展最快的区域,石油资源及产量占比大,石油产品消费的增长速度较快;过去世界石油大会举办的 14 次会议,在欧洲举行的有 9 次,美洲 4 次,亚洲只有 1 次。因此,下届大会理应在亚洲的中国举办。他的这些观点得到一些会员国代表们的赞同。

1993 年 4 月 23 日,世界石油大会执行局会议在维也纳召开。这次会议将投票选定第十五届世界石油大会的举办国。经过各国家委员会的投票,最终中国获得 38 票中的 24 票,以绝对的赞成票数取得在北京举办第十五届世界石油大会的主办权。此时，已届耄耋之年的侯祥麟西装革履，挥手致谢！历史的聚光灯，定格在了这位石油巨擘身上！

1994年5月，在挪威斯塔万格举办的第十四届世界石油大会的闭幕式上，当满头白发、气质儒雅、精神矍铄的侯祥麟庄严接过世界石油大会的会旗，向全世界宣告下一届世界石油大会在中国举办时，中国国家委员会的代表们喜不自禁、欢欣鼓舞，欢呼声响彻会场。他国代表则以略带惊奇的目光看向这些情绪激动的中国人。他们可能永远无法理解，争取到世界石油大会的举办权对中国来说有着怎样的意义，更不知道中国人为何执着于申办世界石油大会。

1994年，侯祥麟在第十四届世界石油大会闭幕式上接过世界石油大会会旗
（来源：《世纪石油之光》）

时任世界石油大会主席德克·凡德米尔知道，中国为了举办这个盛会等待了太久。他不失风趣地说："石油'奥林匹克'不设金牌奖，但它提供了世界石油界了解中国所发生的深刻变化的机会，扩大了中国技术人员对世界石油技术最新发展趋势的了解，这比'金牌'更重要。"

"石油奥运"耀华夏

"让中国石油走向世界,让世界了解中国石油。"这是侯祥麟的夙愿。

在综合国力相对薄弱的年代,中国唯有靠一代代石油人"宁肯少活二十年,拼命也要拿下大油田"的奋斗精神,努力拼搏奉献,才能追赶上西方国家积累百年的工业水平,赢得国际社会的尊重。中国历经18年的追梦,争取到这短短5天的世界石油大会举办权。

侯祥麟出席第十五届世界石油大会新闻发布会(来源:《当油气遇见光明:翟光明传》)

1997年10月12日下午3时,金秋的北京碧空如洗,丹桂飘香,天安门广场红旗飘扬,人民大会堂庄严肃穆,万人大礼堂气氛热烈。这是一个梦想升腾的历史时刻——来自全球91个国家和地区的石油部长、大石油公司掌门人、石油界专家学者及国际石油界高层人士近5000人汇聚于此,共襄盛事。

1997年10月12日，第十五届世界石油大会在北京人民大会堂隆重开幕

这是一个伟大的历史时刻！国家主席江泽民出席了开幕式，致辞并宣布大会开幕。江泽民在致辞中向世界发出油气合作"邀请函"：积极推动中国与世界各国石油界的交流与合作，实现共同发展。世界石油大会主席德克·凡德米尔，副主席皮埃尔·杰奎德、卡洛斯·谢利、王涛[1]、埃华德·罗仁出席大会。侯祥麟作为世界石油大会中国国家委员会主席、第十五届世界石油大会中国组委会副主席参加大会。

第十五届世界石油大会会议内容十分丰富，共安排了6个全体会议发言、2个特别发言、1个专题演讲、10个"回顾与展望"报告；设立了21个分组会，共有93篇宣读论文、238篇张贴论文、48篇补充学术论文；还设有"部长论坛"，有11个国家的石油或能源部长发言。

在5天的会议里，大会发言、部长论坛、宣读论文及回顾与展望报告、各分组会发言及张贴论文，一项项会议程序紧张而有序。国家委员会展览、九七国际石油天然气及石油化工展览、技术参观，一个个社会活动丰富而多彩。

在浓郁的学术气氛里，与会专家学者在石油勘探、开发及钻采、下游

---

1 王涛（1931— ），河北乐亭人。1963年毕业于莫斯科石油学院地质矿物学专业，获副博士学位。曾担任石油工业部党组书记、部长，中国石油天然气总公司党组书记、总经理，世界石油理事会中国国家委员会主席。

及加工技术、天然气、储量、环境和安全、商业与管理、研究、运输等9个方面展开了热烈的讨论。全球各石油公司频频接触，坦诚交流，寻求共同的发展。

这次世界石油大会，是石油界人士艰辛与智慧的结晶，也是百年石油工业留给新世纪的宝贵财富。与此前历届世界石油大会相比，第十五届世界石油大会的学术活动，全面展示了世界石油工业各个领域的最新进展和发展趋势，对我国石油工业的发展起到了积极的推动作用。

侯祥麟出席了北京梅地亚中心的历次新闻发布会，耐心细致地解答相关提问。作为东道主代表，热情接待四方来客、各界嘉宾。

1997年，第十五届世界石油大会期间，世界石油大会主席德克·凡德米尔与侯祥麟亲切交谈（来源：中国石油报）

曾经有人不解，为什么中国如此执着于申办世界石油大会；曾经有人疑惑，为什么侯祥麟如此高龄还为之奔忙，不辞辛劳。这场世界石油的盛会本身就是答案。当看到那面曾由侯祥麟接过的会旗在会场上高高飘扬的时候，当看到中国领导人在万众期待的目光中走上讲台致辞的时候,当看到全世界都在屏息聆听来自中国声音的时候,强烈的民族自豪感在会场激荡。认清差距的同时,也树立了信心——即使作为世界石油市场的后入围者,也无须妄自菲薄!经过四十多年的发展,中国已经具备了石油生产全流程的技术、设备和经验。特别是大庆油田的三次采油和分层开采技术引起了国际石油界的震惊和高度关注。第十五届世界石油大会的成功举办,使得中国的国际地位大为提高,使得中国石油工业更快、更深地融入世界一体化的经济格局之中!

"功夫不负有心人",侯祥麟在致辞中无比感慨地说道,"现在,本次大会即将圆满结束,在此,我代表世界石油大会中国国家委员会向中国政府、中国组委会、北京市政府、全体工作人员,以及所有关心和支持本届大会的石油公司和机构,表示衷心的感谢!向来自世界各国和地区的大会代表、随行人员和记者,表示诚挚的谢意。我相信,亲身参加第十五届世界石油大会将在我们一生中难以忘怀,在北京结下的友谊将在我们一生中得到珍

第十五届世界石油大会闭幕式降会旗(来源:《世纪石油之光》)

视……世界石油大会会旗即将转交。在此时刻，请允许我代表中国国家委员会向世界石油大会加拿大国家委员会表示敬意。预祝加拿大同行主办第十六届世界石油大会取得成功。"[1]

从3000年前《易经》中首次提到"泽中有火""上火下泽"，到1000年前沈括在《梦溪笔谈》中写道"鄜、延境内有石油"，穿越千年的华夏石油在此时走过了荒凉大漠、走过了白山黑水、走过了戈壁碱滩，走向了21世纪世界更加美好的明天！

---

[1] 摘自1997年10月16日，侯祥麟在第十五届世界石油大会闭幕式上的致辞。

第六章 老骥千里谱新篇

21世纪初期，油价快速攀升，电力供应紧张，使中国经济发展面临严重的能源瓶颈。温家宝总理登门求贤！侯祥麟不负重托，勇担使命，在91岁高龄主持"中国可持续发展油气资源战略研究"国家重大战略课题，把自己的赤胆忠诚和超凡智慧，毫无保留地贡献给了祖国的石油石化事业。

总理来访深谋虑

侯祥麟第一任秘书马汝爱
讲述侯祥麟事迹

石油是工业的血液，是关系到国家安全的重要战略资源。20世纪60年代，石油在世界一次能源消费结构中的比例达到40%以上，成为现代工业和经济增长的主要动力。20世纪70年代的石油危机，导致西方国家的经济衰退，诱发了多种形式的社会危机。20世纪90年代，围绕中东石油资源的争夺愈演愈烈，石油供应与石油安全越来越成为世界普遍关注的热点。各国的石油进出口量成为一种政治风向标，关乎每个国家的前途和命运。

新中国成立以来，石油工业成就瞩目，为国民经济和社会发展作出了巨大贡献。但随着国民经济的持续快速发展，石油供需矛盾越来越突出。特别是21世纪初，伴随着经济的腾飞，我国成为继美国、日本之后的世界第三大能源进口国。原油进口量越来越大，自给率快速下降！2003年，中国净进口石油量达到9741万吨，对进口石油的依存度已超过1/3，而且呈快速上升趋势。2000年以来，石油需求增长每年都超过2000万吨，相当于一年"吃掉"一个大油田。当时预估，如果按照这种速度发展下去，到2020年，我国石油年消耗量将超过6亿吨。这个数字是我国原油年产量的3~4倍，有约70%的石油需要进口。一旦这种情况发生，国民经济和环境都将难以承受。这已经成为国家长远发展不容回避的重大安全问题。

当时,国家正准备制定"十一五"规划。在规划中对油气问题如何考量,不仅关系到五年规划的目标能否实现,更关系到我国全面建成小康社会能否顺利推进,以及2020年以后经济的可持续发展问题。2003年,刚上任的国务院总理温家宝更是为此深深忧虑。他最关心的是国内能产多少油,从国外能拿回多少油,石油储备如何去做,还有节约的问题。他认为,国内石油资源是不够的,利用国外的石油不可避免。国家要有战略储备,以备不测。国家战略储备也不妨采用商业运作。战时石油储备多少天?平时储备多少天?这些都要研究。也就是说,需要对中国可持续发展油气资源战略进行研究并给出答案。那么谁能担此重任?在苦苦思索、多方调查后,石油战略科学家侯祥麟的名字出现在温家宝的脑海里。但此时侯祥麟已是鲐背之年了,还有精力挂帅出征吗?温家宝一时也没把握。

2003年5月,"非典"疫情得到了基本控制。侯祥麟于24日接到通知,中央领导要来家中看望他。他和夫人李秀珍简单而温馨地布置了客厅,将鲜花插进花瓶,将一次性纸杯和消毒纸巾摆在桌面。25日是个天气晴朗的好日子。上午9点半,温家宝总理来到侯祥麟家中。[1] 温家宝亲切地握着侯祥麟的手,然后与侯祥麟一起坐在客厅的布艺沙发上,关切地询问侯老和夫人李秀珍女士的身体状况、家人的近况。侯祥麟头脑清晰,思维敏捷,对总理的话语一一作答。亲眼看到这位老人依旧耳聪目明、精神矍铄,温家宝总理已然安心大半。

大家唠着家常,气氛轻松起来。温家宝总理望着侯祥麟神情恳切:"侯老,'非典'很快就过去了,国民经济还是要发展,国务院准备做一个'中国可持续发展资源战略研究'。要说资源啊,首先就是石油天然气。这涉及地质、石油、化工多种学科。我十分希望能由侯老您这样德高望重、经验丰

---

[1] 杨守娟,单超,陈贵信:《一片冰心在玉壶,"金花"灿烂的科技人生》,《中国石化报》,2005年9月。

富的学者来主持这个课题……可是考虑到您 90 多岁了，我又于心不忍。"

温家宝总理一番推心置腹、情真意切的话语，让侯祥麟深为感动。看着总理殷切的目光，侯祥麟没有考虑自己应安享晚年、享受过去的成就带给自己的鲜花和掌声。他深知作为一个经历过风风雨雨的老共产党员，国家的需要就是他冲锋的号角——他决不会躺在过去的功劳簿上睡觉！于是他满怀信心地、毅然地答应了总理的托付："我虽已年迈，但为了国家能源安全和可持续发展，我会尽力而为！"

后来有人追问起侯老："您当时到底怎么考虑的？任务很艰巨，您身体行不行？"侯祥麟认真地说道："当时也没有考虑其他的，国家需要我来承担的，我就应该承担下来。根本没有考虑到身体、精力已经有点不够了，就觉得这个任务很重要，需要有个人来抓，觉得自己还可以，就答应了。"

侯祥麟急国家之所急，唯独没有想到自己身体的承受能力。有人说，侯祥麟的心很"大"。的确，他心里装着整个石油工业、整个科技界。那几年，他的精力大不如前，因此，他更加只争朝夕地工作，不移白首之心，信念如砥。

侯祥麟认真查阅资料

挂帅出征绘蓝图

2003年5月26日,也就是总理拜访侯祥麟的第二天,在北京中南海国务院第四会议室,温家宝总理主持会议,专题研究油气资源可持续发展战略问题。副总理黄菊、曾培炎出席会议。参加会议的还有中国工程院院长徐匡迪,中国工程院侯祥麟、王淀佐、翟光明、邱中建、胡见义、袁晴棠、汪燮卿、刘光鼎、李京文等院士,以及国内几大石油公司的负责人。会议就我国油气资源可持续发展战略进行深入研讨。会议正式确定侯祥麟为"中国可持续发展油气资源战略研究"课题组组长。汇报研讨过程中,侯祥麟作为温家宝亲点的带头人,对各路专家的发言进行补充完善、总结提炼。最终的建议集中在如下几个方面:加大石油勘探力度,增加储量;大力开发天然气;提出六大油气勘探领域;以国内油气勘探为主,同时积极开拓海外油气市场;加强国家石油战略储备;增大节能措施,积极寻求替代能源;建议国家为石油立法。温家宝指出,中国可持续发展油气战略有七个重点:资源和供需状况、国内油气资源开发、油气资源进口和参与国际油气资源开发、石油安全和储备、石化工业发展、油气资源节约和替代、油气资源发展的有关政策措施。温家宝强调,做好"中国可持续发展油气资源战略研究"课题,既要考虑当前实际,又要着眼长远;要打破部门、地方界限,一切从国家整体利益出发;坚持理论联系实际,贯彻"双百"方针,发扬科学民主;从政治、经济、技术等方面综合分析研究;制定总体战略、规划和政策措施。这次会议要求,2003年8月之前提出详细的研究报告纲要,一年内完成课题,为国务院有关部门制定国家"十一五"规划提供参考依据。这次会议标志着研究课题正式启动!

经过近半个世纪的磨砺,侯祥麟亲历了中国工业发展的几个阶段,从初期创业、改革开放,再到高速发展,积累了丰富的经验。老将出手,壮志未休。年逾90岁的侯祥麟,一马当先,领衔中国工程院国家重大咨询课题研究。侯祥麟经过深思熟虑，确定了课题研究的总目标：根据我国国民经济发展的需求和石油的战略地位，认清石油发展前景，加快制定国内外石油和天然气发展的措施和对策，以逐步改善我国能源结构，建立石油安全战略体系。

众星汇聚献智慧

温家宝总理亲自主持启动项目以后，2003年5月28日，中国工程院组织了31位院士和120位专家学者组成课题组。侯祥麟任组长，邱中建、翟光明、袁晴棠任副组长。同时聘请徐匡迪、王淀佐和杜祥琬院士为课题组顾问，聘请中国工程院、中国科学院和各大石油公司的专家共计23人组成课题咨询委员会，为课题研究提供咨询意见。作为课题组组长，侯祥麟将整

侯祥麟参加"中国可持续发展油气资源战略研究"课题研讨会（来源：《中国工程院年鉴》）

个课题分设成 1 个总纲、7 个分部，共 8 个课题。各分课题组长由几位中国工程院院士分别担任。其中，资源与供需战略研究小组由翟光明任组长，国内油气资源开发战略研究小组由邱中建任组长，油气资源进口和参与国际油气资源开发战略研究小组由胡见义任组长，石油安全和储备战略研究小组由徐承恩任组长，石化工业发展战略研究小组由袁晴棠任组长，油气资源节约和替代研究小组由汪燮卿任组长，油气资源发展的有关政策措施研究小组由李京文任组长。课题组还囊括了国家发展改革委员会、国土资源部、四大石油公司等相关部门和企业的研究人员。各课题组分头准备，紧锣密鼓地开展工作。侯祥麟几乎把全部时间和精力都投入到总理交代的这项任务上，以强烈的责任感和求真务实的治学态度，不遗余力地组织协调研究工作。

在课题研究过程中，困扰课题组的核心问题是：到 2020 年，我国到底需要多少石油？这是战略全局的关键。想要回答好这个问题，侯祥麟需要站在战略高度，全面考虑问题，作出科学判断。最后，课题组从国内能生产多少油、从国外有可能得到多少油，以及坚持"以产定销、量入为出"的原则等各个方面论证，提出到 2020 年，我国的石油年消费总量要控制在 4.5 亿吨以内。后续研究表明，经过努力，这个目标是可以实现的，也是一个保障国家能源安全的目标。

那么，如何实现石油消费量控制在每年 4.5 亿吨以内这个安全目标呢？侯祥麟团队认为，有三个理念必须贯彻在整个课题研究之中。第一，节约用油是缓解我国石油供需矛盾的一条根本途径。第二，建立石油储备是保障国家石油安全的一项重要措施。第三，发展替代燃料是大势所趋。

"积力之所举，则无不胜也；众智之所为，则无不成也。"在侯祥麟的带领下，各小组成员系统科学地分析了我国和世界油气资源的现状及供需发展趋势，形成了每一个专题独立的研究报告。侯祥麟对每一个报告都字斟句酌。不论白天还是黑夜，不论工作日还是节假日，他都不遗余力地努力工作。由于视力不好,他只能用放大镜一点点看材料,并记录下一摞摞修改意见。他无时无刻不在思考着油气资源战略的研究问题。

侯祥麟燃烧生命般夜以继日地工作。众人看在眼里、疼在心里。有人实在忍不住去劝侯老:"您年纪大了,不要做得太累,挂个名就可以了。"但这个倔强的老头谢绝了别人的"好意",直言道:"挂名?我从不做挂名的事。我要干,我就得负责,不负责我就不干。"有一次,侯老在晚上十一点打电话给一位副组长。这位副组长怕影响侯老休息,说明天再告诉他。侯老坚持说,就现在!几个副组长常半开玩笑地说,我们似乎都有了一种条件反射,每当半夜听到电话铃声,就知道多半是侯老打来的。

文章要一个字一个字地抠,数据要一个数一个数地核,要言之有物、言之有据、言之有理。这是侯祥麟对自己的要求,也是对课题组成员的要求。一次会议上,大家讨论是进口原油,还是直接进口石油终端产品?侯祥麟得出的结论是前者。他认为理由有三个:进口原油到国内加工,可解决就业问题,还可以带动相关产业和产品发展,也能创造利润。会后的某一天,在中午午休时间,侯祥麟打电话给袁晴棠询问一个数据,要求务必做到每个结论都有扎实的数据支撑。在综合报告形成的过程中,课题组提出了建立节油型社会的观点。侯老深思以后说,叫节油型社会也可以,但不准确、不全面,应该叫节能型社会。虽然只是一字之差,却反映了侯老战略思维的前瞻性和全局性。[1] 油气资源节约和替代研究小组组长汪燮卿每次会前都要将各种数据、涉及的技术问题再想一遍,否则就会被侯祥麟问得张口结舌。虽然侯祥麟不爱批评人,但是那种答不上来的滋味真是让人感到很羞愧。侯祥麟反复强调的是,每个数据拿出去,每个结论拿出去,都要经得起时间的检验。其所计之深远,可见一斑。

---

1 摘自 2005 年 9 月 16 日,赵文智在侯祥麟同志先进事迹报告会上的发言《以国家为己任的战略科学家》。

汇报中央呈宏图

抱着对国家负责的态度，各研究小组广泛调查，潜心研究。2003年8月，"中国可持续发展油气资源战略研究"课题组将战略报告纲要递交温家宝总理亲审。2003年10月30日，温家宝主持会议，听取课题组的战略报告纲要。温家宝指出，阶段报告科学地分析了我国和世界油气资源的现状和供需发展趋势，提出了我国油气资源可持续发展的总体战略和指导原则、措施和政策建议。在这么短的时间内，课题组形成内容如此丰富的科研项目报告，参与研究的战略科学家们付出了大量的心血。这次研究集中反映了科学家、政府部门和企业的综合意见。这种集成研究的方式是一个创举，是科学民主决策方法的一种新的尝试，也是我国科研体制改革的一次重要实践。[1]会议要求，课题组认真研究国务院各部委和企业的意见和建议，着手进行总体报告的研究和撰写，按计划如期完成课题研究。

遵照温家宝总理的指示，课题组以科学严谨的态度，抓住重点和关键问题，进行深入调查研究和跨学科、跨部门、跨行业的论证工作，以确保研究成果的准确性、科学性和可操作性。多次汇报，几易其稿。200多万字的报告，全文细读一遍就要20天。侯祥麟一方面协调各课题组的研究进展和工作安排，一方面拿着放大镜细细研读，不断修改完善，核准数据资料。

2004年6月25日，温家宝主持会议，专门听取"中国可持续发展油气资源战略研究"课题组的汇报。国务院副总理黄菊、曾培炎，国务委员华建敏、陈至立出席会议。上午9时，侯祥麟乘车到达中南海。侯老穿着前一晚特意熨烫好的衬衫，精神抖擞、胸有成竹地走进了会议室。这次汇报，侯祥麟从战略性、前瞻性的高度，实事求是地分析了我国油气资源

---

1 盛若蔚：《"炼"就一生报国情——记科技界的榜样、优秀共产党员侯祥麟院士（上）》，《人民日报》，2005年9月。

可持续发展的历史、现状和未来,并特意让青年专家赵文智代表课题组进行详细汇报。汇报取得圆满成功,赢得了温家宝总理和与会领导专家的高度赞扬。

就在汇报大会热烈进行之际,侯祥麟的妻子李秀珍却在病床上经历着病痛的折磨。原来,就在侯祥麟投入"中国可持续发展油气资源战略研究"课题之后的 2004 年 5 月 8 日,李秀珍因全身疼痛住进了北京协和医院。几日之后,医生确认李秀珍患上了一种罕见的肿瘤。侯祥麟在百忙之中多次抽出时间去探望妻子,但每次见面,李秀珍都强打精神,告诉丈夫"没事,挺好的"。

汇报大会进行的 6 月 25 日下午,李秀珍的病情急剧恶化。下午 3 点,侯祥麟在汇报结束后赶到医院时,李秀珍已处于昏迷之中。侯祥麟将项目汇报成功的喜讯告诉了李秀珍,希望她和自己分享成功的喜悦。女儿和秘书等人怕侯祥麟身体吃不消,就让他先回家休息,第二天再过来探望。不承想第二天上午 10 点,医院告知,李秀珍经抢救无效已经去世。闻此噩耗,侯祥麟情绪难以自制,当众拍着桌子失声痛哭。

6 月 26 日,中国石油天然气集团公司领导陈耕、李克成到家里看望侯祥麟,并转达温家宝总理的慰问。27—28 日,温家宝总理和吴仪副总理又分别委托工作人员打电话慰问。而后,全国政协副主席、中国工程院院长徐匡迪,中国工程院副院长王淀佐和中国石油化工集团公司领导又先后看望了侯祥麟。

也是在这一时期,在第四次国务院学习讲座上,侯祥麟应温家宝总理要求,就"中国可持续发展油气资源战略研究"作 20 分钟发言。在这次会议上,温家宝对他说,有一件事当时没有想周全,不知道当时请您来国务院汇报的时候,正值您老伴病危。后来知道了,心里很难受。侯祥麟对总理说,怕耽误我们的研究工作,汇报完到医院后才知道的,是老伴让女儿瞒着我的。由此可知,侯祥麟能够全身心地投入"中国可持续发展油气资源战略研究"之中,与妻子李秀珍的支持是分不开的。

这项研究得到了温家宝的高度评价。他说,这一研究成果从战略的高度、全球的视野,以科学求实的精神,深入研究了我国油气资源可持续发展问题,对于制定国家中长期经济社会发展规划和能源战略具有重要意义。

这是一份划时代的报告!2004年8月26日,中国石油勘探开发研究院副院长赵文智接受《中国青年报》专访时说,"这份报告可以说是今后中国石油工业发展的纲。"它标志着由中国工程院牵头组织的"中国可持续发展油气资源战略研究"国家重大咨询课题圆满完成。报告的研究成果成为国家制定"十一五"发展规划的重要依据。

侯祥麟晚年工作照

尾声
天上一颗耀眼的小行星

近百年的风风雨雨,让我深深地感受到:个人的命运与国家紧密相连,国家的命运就是我们个人的命运。而我一生中最大的几个心愿,在国家和民族的发展壮大中,基本都实现了。

"我是一个平凡的人,所做的事也都是很平凡的。我所作所为,只是一个共产党员应该尽的责任……"当侯祥麟的原声从大屏幕旁边的音箱中传出来时,中国石油大厦报告厅里的人们顿时安静了下来。这里正在举行"侯祥麟星"命名仪式。电子大屏幕上播放的是纪录片《战略科学家——侯祥麟》。

《战略科学家——侯祥麟》纪录片

《战略科学家——侯祥麟》纪录片片头

侯祥麟是世界著名的石油化工科学家和我国著名的石油石化领域战略科学家,我国炼油技术的奠基人和石油化工技术的开拓者之一。他一生赤心报国,矢志创造,不懈奋斗,从实现航空煤油国产化,到"两弹一星"特种油品研制成功;从20世纪60年代"五朵金花"的迎风绽放,到80年代"新四朵金花"的娇娆盛开,一项项重大科技突破填补了我国石油石化领域的空白,解决了石油石化产业发展中的许多重大问题。他的卓越功绩和杰出贡献,永远镌刻在新中国石油石化工业发展的丰碑上。

2008年12月8日20时36分，一颗巨星陨落，侯祥麟同志在北京因病逝世，享年96岁。

侯祥麟同志遗体告别仪式于2008年12月14日在北京举行。上午10时，温家宝、吴仪、徐匡迪到场做最后送别。中国科学院、中国工程院、民盟中央、中国科学技术协会、国家自然科学基金会、中国石油天然气集团公司、中国石油化工集团公司、北京大学、清华大学等单位的代表，近千人参加了遗体告别仪式。

侯祥麟的一生是革命的一生，奋斗的一生，战斗的一生。侯祥麟同志以党和国家的事业、人民的利益为己任，坚持以科学技术为人民服务。他对党和人民矢志不渝、终生不悔的坚定信念，高瞻远瞩的战略胸怀，严谨务实的科学态度，自主创新的奋斗精神，无私奉献的崇高品格，永远值得大家学习，激励着一代代石油人为中国石油石化工业的改革发展作出新的贡献。

时间过去了15年！侯祥麟虽然离开了我们，但是，他的名字却像一颗耀眼的明星，在太空冉冉升起。2023年4月4日，"侯祥麟星"命名仪式暨学术报告会在北京中国石油大厦举行。何梁何利基金信托委员会主席、评选委员会主任、科技部原部长朱丽兰，中国石油天然气集团有限公司董事长、党组书记、中国工程院院士戴厚良，共同为"侯祥麟星"命名铜匾揭幕。音乐响起，掌声雷动，太空中又多了一颗石油星。

"侯祥麟星"是国际编号为236845的一颗小行星，由中国科学院紫金山天文台于2007年9月11日发现。"侯祥麟星"的命名，经何梁何利基金评选委员会推荐，中国科学院紫金山天文台申请，国际小行星命名委员会批准，充分体现了国际社会对侯祥麟院士科技成就的褒奖。"侯祥麟星"铜匾的两面分别镌刻着"侯祥麟星"命名证书的中英文版全文，以及"侯祥麟星"太空位置、运行轨道和轨道参数。朱丽兰在命名仪式上指出，侯祥麟先生是何梁何利基金1996年度科学与技术成就奖的获得者、著名石油战略科学家、中国炼油技术奠基人和石油化工开拓者，为国家石油工业发展作出了卓越贡

朱丽兰和戴厚良共同为"侯祥麟星"命名铜匾揭幕

献,建立了不朽功绩。"侯祥麟星"获得国际命名,是一项国际性、永久性荣誉,体现了国际社会对侯祥麟先生的卓越成就、崇高风尚的高度褒扬和充分认可。

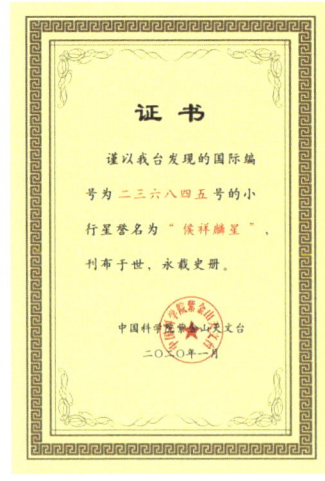 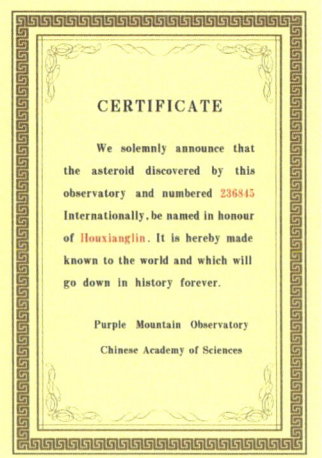

"侯祥麟星"铜匾——命名证书

中国石油天然气集团有限公司董事长、党组书记、中国工程院院士戴厚良在命名仪式上表示，侯祥麟是中国科技界的大先生，不仅留下了丰硕的科研成果，也留下了宝贵的精神财富，值得永远学习和传承。要学习侯祥麟院士忠于祖国、忠于人民的家国情怀，学习他严谨求实的科学态度和敢为人先的创新精神，学习他淡泊名利、无私奉献的崇高品格。

中国石油化工集团有限公司董事长、党组书记、中国工程院院士马永生在命名仪式上表示，侯祥麟先生呕心沥血，推动我国石油化工工业大踏步赶上了时代，铸起了我国石油化工科技史上的一座丰碑。相信今后会有更多顶尖科学家和科技领军人才涌现，沿着先生开拓的路径，为我国石油石化工业高质量发展作出新的开拓性贡献。

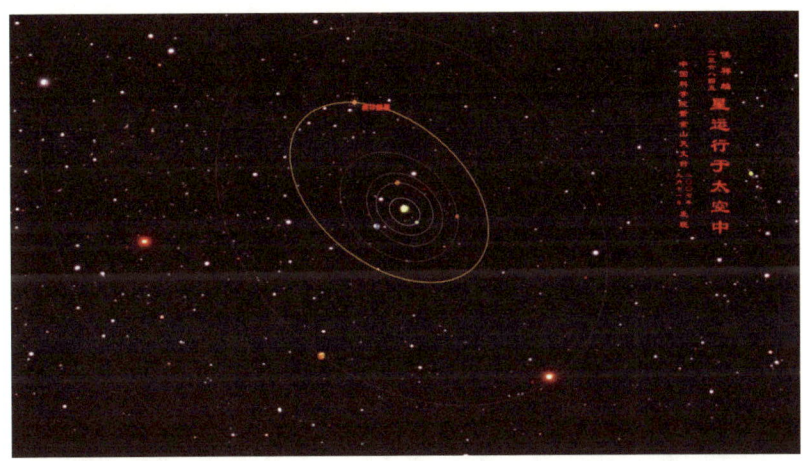

"侯祥麟星"运行轨迹图

"侯祥麟星"折射着侯祥麟光辉灿烂的一生。小行星是各类天体中唯一可以根据发现者意愿进行提名，并经国际组织（国际小行星协会）审核批准从而得到国际公认的天体。由于小行星命名的严肃性、唯一性和永久不可更改性，使得能够获得小行星命名成为世界公认的、国际性的、永久性的崇高荣誉。获得这一殊荣的侯祥麟先生功昭日月、荣耀星海。

"侯祥麟星"闪烁着科学家精神的光芒。以姓名为小行星命名的中国科学家,闪耀在星空的不仅是他们的名字,更是以他们为代表的科学家精神之光。他们的名字在浩瀚的宇宙中熠熠生辉,荣耀中国。

"侯祥麟星"照耀着我国能源工业发展的未来。侯祥麟先生是我们身边的科技楷模、学习榜样。他的一项项长远规划与建议为我国石油石化行业的发展指明了方向,为我国能源行业的发展绘就了美好的未来。

天空星光无限,人间丰碑永存。2024年12月27日,侯祥麟、闵恩泽先生铜像揭幕仪式在中国石化石油化工科学研究院举行,以此向承载着我国石油石化事业发展历史、代表着石油石化人奋斗历程的侯祥麟先生和闵恩泽先生致敬,缅怀两位先生的丰功伟绩,进一步传承和弘扬科学家精神,激励广大科技工作者在科学探索的道路上奋勇前行。

侯祥麟、闵恩泽先生铜像揭幕仪式

看世界,我们为国家保障能源安全;望太空,我们寻找那颗闪亮的星。浩瀚宇宙,璀璨星空,236845号"侯祥麟星"承载着石油科学家精神,闪烁星河,光耀大地,激励着我们阔步向前、砥砺奋进。

侯祥麟大事年表

1912年　4月4日，出生于广东省汕头市福音医院。

1918年　在汕头崎碌小学读书。

1919年　五四运动爆发，在班主任老师的带领下上街游行，受到爱国主义的启蒙教育。

1921年　在汕头童子军学校读高级小学，后升入该校初中。

1925年　冬，奉父命只身乘船到上海求学。

1926年　春，在上海基督教青年会中学继续读初中一年级；秋，升入初中二年级。

1927年　秋，转学到沪江大学附属中学读初中三年级。

1928年　秋，入上海圣约翰大学附属中学读高中，其间结识有进步思想的同学胡实声、胡远声兄弟，三人经常在一起阅读进步书刊。

1931年　高中毕业，考入北平燕京大学化学系。

九一八事变爆发，参加北平学生请愿团赴南京请愿，要求政府出兵抗日。

1932年　12月，与部分同学到山海关慰问抗日将士。

1933年　春，参与发起募捐活动，用所得款项购1万顶钢盔，送往抗战前线。

1934年　在图书馆的美国共产党刊物上读到了关于中国共产党和红军的报道，对其发展形势十分关注。

1935年　大学毕业，考取国立中央研究院化学研究所（上海）研究生。

1936年　参加燕京大学同学龚普生组织的读书会。

1937 年	8 月,日军进攻上海,遭到中国军队顽强抵抗。参与街头演出宣传,到医院慰问伤员。 上海沦陷后,辗转到长沙,在湖南省文化界抗敌后援会办的难民服务团工作。
1938 年	4 月,经余书丹介绍,在长沙加入中国共产党。 5 月,经陈冠荣介绍,到国民党化学兵部队干部训练班任化学教官。 秋,日军大举南侵,随学兵队撤离湖南。
1939 年	年初,随学兵队入川,先到泸州,后到纳溪县。 国民党中央要求军政干部必须加入国民党,经中共地下党组织同意,以"侯波"的名字加入国民党。
1940 年	年底,离开学兵队到重庆,应大学同学、国民政府西南运输处燃料厂厂长罗宗实之邀任该厂工程师。
1941 年	11 月,离开重庆,到云南省昆明光华化学公司(平彝)任精制部主任,从事用煤低温干馏炼制汽油、柴油的技术工作。为补充汽油供应不足,设计建造了精馏塔,进行白酒精馏酒精的生产。
1943 年	冬,离开昆明到重庆,在兵工署燃料厂任工程师。萌生出国学习意愿,地下党派人讨论具体事宜,赞成侯祥麟去美国化工企业学习。
1944 年	3 月,顺利通过国民政府举行的自费出国留学考试。国民党规定出国留学人员必须参加中央训练团的培训,并要求加入国民党。经中共地下党组织同意,以侯祥麟的名字第二次加入国民党。 12 月,启程赴美。
1945 年	2 月,到达美国洛杉矶。4 月始在匹兹堡卡耐基理工学院化工系读研究生。
1946 年	取得硕士学位。 接受龚普生建议,继续攻读博士学位。

与薛葆鼎共同办起读书会，吸收在当地的中国留学生和实习人员参加。业余时间参加北美基督教中国学生会等进步社团的活动。

1948 年　完成博士论文，顺利通过答辩，获化学工程博士学位。

任北美基督教中国学生会东部区会副会长。参与发起成立留美中国科学工作者协会美国中西部分会。

1949 年　1 月，到波士顿，在麻省理工学院化工系燃料研究室任副研究员，进行涡流床煤炭气化研究。同时，与陈秀焕、张钦楠等人发起成立读书会。

6 月，留美中国科学工作者协会正式成立，被选为常务干事。

1950 年　5 月，乘挪威货轮回国，6 月 26 日到达青岛，转乘火车到北京。

9 月，应曹本熹之邀，到清华大学（化工系与石油管理总局合办的燃料研究室）任研究员兼化工系教授。

10 月 1 日，参加新中国成立 1 周年庆祝游行。

1951 年　1 月，加入中国民主同盟。由民盟推荐，当选为北京市人民代表大会代表。

5 月，参加民主党派土地改革参观团，任分团团长，到皖北农村参观土改。

1952 年　根据民盟北京市委安排，任清华大学分部代理主任委员。

冬，奉调中国科学院大连工业化学研究所，为石油管理总局代表兼高级汽油研究室代主任。

1953 年　3 月，陪同苏联专家赴抚顺石油一厂、二厂、三厂视察。

秋，受命与煤炭管理总局代表共同主持抚顺矿务局研究所分家工作，成立抚顺石油研究所。

1954 年　年初，奉调回京任石油管理总局炼油处主任工程师。

6 月，作为中国科技组成员，与组长张霖之、副组长刘澜波等赴捷克斯洛伐克谈判，签订中捷科技合作协定。回国途经莫斯科，在中国驻苏联大使馆商务参赞刘放安排下，参观了苏联的炼油厂和研究所。

将汕头"镇园"的一座三层楼房捐给汕头地方政府。

1955年　3月，陪同苏联专家到玉门炼油厂视察。

6月，参加中国科学院学部成立大会，在技术科学部被选为常务委员。

年底，与李秀珍结婚。

1956年　1月，参加国家《十二年科学技术发展规划》编制工作。

6月，任国家科委石油炼制组及可燃矿物综合利用小组副组长。参加中国化工学会筹备委员会工作，任常委。负责组建北京石油炼制研究所筹建处。

9月，被任命为石油工业部技术司副司长（司长空缺）。

1957年　5月，出席中国科学院第二次学部委员大会。

8月，出席中国化工学会全国代表大会，当选为中国化工学会常务理事、秘书长。

10月，随郭沫若率领的中国科学院代表团访问苏联。

1958年　9月，带领北京石油炼制研究所筹建处科研人员，就军用油品研究取得的成果向中央军委报喜，受到中央军委副主席彭德怀、聂荣臻、叶剑英元帅的接见。

9月24日，被任命为石油工业部石油科学研究院筹备处副主任。

11月，被任命为石油工业部石油科学研究院副院长，主管炼油科技研究工作。

冬，随同余秋里等石油工业部领导向中共中央总书记、国务院副总理邓小平汇报石油工业情况。

1959年　5月6日，经国家科学技术委员会批复，成为石油工业部石油炼制组专家。

6月，在上海参加中国化学化工学会代表大会，当选为理事、秘书长。

冬，作为观察员赴莫斯科参加东欧国家技术合作组织会议。主持起草8个军工科研建设项目的报告，翌年1月，获国家计划委员会批准。

1960年 1月，石油工业部成立新型材料（军工产品）领导小组，任副组长。

6月17日，向石油工业部部长余秋里汇报军用油品研制情况。

9月，在石油科学研究院和各协作单位做了大量研究试验的基础上，与副总工程师林风等提出一种添加剂配方，解决了国产航空煤油的烧蚀问题。

1961年 1月，去沈阳参与空军进行国产喷气燃料试飞工作。

1962年 1月，任石油工业部新成立的炼油新技术核心领导小组成员，统一领导和组织炼油工业5项新技术的开发攻关工作。

6月，陪同石油工业部副部长李人俊到四川天然气研究所视察天然气提氦科研项目的筹建工作。

8月，赴哈尔滨出席中国化工学会年会，中国化学化工学会改组为中国化学学会和中国化工学会，任中国化工学会理事、秘书长。

10月，出席在香山举行的《1963—1972年科学技术发展规划（石油炼制）》会议。

1963年 10月10日，参加石油科学报告会，受到毛泽东、刘少奇、周恩来、朱德、邓小平、李先念、聂荣臻、薄一波等党和国家领导人的接见。

12月，负责起草编制国家《1963—1972年科技发展规划（石油新型材料、特种润滑剂测试技术）》。

1964年 6月4日，成为石油工业部报请中央管理的化工专业科学技术专家。

	9—10月，为贯彻中央加强三线建设的战略布局，带领人员到四川选择新型材料生产基地。
1965年	7月19日，由国务院任命为石油科学研究院院长，兼党委第一书记。
1966年	10月1日，应邀参加国庆活动，在天安门城楼上观礼，晚上观看焰火。
1967年	被安排在石油科学研究院里劳动，开电瓶车运送材料，到农场种地，后被关押、抄家。
1969年	11月，到湖北省潜江"五七"干校劳动改造，妻子和两个女儿一同被下放。
1970年	春，下放到湖北省天门县农村劳动。
1971年	8月，被燃料化学工业部革命领导小组第一副组长康世恩召回北京，任石油化工科学研究院兼621厂革命领导小组副组长。 9月，按康世恩的指示在北京前门饭店指导搞石油化工发展规划。
1972年	6月，随团长唐克、副团长顾鸣赴瑞典参加联合国人类环境会议。 8月，就任新成立的燃料化学工业部石油化工科学研究院第一副院长兼党的核心领导小组副组长。
1973年	组织、领导多金属重整催化剂及工艺研究、分子筛裂化催化剂及提升管催化裂化工艺研究，以及加强工业放大、缩短从实验室到工业化周期的研究。
1975年	2月，任石油化学工业部石油化工科学研究院第一副院长、党的核心领导小组副组长。 夏，参加石油化学工业部在兰州召开的"学大庆，赶两兰"现场会议，并在兰州考察。 10月，主持召开全国炼油科研会议。
1977年	4月15日，被石油化学工业部任命为代理石油化工科学研究院党

的核心领导小组组长、院长。

1978年 3月，出席第五届中国人民政治协商会议第一次全体会议，当选为政协常委。

3月18日—4月1日，出席全国科学大会。

4月14日，被国务院任命为石油工业部副部长，主管科技工作。经中共中央批准，任石油工业部党组成员。兼任石油化工科学研究院院长。

6月27日，正式向中国科协申请，报请方毅副总理，拟成立中国石油学会。

7月，在中央党校学习。

8月30日，兼任石油化工科学研究院临时党委书记。

11月，在中国化工学会年会上当选为副理事长。

1979年 1月，从中央党校回来，分工兼管炼油生产，开始抓炼油生产中的节能降耗和提高润滑油基础油质量问题。

2月，向石油工业部部长宋振明和副部长李天相建议，购买国外先进科研试验设备。

3月15日，国务院批准成立世界石油大会中国国家委员会，任委员会主席。

4月，中国石油学会成立，在成都主持召开第一次全国代表大会，当选为理事长。

9月，被免去兼任的石油化工科学研究院院长职务。任国家科委发明评选委员会委员兼化学化工组组长。

11月，在中南海怀仁堂听取中共中央副主席、中央军委主席邓小平的报告。

1980年 3月，在北京出席国际地质学会会议、全国政协常委会会议、中国科学院学部委员会议。

5月，在北京出席中国石油学会与日本石油学会学术交流会。此后率领中国石油代表团访问法国、英国、荷兰和德国。

9月，任国务院学位委员会委员兼化工评议组组长。

10月，率领中国石油学会代表团访问日本。

12月3日，经中共中央同意，兼任石油工业部石油科学技术委员会主任。

12月，出席国务院学位委员会第一次会议。

1981年　1月，参加国务院常务会议，讨论节约能源问题。

2月，出席全国政协常委会会议，并列席全国人大常委会会议。

3月，出席石油工业部科技工作会议，在闭幕会上讲话。

4月，出席国家计划委员会召开的引进25套石油化工、化肥装置论证会。

5月，出席中国科学院第四次学部大会，当选为中国科学院学部主席团成员。

7月，出席上海高桥会议。

9月，任国务院"石油炼制、石油化学、化纤工业统一规划综合利用"规划小组成员。

12月，出席国务院规划小组、石油工业部党组听取石油工业部规划小组关于用好一亿吨原油方案的会议。

1982年　1月，在济南出席13个大型炼油厂厂长会议。

2月，在大庆出席全国石油工作会议，在北京出席中国科学院学部主席团会议。在石油工业部科技工作会议上作题为《实现"六五"科技规划，把石油科技推进到一个新水平》的报告。

3月，卸任石油工业部副部长、退居二线，留任石油工业部技术委员会主任。

5月，在无锡主持石油经济学术会议。

当选为中国共产党第十二次全国人民代表大会代表，8月28日—9月13日，出席中国共产党第十二次全国代表大会。

10月，出席国家科委召开的科技奖励大会。

11月，在北京出席中美能源资源环境会议。

12月，任石油工业部科技领导小组副组长。

1983年　1月，出席国务院科技领导小组召开的规划动员大会。

3月，出席国家能源委员会召开的能源政策研讨会。

4月，出席全国政协第五届第六次常委会。

6月，出席中国人民政治协商会议第六届全国委员会第一次会议，当选为常务委员。

7月，出席中国石油化工总公司成立大会，任技术经济顾问委员会首席顾问。

8月28日—9月2日，经国务院批准，作为世界石油大会中国国家委员会主席、中国石油代表团团长，率领由26人组成的代表团出席在英国伦敦召开的第十一届世界石油大会。

9月，应壳牌公司邀请，访问新加坡炼油厂。

11月，在南京出席中国石油学会第二次全国代表大会，作《面向经济建设，发展石油科学技术，开创学会工作新局面》报告，连任第二届理事会理事长。

12月14—15日，主持中国石油化工总公司技术经济顾问委员会裂解分离技术座谈会，会议形成《关于掌握和发展裂解分离技术的建议》。

1984年　4月4—26日，率领中国石油学会代表团一行5人赴美国进行学术交流。

8月，陪同国务委员康世恩在大庆、沈阳、抚顺、锦州等地对石油、石化企业视察。

1985年　1月，受中国科学技术协会委托，在科学会堂主持召开由17个全国性学会、23个部委的专家和领导共150多人参加的"合理用好一亿吨原油"论证会，并致开幕词。主持起草了向中央及国家有关部门提交的《关于合理用好一亿吨原油的若干建议》。

6月，率领中国石油学会代表团访问加拿大。

9月，会见日本技术协会代表团，参加中日双方备忘录签署仪式。

1986年　3月，与国务委员康世恩及中国石油化工总公司领导一起视察石油化工科学研究院。出席在香山饭店召开的中国人民政治协商会议第六届全国委员会第四次全体会议，作书面发言，谈关于技术引进问题。

4月29日，石油工业部调整科学技术委员会的性质和组成人员，实行聘任制，被聘任为科学技术委员会主任委员，聘期三年。

6月，与中共中央政治局委员余秋里、中国石油化工总公司总经理陈锦华等一起视察石油化工科学研究院。

7月，获意大利阿吉普公司颁发的恩里科·马太依国际科学技术奖。是第一位荣获该奖的中国科学家。

9月，在任丘主持了石油工业部科技委员会召开的科技进步会议；参加全国政协科技组会见英国议会科学技术委员会代表团。

10月，在武汉主持中国发明协会第二届发明展览评审工作，任评委会主任。

1987年　1月，将恩里科·马太依国际科学技术奖2.5万美元奖金全部捐献，用作国家购买国外科技图书的专项基金。

4月26日—5月1日，作为世界石油大会中国国家委员会主席、中国石油学会理事长，率领中国石油代表团一行25人在美国休斯敦参加第十二届世界石油大会。

5—7月，陆续参加全国政协科技组在吉林、辽宁、江苏、上海等地的调研，起草《关于科研院所进入大中型企业的调查报告》。

8月，在京西宾馆出席国家自然科学基金会成立大会，任该基金会第一届委员会委员。

12月，当选国家发明奖励评审委员会副主任兼化工组组长。

1988年　3月，出席中国人民政治协商会议第七届全国人民代表大会，继续当选为常务委员，并被任命为全国政协常务委员会教科文组织文卫专业委员会副主任。

5月，任中国科学技术协会振华基金会副理事长。

9月17日，在北京出席中国石油天然气总公司成立大会，任中国石油天然气总公司技术委员会常务副主任。

11月，应英国议会科技委员会邀请，率领全国政协科技组代表团访问英国。

12月，在广州出席中国化学会及香港化学会共同组织的"亚太地区精细化工国际会议"。

1989年　1月，任国务院《中长期科技发展纲领》起草工作专家组成员。出席国家科委召开的《中长期科技发展纲领》起草工作专家组第一次会议。

5月，出席在北京召开的世界石油大会执行局会议。主持全国政协科技组报告会。应邀在日本东京作关于中国石油学会的报告。

5月，主持在大连召开的中国石油学会第三次代表大会，在会上作了题为《深化改革，振兴经济，为加快石油天然气和石油化工科技进步贡献力量》的报告。辞去理事长职务，当选为名誉理事长。

7—9月，带领全国政协科技委员会第一专题组成员，到北京、上海、华东的一些工厂和科研单位做专题调研，主持起草《改革对于促进科技在经济发展中的作用》的报告。

1990 年　1 月，在辽阳出席中国自行研究开发的乙烯裂解炉"北方炉"鉴定会。

6 月，参加国家科委专家组讨论《中长期科技发展规划纲领》初稿。

8 月，担任全国自然科学名词审定委员会第二届委员，石油名词审定委员会主任委员。

10 月，在上海出席中国自行研究开发的乙烯裂解炉"南方炉"鉴定会。

是年，被批准享受政府特殊津贴。

1991 年　7 月，以世界石油大会中国国家委员会主席身份接待世界石油大会主席等官员在北京考察。

9 月，出席由中国石油化工总公司和中国科学技术协会联合举办的 1991 年国际石油炼制和石油化工学术会议暨展览会，并作大会报告，题目是 "Progress of Petroleum Processing Industry in China"。

10 月 20—25 日，率领中国石油代表团赴阿根廷参加第十三届世界石油大会，提出申办第十四届世界石油大会，未能成功。

1992 年　3 月，出席全国政协第七届委员会第五次全体会议。

4 月，与张光斗、王大珩、张维、师昌绪、罗沛霖五位中国科学院院士联名向中共中央、国务院提出建立中国工程院的建议。与新加坡华人李成智商讨设立中国国际象棋基金会具体事宜。随后，李成智国际象棋基金会成立，任该基金会管理委员会主任。

10 月，率领中国石油代表团出席在委内瑞拉召开的世界石油大会执行局会议，为中国再次申办世界石油大会做出努力。为全国政协科技委员会专题小组调研的总体成果，起草了题为《加速科技成果转化成生产力的步伐》的总结性报告。

| 1993 年 | 1月5日，在国家自然科学基金会出席中共中央书记处书记温家宝与科学家座谈会。
3月，全国政协换届，退出全国政协。
3月10日—4月10日，接待世界石油大会各国官员访华。
4月，率领中国石油代表团出席在维也纳召开的世界石油大会执行局会议。
5月，陪同来京的李成智参观中国棋院并为其捐赠的图书馆举行开幕式。
6月，在镇海检查中国自行研究制造的加氢裂化装置。
8月，在大庆出席中国石油化工总公司技术经济顾问委员会会议，作《十年来工作简要回顾》的报告。
12月，被聘为中国石油化工总公司高级顾问、中国石油天然气总公司技术咨询中心专家。 |
| --- | --- |
| 1994 年 | 1月，参加工程技术基础研究的攀登计划项目评审工作；出席中国工程院筹备组第一次会议；出席中国石油天然气总公司领导干部会。
2月，出席中国科技馆发展基金会成立暨第一次会议，被推举为会长。
3月，参加中国工程院筹备组会议，选举第一批院士，被选为中国工程院院士。
5月，作为世界石油大会中国国家委员会主席，与王涛一起率领中国石油代表团出席在挪威召开的第十四届世界石油大会。
6月3日，出席中国工程院成立大会暨中国科学院第七次院士大会，被选为中国工程院主席团成员。
9月，出席在北京举行的国际石油和石油化工科技研讨会；在九江出席中日石油加工技术交流会。 |
| 1995 年 | 2月，出席中国石油化工总公司召开的科技和国产化会议，就科技 |

进步和推动国产化问题发表讲话。出席中国工程院院士主席团会议，讨论选举新院士等问题。

4月20日，与中国石油天然气总公司总经理王涛到医院探视康世恩，并祝贺他80岁寿辰。

5月，主持中国科技馆发展基金启明奖、创业奖颁奖会及捐赠仪式。

6月4—15日，会见到访的世界石油大会主席德克·凡德米尔夫妇。

7月11日，上午出席中国工程院第二次院士大会开幕式；下午出席国务院副总理朱镕基与科学家座谈会。

12月12日，在北京昌平出席炼油工艺与催化剂国家工程研究中心开工典礼。

1996年　4月，参加中国工程院组织的院士团在上海进行科技咨询活动，并作学术报告。

7月，参加中国工程院组织的院士团在云南进行科技咨询活动，并作学术报告。

9月17日，被聘为中国石油天然气总公司高级顾问。

10月17日，出席何梁何利基金颁奖大会，获得"科学与技术成就奖"。

1997年　8月8日，捐出50万元人民币，在中国石油天然气总公司、中国石油化工总公司的协助下，设立侯祥麟基金。该基金的宗旨是：为了实施科教兴国战略，激励科研院所和高等院校炼油与石油化工专业的青年高层次人才尽快成长。

10月12—15日，出席在北京举行的第十五届世界石油大会的全部活动。

1998年　1月，中共中央、国务院领导人温家宝、宋健、周光召等前来拜年。

5月6日，在石油化工科学研究院出席第一届（1997年度）侯祥麟基金颁奖大会，亲自向三位获奖青年颁发证书和奖金。

6月，出席中国科学院第九次、中国工程院第三次院士大会，被两院同时授予资深院士。

1999年　4月23日，出席1998年度侯祥麟基金颁奖大会，向39位获奖的青年科技人员和研究生代表颁奖。

6月，去燕山石油化工公司参加中国科学院和中国工程院院士"企业创新行"活动。

11月1日，出席中国科学院成立50周年庆祝大会并讲话。

2000年　1月，辞去中国科学技术发展基金会副理事长职务，任名誉理事。

6月，出席中国科学院第十次和中国工程院第四次院士大会。中央电视台《东方之子》栏目播出专题节目《侯祥麟》。

8月，中秋节晚上应邀与在京的部分两院院士一起登上天安门城楼，出席中共北京市委和市政府举办的中秋赏月晚会。

9月，参加国家经贸委、中国工程院联合组织的"上海石化技术创新院士行"活动。

2001年　2月，参加中国工程院组织的"上海石化技术创新院士行"活动。

3月，在相关会议上作《关于上海石化股份有限公司几个问题的意见》报告。

4月13日，在全国政协礼堂出席《侯祥麟自述：我与石油有缘》出版座谈会。全国政协副主席宋健、陈锦华出席座谈会并讲话。

6月，在人民大会堂出席中国科学技术协会第六次全国代表大会。

9月28日，出席中国科学院青年科学奖颁奖仪式及座谈会并发言。

2002年　4月4日，90岁寿辰，中国工程院、中国科学院、中国科学技术协会、中国石油天然气集团公司、中国石油化工集团公司等单位领导到家中祝贺。

5月22日，在人民大会堂出席中国科学技术发展基金颁奖大会，3

名科技工作者荣获侯祥麟石油化工科技奖。

5月28日—6月1日，出席中国科学院院士大会，在化学部发言时强调，创新与培养人才都要落实于振兴经济。

8月1日，在中国科技馆出席首届全国科技馆展品创新奖颁奖大会。

2003年 1月22日，作为项目顾问出席在中国工程院召开的"矿产资源可持续发展咨询课题"第一次会议。

1月28日，出席蔡冠深中国科学院院士荣誉基金会第九届荣誉奖金颁发仪式。在科技会堂出席中国科学技术协会举办的老院士座谈会。

2月，在上海出席由中国科学院化学部和国家自然科学基金委员会化学科学部共同组织的"化学学科发展战略研讨会"，并作专题发言。

3月，向红岩革命纪念馆捐献20世纪40年代所用的Contax照相机、Hermes打印机、西装和照片。

5月25日，国务院总理温家宝来家中看望，邀请其负责将要启动的"中国可持续发展油气资源战略研究"课题。全国政协副主席、中国工程院院长徐匡迪，国家发改委主任马凯，国务院副秘书长陈进玉等陪同来访。

5月26日，在中南海出席温家宝总理主持召开的油气资源可持续发展战略问题专题讨论会。"中国石油天然气资源可持续发展研究"课题正式启动，中国工程院牵头组织，侯祥麟任课题组组长，31位院士和相关单位120名专家学者共同开展课题研究。

8月，出席世界石油大会中国国家委员会会议，讨论2004年在北京举办"世界石油大会青年论坛"的相关事宜。

10月30日，在中南海出席温家宝总理主持召开的"中国可持续发展油气资源战略研究"课题阶段性汇报会议并发言。国务院副总理黄菊、吴仪，国务委员兼国务院秘书长华建敏、国务委员陈至立出席会议。

2004 年　2月，分别听取"中国可持续发展油气资源战略研究"5个课题组工作汇报。

6月，出席中国科学院院士大会。

6月25日，出席温家宝总理主持召开的"中国可持续发展油气资源战略研究"汇报会，课题研究成果得到温家宝总理的高度评价。第二日，夫人李秀珍去世。

7月，秘书刘晖带来温家宝总理批示："侯老：请节哀保重，继续为国家科技事业贡献力量。谨此问候！"在十三陵石油疗养院休养期间，写信给温家宝总理，就"中长期发展规划交通运输专题"，提出应尽快找到并实施适合我国交通模式的建议。

8月，主持召开"中国可持续发展油气资源战略研究"课题组长会议，准备开始后续课题研究。应温家宝总理要求，在第四次国务院学习讲座上就"中国可持续发展油气资源战略研究"课题作20分钟发言。

10月，设立"中国可持续发展油气资源战略研究"后续课题的建议得到中国工程院支持。后续项目正式启动，担任后续课题负责人，进一步研究2050年油气供需和石油替代问题。

10月17日，在国际会议中心出席世界石油大会第一届青年论坛开幕式。

12月28日，因肺炎住院。全国政协副主席、中国工程院院长徐匡迪到医院看望，侯祥麟提交了住院期间的思考成果《节约型社会初步探讨》的意见书。

2005 年　1月25日，全国人大常委会副委员长、中国科学院院长路甬祥到医院探望，研究替代能源问题。

2月，全国政协副主席、中国工程院院长徐匡迪，中国工程院副院长王淀佐前来拜访，谈能源问题，强调要研究交通模式。

6月3日，在人民大会堂出席"走中国特色自主创新之路座谈会暨科学院学部成立50周年"大会。

6月15日，出席中国科技馆发展基金启明奖、创业奖颁奖大会。

7月1日，中国工程院、中国科学院、中国石油天然气集团公司、中国石油化工集团公司党组作出了《关于向侯祥麟同志学习的决定》。

8月24日—9月1日，接受人民日报社、新华社、中央电视台等主流媒体的集中采访。

9月6—8日，中央电视台《晚间新闻联播》《焦点访谈》《新闻会客厅》等栏目相继播出宣传片和采访节目。

9月16日，出席在人民大会堂举行的"侯祥麟先进事迹报告会"。温家宝总理出席，师昌绪、李大东、赵文智、张继光作主题报告。

10月，中央电视台《新闻联播》播出在中国石油化工集团公司召开的侯祥麟事迹宣讲会。

2006年 1月13日，参加"中国可持续发展油气资源战略研究"后续课题组长会议，强调战略研究要对多种替代能源有深刻分析。

2月，作为负责人牵头研究形成了《中国油气资源发展趋势与潜力（2020—2050）》和《中国石油需求的远景展望与替代战略（2020—2050）》两个专题研究成果。

5月，出席国家自然科学基金委员会成立20周年及"21世纪科学前沿与中国的机遇"高层论坛。

6月5日，出席中国科学院第十三次院士大会和中国工程院第八次院士大会开幕式。

6月30日，在庆祝中国共产党成立85周年暨总结保持共产党员先进性教育活动大会上，获得中共中央组织部表彰，被授予"全国优秀共产党员"称号。

9月26日，在中国工程院第十五次常务会议上，就"中国可持续发展油气资源战略研究"后续课题研究成果作补充汇报发言。

2007年 1月26日，全国人大常委会副委员长、中国科学院院长路甬祥前来拜年，并谈论石油替代问题。

6月8日，应全国政协副主席、中国工程院院长徐匡迪邀请，与张光斗、罗沛霖、师昌绪、王大珩等中国工程院发起人一同参观工程院新楼。

6月24日，牵头组织研究的"中国可持续发展油气资源战略研究"后续课题成果经中国工程院上报国务院。

10月，国务院副总理吴仪到医院看望。

10月27日，国务院温家宝总理到医院看望。

11月28日，大型人物传记纪录片《侯祥麟》在京首映。

2008年 8月，第二十九届奥林匹克运动会在北京成功举办，见证了祖国的繁荣昌盛，了却了人生一大心愿。

12月8日，因病于20时36分在北京逝世，享年96岁。

2023年 4月4日，"侯祥麟星"命名仪式暨学术报告会在北京举行。

参考文献

[1] 侯祥麟. 侯祥麟自述：我与石油有缘 [M]. 2 版. 北京：石油工业出版社，2012.

[2] 中共中央宣传部宣传教育局，等. 科技界的榜样：侯祥麟 [M]. 北京：中国石化出版社，石油工业出版社，2005.

[3] 侯祥麟. 侯祥麟科技活动文集 [M]. 北京：石油工业出版社，2002.

[4] 侯祥麟. 院士文集：侯祥麟集 [M]. 北京：中国大百科全书出版社，1997.

[5] 中共中央宣传部新闻局，中国工程院政策研究室. 石油赤子：侯祥麟集 [M]. 北京：学习出版社，2005.

[6] 《岁月流金》编委会. 岁月流金：记石油科技专家 [M]. 北京：石油工业出版社，1998.

[7] 李继锋. 中国抗日战争全记录 (1931—1945)[M]. 北京：北京时代华文书局出版社，2015.

[8] 张玮瑛，王百强，钱辛波. 燕京大学史稿 [M]. 北京：人民中国出版社，1999.

[9] 田伏隆. 湖南近 150 年史事日志 (1840—1990)[M]. 北京：中国文史出版社，1993.

[10] 宁可. 中国经济发展史 [M]. 北京：中国经济出版社，1999.

[11] 中共重庆市委党史研究室. 中共重庆地方党史大事记 (1919.5—1949.11)[M]. 重庆：重庆出版社，1991.

[12] 梁冠霆. 留美青年的信仰追寻：北美中国基督教学生运动研究 (1909—1951)[M]. 上海：上海人民出版社，2010.

[13] 侯祥麟, 罗沛霖, 师昌绪, 等. 1950年代归国留美科学家访谈录[M]. 长沙: 湖南教育出版社, 2013.

[14] 武衡. 东北区科学技术发展史资料: 解放战争时期和建国初期(石油工业卷)[M]. 北京: 中国学术出版社, 1989.

[15] 苏渭昌, 雷克啸, 章炳良, 等. 中国教育制度通史: 第8卷[M]. 济南: 山东教育出版社, 2000.

[16] 刘济瀛, 等. 中国喷气燃料[M]. 北京: 中国石化出版社, 1991.

[17] 毛泽东. 毛泽东军事文集(第三卷)[M]. 北京: 军事科学出版社, 中央文献出版社, 1993.

[18] 叶子龙. 叶子龙回忆录[M]. 北京: 中央文献出版社, 2000.

[19] 《当代中国》丛书编辑部. 当代中国的核工业[M]. 北京: 中国社会科学出版社, 1987.

[20] 《中国炼油工业》编委会. 中国炼油工业[M]. 北京: 石油工业出版社, 1989.

[21] 余秋里. 余秋里回忆录[M]. 北京: 解放军出版社, 1996.

[22] 余秋里传记组. 余秋里传[M]. 北京: 解放军文艺出版社, 2017.

[23] 张文欣. 陈俊武传[M]. 北京: 中国石化出版社, 2019.

[24] 汪燮卿. 汪燮卿自传[M]. 北京: 人民出版社, 中国石化出版社, 2018.

[25] 中国石油天然气集团有限公司科技管理部. 中国石油科技成果获奖全书(1949—2019)[M]. 北京: 石油工业出版社, 2020.

[26] 中国科学院大连化学物理研究所. 光辉的历程: 大连化学物理研究所的半个世纪[M]. 北京: 科学出版社, 2003.

[27] 《孙敬文传》编写组. 孙敬文传[M]. 北京: 石油工业出版社, 1999.

[28] 《深切怀念孙晓风》编辑组. 深切怀念孙晓风[M]. 北京: 石油工业出版社, 2000.

[29] 《抚顺石油工业志》编委会. 抚顺石油工业志[M]. 沈阳: 辽宁人民出版社, 1989.

[30]《石油二厂志》编委会. 石油二厂志(1939—1992)[M]. 沈阳：辽宁人民出版社, 1994.

[31] 中国核工业集团公司. 耿耿丹心昭日月：曹本熹纪念文集[M]. 北京：中国原子能出版传媒有限公司, 2011.

[32] 徐光荣. 一代宗师：化学家张大煜传[M]. 北京：科学出版社, 2006.

[33]《康世恩传》编写组. 康世恩传[M]. 北京：当代中国出版社, 1998.

[34] 梁华, 刘金文. 中国石油通史[M]. 北京：中国石化出版社, 2003.

[35]《中国石化简史》编写组. 中国石化简史[M]. 北京：中国石化出版社, 2023.

后　记

在《赤子油情：侯祥麟》付梓之际，我们满怀感恩！在本书成书的艰辛历程中，很多专家学者奉献了自己的才智、心血。

自接到中国编辑学会组织出版"中国科技之魂"丛书的任务之后，石油工业出版社高度重视，及时报请中国石油天然气集团有限公司党组宣传部，确定了侯祥麟先生作为石油石化分册的写作对象。党组宣传部牵头进行图书的顶层设计。石油工业出版社聘请有关专家学者作为主笔人，撰写本书初稿。创作团队深入查阅大量文献资料，走访侯祥麟先生的亲友和同事，全身心投入创作，生动地讴歌了侯祥麟先生为我国石油石化事业奋斗终生的不朽传奇。

在图书的创作过程中，石油工业出版社特邀行业内外与侯祥麟先生生前在工作、生活中共同奋斗和有过接触的老领导、老专家、亲属，以及相关专业人员对书稿进行了审核把关。在图书的出版过程中，石油工业出版社举全社之力，组织了强大的资深编辑出版团队。他们对书稿进行了严格的编辑审校，精心设计排版，让本书在内容和形式上都臻于完美。让我们记住所有为本书做出奉献的专家、学者、编辑出版人员。

总　策　划：张海云　雷　平

编　写　组：王一端　崔玉波　闫建文　章卫兵　杜红印　王雪松
　　　　　　韩墨言　张　媛

审稿专家：汪燮卿　李大东　曹湘洪　赵文智　徐春明　高雄厚
　　　　　　傅诚德　关晓红　徐　进　李俊军　徐凤银　胡　杰
　　　　　　沈　中　侯　莹　侯　珉　肖　扬　马汝爱　张继光

刘　晖　周恒友　于永生　孙忠成　张闻天　王志明
朱海兵　王　良　赵洪锋　康胜利　韩　辛　党慧兰
马　纪　崔淑红　方代煊　王金凤　刘国辉　李　欣
何　莉

编辑组：李　中　王长会　朱琳君　潘玉全　金平阳　张　贺
王　瑞　孙　宇　张旭东　沈瞳瞳

众手成典，众志成城！在图书的编写出版过程中，还有很多智者贤达默默奉献！正是各方人士的齐心协力，本书才得以高质量地呈现在读者面前。我们希望，这本书不仅能让大家了解侯祥麟先生的杰出贡献，更能传承这份科学家精神，激励更多人为祖国的能源事业奋楫扬帆、砥砺前行。

本书编写组
2024年12月